Regina Frey
Gender im Mainstreaming

Regina Frey

Gender im Mainstreaming

Geschlechtertheorie und -praxis im internationalen Diskurs

Ulrike Helmer Verlag

Bibliografische Information Der Deutschen Bibliothek

Die Deutsche Bibliothek verzeichnet diese Publikation in der Deutschen Nationalbibliografie; detaillierte bibliografische Daten sind im Internet über http://dnb.ddb.de abrufbar.

Druck und Bindung: Wilfried Niederland Verlagsservice, Königstein/Taunus
Printed in Germany
ISBN 3-89741-083-4

Gesamtverzeichnis sendet gern: Ulrike Helmer Verlag,
Altkönigstraße 6a, D-61462 Königstein/Ts.
E-Mail: ulrike.helmer.verlag@t-online.de
Fax: 06174 / 93 60 65

Inhalt

Einleitung

Die geschlechterpolitische Strategie des »Gender Mainstreaming« hat in der bundesdeutschen Debatte eine erstaunlich schnelle Karriere gemacht. War sie 1999 hierzulande noch so gut wie unbekannt, wird Gender Mainstreaming im Jahr 2000 auf Bundes- und Länderebene zum Leitprinzip, die Geschäftsordnung der Bundesregierung wird entsprechend geändert, eine interministerielle Arbeitsgruppe unter der Führung des Ministeriums für Familie, Senioren, Frauen und Jugend sorgt in Form von Pilotprojekten in jedem Ministerium für die Umsetzung von Gender Mainstreaming.[1] Im Jahr 2001 setzte dann eine ganze Serie von Veranstaltungen und Tagungen zum Thema ein[2] und 2002 werden im Auftrag der Bundesregierung Gender Trainings in Landesverwaltungen durchgeführt, die mit Mitteln der Europäischen Union (EU) gefördert werden.

Insbesondere im deutschsprachigen Raum besteht allerdings eine gewisse Verunsicherung, wie der englische Begriff Gender Mainstreaming zu fassen sei. Eine Definition, die in den entsprechenden Publikationen am häufigsten herangezogen wird, ist:

> »Gender Mainstreaming besteht in der (Re-)Organisation, Verbesserung, Entwicklung und Evaluierung von Entscheidungsprozessen, sodass von den Akteur/innen, die üblicherweise in Entscheidungsprozesse eingebunden sind, eine Perspektive der Gleichberechtigung der Geschlechter (Orig.: ›gender equality‹, Anm. R. F.) in allen Vorgehensweisen (Orig.: ›policies‹), auf allen Ebenen und in allen Phasen eingenommen wird.« (Council of Europe 1998: 15)[3]

Betrachtet man die bundesdeutschen Debatten und Implementierungsbemühungen von Gender Mainstreaming aus einer historisch-theoretischen Perspektive, so fällt zunächst auf, dass Gender Mainstreaming oft mit den bekannten Begriffen der Gleichstellung und der Chancengleichheit übersetzt wird. Über Stellenwert und konkrete Mechanismen von Gender Mainstreaming sind sich jedoch viele Akteur/innen im Unklaren, die einen sehen darin eine Abwertung bzw. Gefahr für die bisher betriebene Frauenpolitik und deren Strukturen, die anderen sehen darin im Gegenteil eine Stärkung und Aufwertung eben dieser (vgl. Huschke 2002 und Nohr/Veth 2002).

Des Weiteren wird Gender Mainstreaming im EU-Kontext von einem Teil der am Diskurs Beteiligten ausschließlich als »top-down«-Modell[4] gesehen und deswegen auch teilweise angegriffen. Dies geht so weit, dass der Ursprung von Gender Mainstreaming in US-amerikanischer Unternehmensberatung verortet wird und hiermit eine neoliberale Ordnung unterstützt werden soll: So wirft Schunter-Kleemann die These auf, dass Gender Mainstreaming »ein (...) auf europäische Frauen ausgerichtetes, konsensuales Modell darstellt, das helfen soll, die marktförmigen Modernisierungsstrategien abzusichern« (dies. 2002: 126). Diese Kritik lässt jedoch die Geschichte des Gender Mainstreaming unberücksichtigt: Mit dem Bestreben, Gesamtstrategien zu ändern und Geschlechterverhältnisse zu transformieren anstatt additive Frauenförderung zu betreiben, waren Akteurinnen der internationalen Frauenbewegung durch große lobbyistische Anstrengungen wesentlich daran beteiligt, dass Gender Mainstreaming auf die internationale politische Agenda gesetzt wurde (vgl. Callenius 2002 und Kapitel III.1). So hat Christa Wichterich (2000) darauf hingewiesen, dass Gender Mainstreaming von UNIFEM bereits ab 1985 »systematisch praktiziert« (ebd.: 7) wurde. Allerdings sei das Schlagwort erst ab 1995 durch die Aktionsplattform von Peking popularisiert worden.

In der Entwicklungspolitik wird bereits seit Jahren eine breite Palette an konkreten Techniken und Instrumenten angewandt; hier hat eine – teilweise durchaus kontroverse – Diskussion zum Thema stattgefunden und dies bereits Jahre bevor Gender Mainstreaming in der innenpolitischen bundesdeutschen Debatte relevant wurde (vgl. z.B. von Braunmühl 1997a, 2002: 18f., Frey/Zdunnek 2002). Die Nachzeichnung und Analyse der Geschichte des Diskurses von »Gender and Development« (GAD), der in der Strategie des Gender Mainstreaming mündete, ist ein Hauptbestandteil der vorliegenden Arbeit (Kapitel III). Viele deutschsprachige Autor/innen machen in erster Linie die EU als diejenige Struktur aus, von der aus die Impulse für Gender Mainstreaming für die deutsche Politik kommen, da die Bundesregierung bzw. Landesregierungen EU-Richtlinien zu Gender Mainstreaming verbindlich umzusetzen haben. De facto geht die Idee des Gender Mainstreaming jedoch aus dem internationalen entwicklungspolitischen Kontext hervor. So legte das Entwicklungsministerium BMZ bereits 1997 ein ›Gleichstellungskonzept‹ vor, in dem Gender Mainstreaming festgelegt ist: »Die Förderung der gleichberechtigten Beteiligung von Frauen und Männern ist eine Querschnittsaufgabe für alle Sektoren.« (BMZ 1997: 10)[5]. Dieses Papier wurde veröffentlicht lange bevor alle anderen bundesdeutschen Ministerien mit Gender Mainstreaming in Berührung kamen. Zugleich hinkte das BMZ jedoch wiederum hinterher: Die Umsetzungsorganisation GTZ verfolgte schon seit Anfang der 1990er Jahre eine Gender-Strategie. Zudem gab es Anfang der 1990er Jahre international bereits innovative Gender-Ansätze (vgl. Bliss u.a. 1994: 113f.).

Aufgrund dieser vergleichsweise langen Erfahrung mit Gender Mainstreaming können einerseits aus dem entwicklungspolitischen Diskurs Impulse für andere Politikbereiche gegeben werden (vgl. Bothfeld/Gronbach 2002: 243) – ohne den Anspruch auf einfache Übertragbarkeit auf andere

Politikfelder zu erheben. Andererseits – und dies ist Schwerpunkt der vorliegenden Arbeit – soll vor allem der Diskurs zu Gender Mainstreaming weiterentwickelt werden. Das Hauptaugenmerk der vorliegenden Arbeit wird deswegen darauf liegen, die feministischen Theoriedebatten um den Begriff Gender aufzuarbeiten und die Frage zu stellen, welche Bedeutung diese für den Gender Mainstreaming-Diskurs haben könnten. Denn in feministischer Theoriebildung ist der Begriff Gender[6] in unterschiedlichen Strömungen mit verschiedenen Intentionen gebraucht und mit unterschiedlichen Bedeutungsinhalten gefüllt worden. Maihofer spricht davon, dass »es Ende der 1980er, Anfang der 1990er Jahre geradezu eine Explosion an Diskursen über die Kategorie Geschlecht gegeben hat« (1999: 487), diese münden in einer Bandbreite an Kontroversen um das Konzept ›Gender‹. Diese Debatten dominierten zunächst im englischsprachigen Raum, wurden aber spätestens seit 1993 auch im deutschsprachigen Raum geführt (vgl. Feministische Studien 1993, Knapp 2000: 63f.).[7]

Insbesondere im Verlauf der 1990er Jahre wurde Gender in erkenntnistheoretischen Arbeiten im Sinne einer kritischen Hinterfragung dekonstruiert (vgl. Kapitel II.8): Autorinnen, die Differenzen unter Frauen thematisieren und die sich der »Dritten Welle« feministischer Theorien[8] zuordnen lassen (afro-amerikanische feministische Kritik, postkoloniale feministische Kritik, Ansätze von ›Queer‹[9]-Theorien) sowie poststrukturalistische feministische[10] Autorinnen haben Gender als feministisches Grundkonzept problematisiert, sodass das Konzept im Laufe der 1990er Jahre eine Bedeutungserweiterung erfuhr. Durch die kritische Befassung mit den hinter dem Begriff stehenden Ideen und politischen Strategien konnte Gender zu einer zentralen Kategorie des feministischen Diskurses avancieren, wobei sich Gender-Theorie als eigenständiges Erkenntnisfeld herausgebildet hat. Gender Mainstreaming-Diskurse der Entwicklungspolitik wie auch die anderer Politikbereiche bedienen sich zwar ständig des Begriffes Gender, nehmen dabei jedoch äußerst selten Bezug auf Gender-Theorien bzw. auf die Tatsache, dass der Begriff heute sehr unterschiedliche Bedeutungsdimensionen impliziert.

Diese Dimensionen werden durch das Nachzeichnen der Geschichte des Gender-Diskurses in feministischen Theorien im ersten Hauptteil der vorliegenden Arbeit herausgearbeitet werden. Darauf aufbauend wird – im zweiten Hauptteil – der Frage nachgegangen, auf welche theoretischen Versatzstücke sich der internationale Gender-Diskurs bezieht. Das Feld Entwicklungspolitik bietet sich für eine derartige Analyse an, da hier bereits in den 80er Jahren der Begriff Gender eingeführt wurde und heute eine große Zahl an Publikationen, Ansätzen und Instrumenten existiert. Auffallend wenige Texte sind jedoch im Rahmen der Gender-Theorie an der Schnittstelle zwischen feministischer Erkenntnistheorie und entwicklungspolitischem Gender-Diskurs veröffentlicht worden. Auf diese wird hier kurz eingegangen werden, um den aktuellen Stand der Diskussion zu umreißen.

Einen Beitrag in Richtung theoretische Reflexion des entwicklungspolitischen Gender-Diskurses liefern zwar Marchand und Parpart mit ihrem Sammelband »Feminism, Postmodernism, Development« (1995), hier wird jedoch nie explizit auf den Begriff Gender eingegangen. Dies leistet in Ansätzen Wieringa (1997), die mit Hilfe des Gender-Ansatzes von Joan Scott eine harsche Kritik an wichtigen Autorinnen des entwicklungspolitischen Gender-Diskurses übt. In letzter Zeit gab es zudem Bemühungen im Kontext des *Institute for Development Studies*, Queer-Theorie für Gender-Diskurse fruchtbar zu machen (vgl. Jolly 2000). Im deutschsprachigen Raum sind zwei Arbeiten zu nennen: Ina Kerner (1999) leistet eine Theoretisierung von »Gender and Development« (GAD) nach Caroline Moser anhand postkolonialer feministischer Ansätze bzw. Arbeiten von Süd-Feministinnen.[11] Nicht im entwicklungspolitischen Diskurs zu verorten ist ein Papier von Barbara Stiegler: »Frauen im Mainstreaming: politische Strategien und Theorien zur Geschlechterfrage« (1998). Sie greift hier geschlechtertheoretische Grundlagen von Politikstrategien auf und verfolgt somit einen ähnlichen Ansatz wie vorliegende Arbeit. Allerdings werden Theorien in dem 31 Seiten umfassenden Papier »skizzenhaft verkürzt(...)« (ebd.: 12) dargestellt (vgl. auch Stiegler 2002: 22f.). Dabei klammert Barbara Stiegler den Bereich der Entwicklungspolitik aus bzw. behauptet, dass »(d)er Mainstreaming-Ansatz der Frauen- und Geschlechterpolitik (...) auf EU-Ebene am klarsten ausgearbeitet (ist).« (ebd.: 21). Da dieses Papier wichtige Impulse für die Debatte im Spannungsfeld von Gender-Theorie und Geschlechterpolitik gibt, werde ich im Schlussteil der Arbeit hierauf zurückkommen, wenn es darum geht, allgemeine Schlussfolgerung für Gender Mainstreaming zu ziehen.

Insgesamt zeigt sich auffallend wenig wissenschaftliche Reflexion und Theoretisierung, bedenkt man, dass in der deutschen Entwicklungspolitik Gender Mainstreaming spätestens seit Mitte der 90er Jahre Prinzip ist: Die Deutsche Gesellschaft für Technische Zusammenarbeit, größte bundesdeutsche Durchführungsorganisation, hatte sich bereits 1996/97 einen »unternehmensweiten Genderplan« gegeben (GTZ, ohne Datum)[12]; die kirchlichen Träger der Entwicklungszusammenarbeit wollen eine »Gender-Policy« umsetzen (vgl. Linnenbrink u.a. 1998), der Deutsche Entwicklungsdienst hat heute eine Leitlinie zu Gender und Frauenförderung und die DSE eine ausführliche Handreichung zum Thema (vgl. Kapitel III.5.3/4). Die Organisationen folgen dabei einem allgemeinen Paradigmenwechsel von der »Frauenförderung« bzw. »Women in Development« zum »Gender-Ansatz« bzw. »Gender and Development« (vgl. z.B. Braunmühl 1997b: 476ff., 1998). Dabei ist Skepsis angebracht, was die Umsetzung dieser Politikpapiere angeht und es wäre interessant zu untersuchen, wie die geschlechterpolitische Praxis der Institutionen letzlich wirklich aussieht.

Die vorliegende Arbeit konzentriert sich jedoch auf eine Darstellung der Entwicklung der geschlechterpolitischen Strategien des internationalen Gender-Diskurses und die Analyse der Konzeptualisierung von Gender hierin. Fokus wird dabei sein, die konkreten Instrumente im Rahmen von Gender Mainstreaming zu beleuchten (vor allem Gender-Analysen und Gender Trainings). Dabei sind Trainings für eine Analyse des entwicklungspolitischen Gender-Diskurses geeignet, da dieser hier multipliziert und repräsentiert wird. Gender Training-Handbücher sind Texte, die konkrete Handlungsanleitungen beinhalten: Entwicklungspolitisches Personal auf allen Ebenen wird in Trainings für die »Gender-Problematik« sensibilisiert und bekommt konkrete Instruktionen zur Durchführung von Gender-Analysen. Einige größere Entwicklungsorganisationen haben sich eigene Gender Training-Handbücher erarbeiten lassen, die dann Bestandteil des jeweiligen Gender-Ansatzes wurden (für die GTZ siehe z.B. Kerstan 1995). Bestimmte Elemente und Konzepte, wie zum Beispiel die Unterscheidung zwischen »Sex« als »biologisches Geschlecht« und »Gender« als »soziales Geschlecht«, sind dabei Bestandteil nahezu aller Handbücher. Im Rahmen dieser Trainings wird also »Gender« auf eine spezifische Weise und mit einem spezifischen Theoriehintergrund vermittelt, ohne dass deutlich wird, dass dieser eben nur *ein* theoretisches Versatzstück darstellt.

Das zeigt, dass insbesondere neuere Theoriediskussionen um Gender an den praktischen und auf Politikumsetzung hin orientierten Gender-Diskursen nahezu unbemerkt vorbeigegangen sind. Eine These der vorliegenden Arbeit ist entsprechend, dass von einer Rezeptionssperre neuerer feministischer Theorieansätze im entwicklungspraktischen Diskurs gesprochen werden kann. Die vorliegende Arbeit möchte eine Zusammenschau beider Stränge leisten, die impulsgebend für die Praxis ist und Anstöße für weitere Forschung gibt. Zwei komplementäre Hauptfragestellungen werden dabei behandelt:

1. Welche Konzepte von Gender gibt es in feministischen Theorien und welche dieser Konzepte machen sich Gender-Diskurse im Bereich der internationalen Entwicklungszusammenarbeit zunutze und warum eben diese spezifischen?
2. Wie können Gender-Theorien politisches Handeln im Feld der Entwicklungszusammenarbeit anregen? Welche Grenzen sind dem Nutzbarmachen von Theorien gesetzt und welche Gründe kann es hierfür geben?

Die hier zugrunde liegende zentrale These einer fehlenden oder zumindest mangelnden Rezeption von Theorie beinhaltet auch, dass eben das verstärkte Aufnehmen von neueren Gender-Theorien den an Entwicklungspraxis ausgerichteten Diskurs bereichern könnten. Denn wie zu zeigen sein wird, sind feministische Theorien eben nicht »reine Theorie« – hinter den Diskursen stehen oft Akteur/innen mit konkreten politischen Forderungen. So wurden neue Entwicklungen der Gender-Theorie wesentlich getragen von Denker/innen und politischen Aktivist/innen, die sich gegen rassistische oder homophobe Ausgrenzungen innerhalb von Frauenbewegungen stellten und stellen.

Die Behandlung genannter Fragestellungen wird folgendermaßen umgesetzt: In einem ersten Schritt (Kapitel II) werden drei Hauptstränge feministischer Theorien nachgezeichnet, die sich wiederum in sechs Unterstränge teilen lassen. Diese Systematisierung orientiert sich u.a. an einer Reihe in den letzten Jahren erschienener Reader zu feministischem Denken (vgl. Tong 1998, Gould 1997, Nicholson 1997, Meyers 1997, Kemp/Squires 1997, Lorber 1998b). Dabei geht es vor allem um Ansätze, die im angelsächsischen Raum entstanden sind, wobei die Kriterien für die Auswahl der Autorinnen transparent gemacht werden. Am Ende dieses Kapitels wird hieraus eine Typisierung der verschiedenen Gender-Konzepte abgeleitet, die einen Orientierungsrahmen für den weiteren Verlauf der Arbeit bildet.

In einem zweiten Schritt (Kapitel III) wird dann die Diskussion um »Gender« im entwicklungspolitischen Diskurs untersucht, wobei einführend der Paradigmenwechsel von »Women in Development« (WID) zu »Gender and Development« (GAD) nachgezeichnet wird. Danach setzt der diskursanalytische Teil mit der Untersuchung von Basisliteratur zu GAD ein. Ein nächster Schritt ist die Analyse a) verschiedener Gender-Ansätze (also Methodenbündel zur Durchführung von Gender-Analysen) sowie b) der entsprechenden Gender Training-Handbücher. Zuletzt werde ich in diesem Teil der Arbeit auf Politikpapiere eingehen, die deutsche Entwicklungsorganisationen in den letzten Jahren zum Thema Gender veröffentlicht haben, angefangen beim Gleichstellungskonzept des Entwicklungsministeriums BMZ (1997/2001). Dabei wird in allen Kapiteln jeweils der Bezug zur Gender-Theorie bzw. zu den in Kapitel II erarbeiteten Dimensionen des Gender-Begriffs hergestellt.

Durch dieses Vorgehen wird eine Zusammenschau der Diskussionen um Gender im wissenschaftlichen wie im entwicklungspolitischen Raum ermöglicht, aus der abschließend Brüche und Parallelen sowie Anknüpfungspunkte und Perspektiven für die Umsetzung in der Praxis (z.B. im Rahmen von Gender Trainings) erarbeitet werden können. Dabei werde ich zeigen, dass die Idee des Gender Mainstreaming viel weitreichender ist, als dies hierzulande durch die Interpretation als Chancengleichheit oder Gleichstellung suggeriert wird: Gender Mainstreaming, als Strategie ernst genommen, würde einen Wandel der Geschlechterverhältnisse nach sich ziehen, der auch auf die politischen Kulturen verschiedener gesellschaftlicher Ebenen Einfluss hätte. So werde ich im letzten Teil dieser Arbeit (Kapitel IV) am Beispiel von Gender Training Anregungen geben, wie eine solch weitreichende Konzeptualisierung von Gender im Mainstreaming aussehen könnte.

I. Methodologischer Rahmen der Untersuchung

Die vorliegende Arbeit analysiert den Gender-Diskurs der feministischen Theorie sowie entwicklungspolitische Gender-Diskurse. Der Diskursbegriff fungiert hier als zentrales methodologisches Moment. Unter diesem Begriff verstehen verschiedene Disziplinen und Ansätze recht Unterschiedliches (vgl. z.B. Bublitz u.a.1999, Keller u.a. 2001). In der Politikwissenschaft gibt es, so die Herausgeber des *Handbuchs Sozialwissenschaftliche Diskursanalyse* »erst seit den neunziger Jahren spärliche Ansätze einer systematischen Ausarbeitung des Diskursbegriffs« (Keller u.a. 2001: 9/10).[13] Davon abgesehen existieren hier kaum methodische Instruktionen für Diskursanalysen: Ein entsprechendes Vorgehen muss, dem Gegenstand angemessen, immer wieder neu erarbeitet werden. Keller u.a. weisen jedoch darauf hin, dass »jede Diskursanalyse einer expliziten Diskurstheorie bedarf, d.h. eines mehr oder weniger elaborierten Verständnisses davon, was überhaupt ihr Untersuchungsgegenstand ist oder sein kann, und welcher Stellenwert ihm im gesellschaftlichen Kontext zugesprochen wird« (ebd.: 15). Es bedarf deswegen an dieser Stelle zunächst einer weiteren Exploration des Diskursbegriffs, die sich auch auf die Begriffe Wissen sowie (feministische) Theorie und Praxis erstreckt und in einen methodischen Ansatz der Diskursanalyse münden soll.

1. Diskurse in Wissensräumen

Zentral für den Gebrauch des Diskursbegriffs wird im 20. Jahrhundert »die Akzentuierung der sozialen Dimension von Sprache« (Landwehr 2001: 68). Dabei muss zwischen der sprachwissenschaftlichen, das Gewicht auf die Rede als eigentlichem Analyseobjekt legenden, und der aus Philosophie und Sozialwissenschaften stammenden Verwendung von Diskurs unterschieden werden. Letztere Disziplinen weiten den linguistischen Diskursbegriff auf Praktiken und die Sphäre des Materiellen aus. So beschreibt bei Michel Foucault, dessen Diskursbegriff historischen und sozialwissenschaftlichen Untersuchungen häufig zugrunde liegt, der Diskurs »eine symbolische Ordnung [...], die den mit diesem Diskurs vertrauten Subjekten das gemeinsame Sprechen und Handeln erlaubt.« (Landwehr 2001: 77). Rosi Braidotti schlägt zwischen Linguistik und Sozialtheorie eine Brücke, indem sie einen

Diskursbegriff einführt, der sich an einer weiten Interpretation von Text anlehnt:

> »Diskurs ist das Netzwerk von Textzirkulationen, womit sowohl materielle, institutionelle Ereignisse als auch symbolische oder ›unsichtbare‹ Effekte gemeint sind. Ein Text ist ein Ausdruck in einem Netzwerk, das Sinn, Werte und Normen schafft und diese in einen sozialen Zusammenhang setzt.« (Braidotti 1994: 260)

Diese Auffassung von Diskurs, die von Text ausgeht, jedoch Diskurs durchaus in einem erweiterten Sinne deutet, ist für die vorliegende Arbeit nützlich. Auch Foucault bewegt sich im eben erörterten Spannungsverhältnis: Bei ihm lassen sich zwei Diskursvorstellungen finden, die eine geht von gesprochenen oder geschriebenen Texten aus, die andere umfasst Praktiken und materielle Aspekte (vgl. Dingler 2002: 184). Dabei hat Foucault zwar eine Diskurstheorie vorgelegt, jedoch keine Methode für eine Diskursanalyse entwickelt. Allerdings haben eine Reihe weiterer Autor/innen sich um eine Operationalisierung des Diskursbegriffes bemüht, so zum Beispiel Fairclough (1992). Er unterscheidet zwischen a) einer linguistisch orientierten Diskursanalyse, die auf Texte fokussiert, b) einem sozialtheoretisch orientierten Diskursbegriff, der sich an Foucault anlehnt und aus dem Diskursanalyse als Form der Sozialanalyse abgeleitet werden kann sowie c) einer Synthese aus sozial- und linguistisch orientierten Diskursauffassungen, wobei letzteres von ihm vertreten und weiterentwickelt wird.

In der vorliegenden Arbeit wird mit diesen drei Autor/innen davon ausgegangen, dass Diskurse zwar über Texte hinausgehen, sie jedoch durchaus ihren Niederschlag in Texten finden. Eine Analyse von ausgewählten, den Diskurs repräsentierenden Texten, kann somit als Untersuchung eines Diskurses fungieren, dabei ist jedoch die Nachvollziehbarkeit der Auswahl des Textensembles sowie die explizite Herleitung der Analysekategorien wesentliche methodische Voraussetzung (siehe Methodenreflexion, S. 22f.).

Für die Politikwissenschaften entwickelte Frank Nullmeier einen diskursanalytischen Ansatz im Rahmen der Policy-Analyse (Nullmeier 1993, 1997, 2001).[14] Da die vorliegende Arbeit keine klassische Policy-Analyse darstellt,[15] kann dieser nicht in Gänze übernommen werden. Einige Elemente sind jedoch für das Anliegen der Arbeit nutzbar zu machen, insbesondere im Rahmen des wissenspolitologischen Ansatzes, den Nullmeier entwirft (Nullmeier/Rüb 1993: 19f., Nullmeier 1993, 1997, 2001). Denn »Wissenspolitologie rückt die *Konstruktion der Wirklichkeit durch die politischen Akteure* ins Zentrum politikwissenschaftlicher Analysen.« (ebd.: 24, Hervorhebung im Original), sie »betont die Abhängigkeit politischen Handelns von Wissen, zu dem es immer auch Alternativen gibt ...« (ebd.: 25). Insbesondere auf den Gedanken der Öffnung und Schließung von *Wissensmärkten* (vgl. Nullmeier/Rüb 1993: 28f.) kann sich hier gestützt werden:

»Welche Wissensalternativen zur Wahl stehen und sich durchzusetzen vermögen, entscheidet sich auf ›Wissensmärkten‹, die sich im politischen und vorpolitischen Raum entfalten. Deren Schließung oder Öffnung, die Existenz von herrschenden Meinungen oder dominantem, d.h. mehrheitlich als geltend anerkanntem Wissen, die Verteilung von Legitimität und Geltung unter dem bisher angebotenen Wissen, aber auch die den einzelnen Akteuren zur Verfügung stehenden Ressourcen, ihre Fähigkeit, eigene Interpretationen auf diesen Märkten einzuführen – all dies bestimmt, welches Wissen die Akteure ihrem Handeln zugrunde legen.« (Nullmeier/Rüb 1993: 20)

Wenn die Gesamtheit feministischer Theorien als »Wissensmarkt« gefasst wird, dann stellt sich die Frage, für welche Gender-Konzepte, die dieser »Markt« anbietet, sich die entwicklungspolitische Praxis geöffnet hat, für welche Gender-Konzepte sie verschlossen blieb und welche Gründe dies haben könnte. Darüber hinaus ist zu untersuchen, welche Möglichkeiten bestehen, bisher unbeachtet gebliebene Konzepte in den Raum der Praxis zu holen. Dabei entwerfen Nullmeier und Rüb zwei Stufen der wissenspolitologischen Analyse (1993: 28f.): Zunächst geht es um die Beschreibung von Art und Verteilung des politisch relevanten Wissens (spezifische Wissens- und Deutungsmärkte). Der zweite Schritt ist die Frage nach »der Machtstellung von (kollektiven) Akteuren an den Wissensmärkten« (ebd.: 30). Dabei werden erstens materielle Aspekte und zweitens »argumentative und interpretative Ressourcen« (ebd.) in Betracht gezogen. Ersteres kann im Rahmen dieser Arbeit nur am Rande bearbeitet werden; im Vordergrund stehen hier interpretative und argumentative Möglichkeiten, die sich aus dem Diskurs der Gender-Theorien ergeben.

An dieser Stelle ist es notwendig, die Begriffe des Wissensraumes und der Praxistheorie einzuführen: *Wissen* wird mit Quine als »konzeptuelle Brücke« gefasst, die sich über drei Räume spannt: den Raum der Erkenntnistheorie, den der einfachen wissenschaftlichen Theorie und jenen des »lebensweltlichen Common Sense« (vgl. Quine 1981 nach Nelson 1990: 100f.). Keiner dieser Wissensräume ist über die jeweils anderen privilegiert vielmehr sind diese interdependent. So bedient sich der Wissensraum der einfachen wissenschaftlichen Theorie der Ressource »Erkenntnistheorie«, also bestimmter theoretischer Versatzstücke, um Strukturen und Machtverhältnisse seines institutionellen Kontextes zu beeinflussen und strategisch zu argumentieren. Dies wird hier als Praxistheorie gefasst: Sie kann als Teil des Wissensraums der einfachen wissenschaftlichen Theorie betrachtet werden und bezieht sich auf (politisches) Handeln, möchte also instruktiv sein.[16] So findet sich Praxistheorie in Texten, die im weitesten Sinne handlungsanleitend sind, wie zum Beispiel in Handbüchern, Leitfäden, Handreichungen und politischen Konzepten.

Bezogen auf das Thema der vorliegenden Arbeit kann behauptet werden, dass in jedem der drei Wissensräume (unterschiedliche) Gender-Diskurse vorgefunden werden, zwei dieser Räume – feministische Theorie und geschlechterpolitische Praxistheorie – werden hier bezüglich ihrer Gender-Konzepte in jeweils einem Hauptkapitel diskursanalytisch untersucht: In Kapitel II werden die »Deutungsangebote« (Nullmeier 1993: 176) des Gender-Begriffs, die feministische Theorien bieten, herausgearbeitet und systematisiert. Welche dieser Deutungsangebote im praxistheoretischen Gender-Diskurs der Entwicklungspolitik in welcher Weise Verwendung finden werden, wird in Kapitel III untersucht. Dieser Abschnitt stellt gleichzeitig den empirisch ausgerichteten Teil der Arbeit dar. Auf den Raum des lebensweltlichen Common Sense kann nicht eingegangen werden, obwohl das Ziel von Diskursen (vor allem im praxistheoretischen Raum) die Beeinflussung des Common Sense ist. Die Ausleuchtung dieses Raumes würde jedoch eine andere, stärker empirisch ausgerichtete Vorgehensweise erfordern; Fokus der vorliegenden Arbeit ist die Theorie als Impulsgeberin für Praxis.

Ebenfalls eine andere Gewichtung zu Gunsten der Empirie würde eine evaluatorisch ausgerichtete Studie erfordern, sprich die Überprüfung der Umsetzung von Geschlechterpolitik in Organisationen oder Projekten. Immer wieder wird bemängelt, dass in Konzepten und Politikpapieren von Entwicklungsagenturen Ansprüche formuliert werden, die keine Umsetzung finden (vgl. Callenius 2002: 70f.). Eine solche Erfassung von Gender-Politik in konkreter Projektpraxis wird punktuell von den entwicklungspolitischen Institutionen selbst geleistet.[17]

Das zentrale Anliegen der vorliegenden Arbeit ist demgegenüber einen Beitrag zu einer *reflexiven Praxistheorie* an der Schnittstelle zwischen den Wissensräumen Erkenntnistheorie und Praxistheorie zu leisten. Im feministischen Diskurs ist das entsprechende Spannungsfeld bereits intensiv und fruchtbar debattiert worden.

2. Feministische Theorie und Praxis

Ausgangsthese der Arbeit ist die selektive Rezeption feministischer Theorieansätze im entwicklungspraktischen Diskurs. Dies bedarf einführender Bemerkungen zu einem in feministischer Forschung schon lange diskutierten Spannungsfeld: dem Verhältnis von Theorie und Praxis, von wissenschaftlicher Reflexion und politischem Handeln.

Da die ›Disziplin‹ feministische Forschung bzw. Frauen- und (seit einiger Zeit auch) Geschlechterforschung im Kontext einer politischen Bewegung interpretiert werden muss, gibt es diese Debatte um Theorie und Praxis seit den Anfängen der Frauenforschung. In den 70er Jahren forderte Maria Mies in ihren »Postulaten der Frauenforschung« eine enge Verbindung zwischen Forschung und politischer Aktion (vgl. Mies 1978). Mit der Ausdifferenzierung, Etablierung und Professionalisierung des Wissensfeldes Genderforschung ging jedoch ein Auseinanderfallen von Theoretisierung und Forschung einerseits und Bewegung sowie auch institutionalisierter Frauenpolitik andererseits einher. Diese Abkoppelungstendenzen waren immer und sind auch weiterhin von einem Austausch geprägt: Auch heute noch lässt sich das Feld als Erkenntnisgemeinschaft (»epistemological community») fassen, wie es Overdiek (1999) in Anlehnung an Lynn Hankinson Nelson und Willard Van Orman Quine herausarbeitet. Dies besagt, dass »wissenschaftliches Wissen nicht von außerwissenschaftlichem Wissen zu trennen (ist)« (Overdiek 1999: 16). Für das Wissensfeld der feministischen Theorie und Praxis[18] muss dieser Zusammenhang aufgrund der erläuterten Verbindung zwischen sozialer Bewegung und akademischer Etablierung insbesondere gelten.[19] Overdiek (1999) bemängelt hier einen blinden Fleck in der politikwissenschaftlichen Forschung, denn sie

> »(...) übersah (...) bisher das Besondere und möglicherweise ganz Neue feministischer Theoriearbeit: den theoretischen Austausch zwischen diesen beiden »Räumen« – Bewegung und Wissenschaft –, in denen Theorie unterschiedlich entsteht. In dieser doppelten Natur feministischer Theoriebildung realisiert sich ein Austauschverhältnis zwischen Wissenschaft und Bewegung, d.h. Wissenschaft und Politik, jenseits der Polarisierung zwischen einer reinen Autonomie der Wissenschaft einerseits und sozialer Determinierung von Wissenschaft auf der anderen Seite.« (ebd.: 1f.).

Im Sinne dieser Wechselseitigkeit von Theorie und Praxis kann es in der vorliegenden Arbeit auch nicht darum gehen, neuere feministische Theorien zum Maßstab zu erheben, an dem sich Praxis messen muss. Allerdings sollte berücksichtigt werden, dass feministische Theorie sich immer im Kontext feministischer Bewegungen bzw. deren innerer Auseinandersetzungen entwickelt hat. Innerhalb der Bewegung ausgegrenzte Akteurinnen haben durch kontroverse Einwürfe in den innerfeministischen Diskurs immer wieder Theorieschübe veranlasst (vgl. insb. Kapitel II.6 und 8).[20]

Eine Erkenntnis, die sich hieraus ziehen lässt: Es kann gewinnbringend für Theorie und Praxis sein, wenn diese sich aneinander reiben und messen. Das heißt, es geht einerseits um den »Wert« von Theorien als Impulse für praktisches Handeln. Andererseits stellt sich die Frage, inwieweit Akteur/innen im Wissensraum der Praxistheorie neuere Impulse aus Gender-Theorien aufgegriffen haben. Dabei sind die Grenzen zu berücksichtigen, die dadurch entstehen, dass in politischen Prozessen die komplexe Realität in pragmatisches Planungshandeln reduziert wird. Gleichzeitig ist zu betonen, dass Theorie kaum direkt operationalisierbar und instruktiv ist, sondern eher eine impulsgebende Funktion erfüllen kann. In diesem Sinn ist die Weiterentwicklung des Gender Mainstreaming-Diskurses durch kritische Reflexion von Prämissen und Praktiken ein weiteres Anliegen dieser Arbeit.

Vor allem soll deutlich gemacht werden, dass Gender-Theorien einen Fundus für emanzipatorische Politik im Rahmen von Gender Mainstreaming darstellen und dass sie einem Trend der Verpuffung dieser emanzipativen Anliegen in den Mühlen bürokratischer Verfahren entgegenwirken können. So spricht die sambische Beraterin Sarah Longwe von einer »Verdampfung von feministischer Politik im patriarchalen Kochtopf« (Longwe 1997).[21]

Die gegenseitige Bezugnahme ist schon deswegen von Bedeutung, weil eine spezifische Art, Geschlechterverhältnisse zu denken, auch immer einen Einfluss auf die Wahl politischer Strategien haben wird. So werde ich im Verlauf dieser Arbeit zeigen, dass dem Gender Mainstreaming bisher ein eher instrumentelles Gender-Verständnis (vgl. Fußnote 8) zugrunde liegt. Dies ist jedoch aus der Perspektive eines dekonstruktivistischen Gender-Verständnisses problematisch oder gar als kontraproduktiv zu bewerten, da bereits die im Gender Mainstreaming angelegte dualistische Gender-Konzeption als Ursache für Verfestigung von Stereotypen ausgemacht werden kann. Hier würde eine Strategie gegen eine Reproduktion von Gender-Stereotypen greifen, die bereits die »Mann-Frau«-Unterscheidung kritisch reflektiert und in konkreten Situationen multiple Herrschaftsgefüge entlang der Achsen von Gender, Klasse, Herkunft und anderen Kategorien thematisiert. Das Spannungsverhältnis resultiert aus der von Judith Lorber (1999) verdeutlichten Gender-Paradoxie: Gender kann einerseits als Analysekategorie gesehen werden. Andererseits wird der Begriff jedoch auch häufig dazu verwendet, eine Gesellschaftsstruktur zu bezeichnen – dies mündet in der Paradoxie, dass Gender mittels Gender überwunden werden soll. Kapitel II wird diesen Gedanken weiter herausarbeiten.

3. Methodenreflexion

Wie oben ausgeführt wurde, erfolgt die Diskursanalyse in der vorliegenden Arbeit hauptsächlich an Textmaterial. Dazu ist erstens die Einkreisung für das Thema relevanter Texte erforderlich, in einem zweiten Schritt müssen entsprechende Aussagen über Geschlechterverhältnisse aus den Texten gefiltert werden. In Teil II werden Texte ausgewählter Autorinnen analysiert, die für spezifische Ansätze feministischer Theorien stehen. Die Auswahl der Texte wird im Vorfeld der Analyse nachvollziehbar gemacht. Erkenntnisleitende Fragestellung ist dabei: Welche(s) Verständnis(se) von Gender findet/finden sich in der jeweiligen Abfassung? Aus diesem Teil entsteht ein Analyseraster in Form der Kategorisierung von Gender-Konzepten, die sich aus dem Theoriediskurs destillieren lassen. Im dritten Teil wird dieses Raster dann angelegt, und zwar auf verschiedenen Ebenen des Entwicklungsdiskurses.

a) Nachzeichnung und Analyse des entwicklungspolitischen Gender-Diskurses

Zunächst wird es um die Frage gehen, wie der Terminus Gender Eingang in das Feld der Entwicklungspolitik gefunden hat. Deswegen werden zunächst die Debatten nachgezeichnet, die mit dem Terminus »Frauen« überschrieben sind (»Women in Development«, »Women and Development«, »Women, Environment, Development«). Der Schwerpunkt liegt dann jedoch auf dem Paradigmenwechsel im Verlauf der 80er Jahre zu »Gender and Development« und der Analyse des Gebrauchs von Gender in den einschlägigen Publikationen entsprechend des in Kapitel II erarbeiteten Rasters.

b) Inhaltsanalyse von Handbüchern für Gender Trainings

Diese Handbücher sind in der Regel im englischsprachigen Kontext entstanden, werden jedoch auch im deutschsprachigen Raum herangezogen. Anhand der im ersten Teil erarbeiteten Dimensionen von Gender sind hier die bekanntesten Handbücher für Gender Trainings zu analysieren. Die Auswahl der Handbücher erfolgt nach deren Bedeutung für die Gender-Trainerinnen (siehe c). Die Analyse wird zweistufig durchgeführt. Der Frage, welche expliziten Aussagen sich zu Gender in den Handbüchern finden, folgt die Untersuchung welches Gender-Verständnis sich aus den Instruktionen für Gender-Analysen ergibt. Dabei ist anzumerken, dass Teile von Handbüchern immer wieder in neu aufgelegte Handbücher kopiert werden, sich also die zu vermittelnden Konzepte wiederholen.

c) Schriftliche Befragung von Gender-Trainerinnen

Als Multiplikator/innen von Gender-Ansätzen sind Gender-Trainerinnen bzw. Trainer Schlüsselpersonen, die bestimmte Vorstellungen von Gender haben, die durch sie vermittelt werden. Mit Hilfe eines Fragebogens wurden acht Trainer/innen (sieben Frauen und ein Mann) befragt. Die Ergebnisse sowie weitere methodische Anmerkungen finden sich in Kapitel III.4.2. Der Zweck einer solchen Befragung besteht in erster Linie darin, herauszufinden, welche Gender-Konzepte warum für Trainer/innen relevant sind, und welche Konsequenzen dies für die Vermittlung von Gender-Wissen nach sich zieht. Damit ergänzt die Befragung die Inhaltsanalysen der Handbücher zu Gender-Ansätzen.

d) Teilnehmende Beobachtung von Gender Trainings

Insgesamt nahm die Autorin selbst an vier Trainings teil, alle im deutschsprachigen Raum,[22] bei zwei Trainings in der Rolle der teilnehmenden Beobachterin. Die Beobachtungen, die während des Trainings gemacht wurden, flossen nicht systematisch in die Analyse ein. Allerdings hatten die Erfahrungen aus den Trainings Einfluss auf die Konzeption des Fragebogens. Da die Autorin der vorliegenden Arbeit selbst Gender Trainerin ist,[23] werden entsprechende Erkenntnisse berücksichtigt und ergänzen die Untersuchung durch praxisrelevante Erfahrungen. Sie werden an gegebener Stelle als solche kenntlich gemacht.

II. Gender als multidimensionaler Begriff feministischer Theorien

»Ein Wort anzubieten bedeutet, eine Welt anzubieten.«
Villa (2000: 127)

»Der Feminismus hat sehr viel erreicht, aber das Allerschwerste – der Frontalangriff auf gender – steht uns noch bevor.«
(Lorber 1999: 35)

Eine Aufgabe, die sich die vorliegende Arbeit gestellt hat, ist eine Annäherung an den Begriff Gender durch eine Bestandsaufnahme der Debatten um ihn. Dies macht ein Destillieren seiner Begriffsdimensionen möglich und somit die Erarbeitung eines Rasters zur Analyse des entwicklungspolitischen Gender-Diskurses. Aufgrund der Interpretationsvielfalt von Gender nimmt diese Begriffsarbeit einen gewissen Raum ein: Bereits eine eindeutige Übersetzung von »Gender« ins Deutsche zu finden, bereitet Schwierigkeiten. So wird Gender in der Oxford Duden CD-ROM-Version von 1996/1997 bezeichnet als: »a (Ling.) [grammatisches] Geschlecht; Genus, das; b (joc.: one's sex) Geschlecht, das» (Oxford/Duden German Dictionary 1996/1997).

Die Abkürzung »joc« steht dabei für »jocular«[24]. Der Transfer des Wortes von einem grammatikalischen in einen sozialwissenschaftlichen Kontext führt also offenbar zu Verwirrungen (wie auch Möglichkeiten, vgl. Scott 1989: 81). Aber auch feministische Theorien bieten in ihren Übersetzungen sehr unterschiedliche Begriffsvariationen wie »soziales Geschlecht«, »Geschlechterverhältnis«, »symbolisches Geschlecht«, »Geschlechtsidentität«, wobei die Wortwahl oft vom theoretischen Kontext abhängt (vgl. Nagl-Docekal 2000: 233).[25] So konstatiert Nicholson, Gender sei ein:

> »(...) merkwürdiger Begriff, dessen Bedeutung meist als eindeutig und allgemeinverständlich vorausgesetzt wird, der aber in seinem tatsächlichen Gebrauch eine Vielzahl disparater, nicht unbedingt miteinander vereinbarer Bedeutungen transportiert« (1994: 188).

Aufgrund der Tatsache, dass offensichtlich verschiedene konkurrierende Interpretationen des Gender-Begriffs bestehen, die es hier zu untersuchen gibt, wird ein breites Verständnis von Gender zugrunde gelegt. Auch behalte ich eben aufgrund der Interpretationsbreite den englischen Ausdruck Gender bei,[26] zumal die Mehrzahl der herangezogenen und analysierten Texte in englischer Sprache verfasst sind. Eine Übersetzung ins Deutsche, die dieser Breite noch am ehesten entspricht, ist der Ausdruck »Geschlechterverhältnisse« im Sinne einer Dimension von Gesellschaftsverhältnissen (vgl. Haug 1999: 494). Dabei müssen ›Verhältnisse‹ in einem doppelten Sinne gedacht werden: einerseits als die Relation »Weiblichkeit« – »Männlichkeit« als gesellschaftlich dual konstruiertes Begriffspaar, andererseits – bzw. darüber hinausgehend – im weitesten Sinne als Grundprinzip gesellschaftlicher Ordnung. Auf diese Ambivalenz des Gender-Begriffs wird in Kapitel 8.3 näher eingegangen.

Von der beschriebenen Uneindeutigkeit des Begriffs ausgehend, wird sich dieser Teil der Arbeit mit der Frage befassen, welche unterschiedlichen Bedeutungen Gender in den jeweiligen Kontexten hat. Dies ist nicht nur von theoretischem Interesse, denn:

> »(...) die Art, wie jeweils das normative Problem gesehen wird und ob eher aus einer Gleichheits- oder aus einer Differenzperspektive heraus argumentiert wird, (hängt) eng mit dem jeweiligen Verständnis von Geschlecht und Geschlechterdifferenz zusammen (...) sowie mit den unterschiedlichen politischen Optionen hinsichtlich der Veränderung der patriarchalen Geschlechterverhältnisse« (Maihofer 1998: 156).

Gender ist also eine zentrale Kategorie feministischer Theorie. Mit dem »Wörterbuch der feministischen Theorie« kann der Begriff in einem weiten Sinne definiert werden als »eine kulturell geformte Gruppe an Attributen und Verhaltensweisen, das dem männlichen oder dem weiblichen gegeben wird« (Humm 1995: 106). Eine andere Definition fasst Gender enger: Nach dem »Feministischen Wörterbuch« (Kramarae u.a. 1985) wird Gender gebraucht:

> »(...) um sich auf die sozial auferlegte Dichotomie von maskulinen und femininen Rollen und Charaktereigenschaften zu beziehen. Sex ist physiologisch, dagegen ist Gender (...) kulturell.« (Warren 1980: 181, zit. nach: Kramarae u.a. 1985: 173)

Die hier enthaltene Unterscheidung, die im Deutschen in der Regel als Unterscheidung zwischen dem »biologischen Geschlecht« (Sex) und dem »sozialen Geschlecht« (Gender) gefasst wird, ist jedoch inzwischen umstritten. Ein »Glossar Feministischer Theorie« (Andermahr u.a. 1997) beschreibt das schwankende Verhältnis von Sex und Gender in verschiedenen Ansätzen feministischer Theorien sowie die Kritik an der Kategorie Gender:

> »Innerhalb des feministischen Gedankenguts in der frühen Zeit der Zweiten Welle war (und bleibt) die dominante Tendenz die, dass die Unterschiede zwischen den Geschlechtern (»sexes») minimiert werden und Gender über Sex priviligiert wird.

Gender begann sogar auf die Biologe selbst vorzudringen« (Andermahr u.a. 1997: 102).

»Das Gender-Konzept ist kritisiert worden auf der Basis, dass ›gendering‹ von Menschen, Handlungen und Dingen innerhalb der Kulturen immer mit anderen Unterschieden als denen des Geschlechts verwoben sei.« (ebd.: 103)

Obwohl sich also eine Vielzahl feministischer Ansätze Gender als (zentraler) Analysekategorie bedient, oft auch ohne eine Begriffsklärung vorzunehmen, findet im Kontext der Ausdifferenzierung der feministischen Diskussion eine Infragestellung – unter anderem – der Kategorie Gender und der Sex/Gender-Unterscheidung statt. Zudem erfuhr, wie Dietzen (1993) konstatiert, Gender eine Bedeutungserweiterung: Gender müsse, »vergleichbar mit theoretischen Konzepten von ›Klasse‹ und ›Schicht‹, als grundlegende Dimension sozialer Organisation verstanden werden« (ebd.: 1). Auch Foster (1999) spricht davon, dass Gender bisher keine klare Bedeutung habe: »Gender ist (...) von feministischen Forschern als ein Rolle, eine soziale Kategorie, eine soziale Praxis, eine Darstellung, und manchmal als eine Kombination von diesen, erklärt worden« (ebd.: 433). Insofern erstaunt es nicht, dass verschiedenste Definitionen von Gender bestehen.

Ausgehend von der hier zunächst nur skizzierten Gender-Debatte wird das vorliegende Kapitel durch die Kategorisierung verschiedener Bedeutungsdimensionen von Gender mehr Klarheit über das Konzept schaffen. Im Mittelpunkt dieses Kapitels steht also Gender als multidimensionales und umkämpftes Konzept feministischer Theorien. Eine umfassende Darstellung aller feministischen Ansätze kann dabei nicht geleistet werden, vielmehr habe ich an ausgewählte Ansätze die Frage herangetragen, welche Vorstellungen von Gender ihnen zugrunde liegen. Ich lehne mich an Overdiek (1999) an: »Als Folge des Anschlusses feministischer Theorien an unterschiedliche wissenschaftliche Methodologien entstanden verschiedene Vorstellungen von Gender« (ebd.: 5). Dabei kann zunächst grob unterschieden werden zwischen drei verschiedenen Umgangsweisen feministischer Ansätze mit dem Konzept Gender:

Ansätze, die sich explizit und meistens problematisierend mit Gender befassen. Diese Ansätze kamen in den 80er Jahren, vor allem aber in den 90er Jahren auf, ich bezeichne sie als *explizite Gender-Theorien.* Die wichtigsten Autorinnen hier sind Joan Scott, Donna Haraway und Judith Butler sowie Linda Nicholson und Judith Lorber. Ihre Arbeiten werde ich ausführlich in Kapitel II.7 behandeln.

Ansätze, die Gender als Grundkonzept feministischen Denkens zwar gebrauchen, den Begriff aber nicht näher erklären und manchmal noch nicht einmal definieren. Diese Umgangsweise mit Gender ist bei sehr vielen feministischen Ansätzen zu finden (z.B. bei Nancy Chodorow oder Nancy Hartsock); ich bezeichne sie als *implizite Gender-Theorien.*

Ansätze, in denen der Begriff Gender zwar selbst nicht vorkommt, da er zum Zeitpunkt der Entstehung des Ansatzes noch nicht eingeführt war – dies gilt zum Beispiel für frühe liberalfeministische Ansätze. Zwar machen auch diese Ansätze durchaus Aussagen über Geschlechterverhältnisse, hiermit sind sie implizit auch Gender-Theorien. Auch waren sie für die Konstituierung von Gender als sozialwissenschaftliche Kategorie von großer Bedeutung (vgl. die Ausführungen zu de Beauvoir unten) und finden deswegen hier Beachtung.

Zwar ist also eine Erfassung der verschiedensten Bedeutungsdimensionen von Gender zum Zweck der Erarbeitung eines Analyserasters erst möglich mit Hilfe von Gender-Theorie – also der theoretischen Reflexion des Konzeptes selbst. Das Feld, innerhalb dessen sich Gender als Konzept ausdifferenziert hat, erstreckt sich jedoch auf alle feministischen Theorien. Aus diesem Grunde ist insbesondere die Frage nach der Auswahl der hier behandelten Autor/innen und Ansätze für das methodische Vorgehen von Bedeutung. Denn es kann und soll im Folgenden keinesfalls darum gehen, ein genaues Abbild aller feministischen Theorien zu liefern – allein die Frage, was als »feministische Theorie« bzw. »feministischer Ansatz« zu gelten hat und was nicht, und welche Inhalte feministische Theorien und Ansätze auszeichnen, ist umstritten.[27] Systematisierungen feministischer Ansätze können hier eine Orientierung geben: Jaggar unterscheidet beispielsweise zwischen liberalem, marxistischem, radikalem und sozialistischem Feminismus (vgl. Jaggar 1983). Allerdings bezieht sich diese Klassifizierung nicht auf neuere Entwicklungen feministischer Theorieansätze. Umfassender ist eine Einteilung in drei Wellen, die wiederum jeweils verschiedene Ansätze beinhalten (vgl. Plumwood 1992, 1993; Lorber 1998a). Diese Systematisierung sieht in von liberalem Gedankengut geprägten *Gleichheitsfeminismen* eine ›Erste Welle‹. Hier wird, ausgehend vom historischen Feminismus des 19. Jahrhunderts, eine Betonung auf Gleichheit bzw. Gleichberechtigung gelegt. Die ›Zweite Welle‹ machen hiernach *Differenzfeminismen* aus, die die Betonung auf verschiedene Formen der Differenz zwischen Männern und Frauen legen. Des Weiteren sind hier marxistische und sozialistische feministische Ansätze zu verorten, die Differenzen zwischen Männern und Frauen in ein Verhältnis zu Klassenstrukturen setzen (vgl. Maihofer 1998). Die Ansätze, die oft als ›Dritte Welle‹ bezeichnet werden, teile ich nochmals in zwei Hauptrichtungen auf: Die einen sind Feminismen, die einen Fokus auf Differenz *zwischen* Frauen richten und andere Ausgrenzungskategorien thematisieren, diese möchte ich als *Feminismen der »Anderen«* bezeichnen. Eine zweite Hauptrichtung innerhalb der Dritten Welle widmet sich stärker als bisher erkenntnistheoretischen Fragen und greift vor allem die duale Geschlechterordnung an, die sich durch die Vorstellung der Zweigeschlechtlichkeit manifestiert und reproduziert. Letztere Ansätze beziehen Gedankengut poststrukturalistischer Theorien[28] in ihre Analyse ein und kritisieren diese auch. Ich bezeichne sie als *dekonstruktivistische Feminismen.* Squires entwirft in ihrem Überblicksband »Gender in Political Theory« (1999) in Analogie zu dieser Einteilung eine markante Typologie von »inclusion« für liberalfeministische Ansätze, »reversal« für differenzfeministische Ansätze und »displacement« für postmoderne oder poststrukturalistische Ansätze (ebd.: 3).

Die Struktur dieses Kapitels orientiert sich an der Einteilung in feministische Theorieansätze, dabei stehen jedoch einführende Erläuterungen zur Entstehung von Gender am Anfang, da Gender bereits in den 70er Jahren (auch explizit) als Konzept eingeführt wurde (Kapitel II.1). Im Anschluss behandle ich liberalfeministische Ansätze als älteste Form feministischen Denkens (Kapitel II.2), ihnen stelle ich radikale feministische Ansätze gegenüber (Kapitel II.3). Des Weiteren thematisiere ich gynozentristische Ansätze bzw. »kulturellen Feminismus« (Alcoff 1988) (Kapitel II.4). Die nächsten wichtigen Theorien sind im Spektrum marxistischer und sozialistischer Feminismen zu verorten (Kapitel II.5). Einen weiteren Theorieimpuls stellen »Dritte-Welt«-Feminismen dar (Kapitel II.6). Diese werden – insbesondere hierzulande – kaum innerhalb feministischer Debatten rezipiert. Hier sind vor allem Ansätze von Feministinnen aus lateinamerikanischen, asiatischen und afrikanischen Ländern sowie postkoloniale feministische Ansätze zu nennen.[29] Ich behandele an dieser Stelle postkoloniale Ansätze sowie die Diskussionen um afrikanische Feminismen und Gender im Raum Afrika, südlich der Sahara. Dies stellt zwar eine Selektion dar und berücksichtigt nicht die Vielzahl der Ansätze aus anderen Weltregionen, vor allem die indischen und südamerikanischen Feminismen. Das ist jedoch der Tatsache geschuldet, dass eine Behandlung von Dritte-Welt-Feminismen als inhaltlicher ›Block‹ der Diversität des Gegenstandes wiederum nicht gerecht würde. Auch sind mir afrikanische Ansätze aufgrund von Arbeitserfahrungen in Kenia, Mali und dem Sudan näher als andere. Bereits die Feminismen aus dem geographischen Raum Afrika, südlich der Sahara, können dabei kaum als Einheit gefasst werden, nur aufgrund selbst konstatierter politischer und thematischer Gemeinsamkeiten afrikanischer Theoretikerinnen ist dies möglich (vgl. Künkel 1995a: 162f.). Diese Ansätze spielen im etablierten Theoriekanon eine untergeordnete Rolle, sie sind jedoch als weitere wichtige »Südperspektive« für eine Analyse von Gender-Konzepten von großer Bedeutung – gerade für den entwicklungspolitischen Fokus der vorliegenden Arbeit. Einen ganz anderen wichtigen Beitrag zu Gender-Debatten geben Theorieansätze der Männlichkeitsforschung (Kapitel II.7). Auch hier ist das Spektrum der Ansätze breit, umstritten ist zudem, ab wann bzw. ob überhaupt »Männerforschung« als *feministische* Theorie gelten kann. Allerdings geht es hier nicht um *Männer*forschung, da es für das Anliegen dieser Arbeit nicht von Interesse ist, ob ein (männlicher) Autor aus einer geschlechtsspezifischen Perspektive schreibt, vielmehr geht es um

*Männlichkeits*forschung, also um die Befassung mit dem Thema Maskulinität als Beitrag zu Gender-Theorien (vgl. Geden/Moes 2000: 151).

Schließlich untersuche ich Gender-Konzepte der Dritten Welle bzw. poststrukturalistische feministische Ansätze (Kapitel II.8), um zusammenfassend eine Synthese und Gegenüberstellung von Gender in den unterschiedlichen feministischen Denkarten anzubieten (Kapitel II.9). Die Kapitelanordnung entspricht zwar einer gewissen chronologischen Abfolge, was den Entstehungszeitpunkt der jeweiligen Theorieansätze angeht, allerdings kann hier nicht trennscharf abgegrenzt werden, da sich vor allem in den 80er Jahren das Diskursfeld feministische Theorie ausdifferenziert hat, und sich Ansätze gleichzeitig entwickelten und heute nebeneinander (bzw. in Konkurrenz zueinander) bestehen. Zwei Exkurse behandeln dann auch wichtige Themenfelder, die für alle Ansätze relevant sind und deswegen quer zu ihnen liegen: Die Debatte um Gleichheit versus Differenz sowie die Rolle der Idee der sozialen Konstruktion für feministische Theorien.

Die Literatur, die für dieses Kapitel als Orientierungshilfe herangezogen wird, besteht vor allem in einer Reihe kommentierter Sammelbände, die in letzter Zeit zu Feminismen erschienen (Minas 1993, Gould 1997, Nicholson 1997, Meyers 1997 und Kemp/Squires 1997) sowie den Monographien von Tong (1998), Clough (1994) und Lorber (1998b). Des Weiteren orientiere ich mich an Überblicksliteratur (z.B. Kramarae u.a. 1985, Humm 1995), und am »Glossary of Feminist Theory« von Andermahr, Lovell und Wolkowitz (1997). Hinweise gaben mir außerdem die Zitierhäufigkeit feministischer Autorinnen im »Social Sciences Citation Index« nach Overdiek (1999: 61f.).[30] Die Überblicksbände sind im anglophonen Raum entstanden, was unter anderem der jeweiligen Besonderheit akademischer Betriebe geschuldet ist. Auch beziehe ich mich stark auf US-amerikanische Ansätze, da in diesem Kontext der Gegenstand dieser Forschung – die Kategorie Gender – erst entstanden ist und sich zu Gender-Theorien ausdifferenziert hat. Die Entstehung des anglophonen »Exportartikels« Gender ist in einem spezifischen historischen und politischen Erfahrungskontext auszumachen, so dass eine Übertragung der US-amerikanischen Theorien in andere gesellschaftliche Kontexte zunächst zu problematisieren ist (vgl. Overdiek 1999). Auch wenn jedoch von einer US-amerikanischen Dominanz feministischer Theoriebildung auszugehen ist (vgl. Klinger 1995: 801), besteht der Gender-Diskurs aus einer international geführten Diskussion. Hier müssen die genannten Sammelbände kritisiert werden: Einige von ihnen begrenzen »Feminismus« bzw. »feministische Theorie« durch ihre Auswahl an Autorinnen auf eine westliche und anglophone Perspektive (USA und England), was meist auch ihren eigenen Ansprüchen nicht gerecht wird. Für den Gegenstand dieser Arbeit ist eine solche Begrenzung insofern gerechtfertigt, als der entwicklungspolitische Diskurs, der ja im Mittelpunkt der Analyse der vorliegenden Arbeit steht, einen anglophon dominierten Diskurs darstellt, da er sich an Englisch als der Verkehrssprache internationaler Institutionen orientiert. Rosi Braidotti weist außerdem auf den Unterschied zwischen Gender-Theorien und Theorien über sexuelle Differenz hin (vgl. Braidotti 1994: 146f.), wobei sie Gender-Theorien als »dem englischsprachlichen Feminismus näher« (ebd.: 258) verortet. Dies erklärt das Fehlen von französischen Theoretikerinnen wie Monique Wittig, Julia Kristeva oder Luce Irigaray in der vorliegenden Arbeit.[31]

Donna Haraway hat bereits 1987 in ihrem Beitrag »Geschlecht, Gender, Genre – Sexualpolitik eines Wortes« die kolonialen erkenntnistheoretischen Wurzeln des Begriffs Gender und der Sex/Gender-Unterscheidung herausgestellt (vgl. Kap. II.7). Ihre kritische Analyse des Begriffs Gender ist für die vorliegende Arbeit richtungsweisend. Diesen Beitrag hat der feministische Diskurs leider kaum rezipiert, vielmehr verengen viele Beiträge im Spektrum der Gender-Theorie (gerade im deutschsprachigen feministischen Diskurs) die Diskussion auf die dekonstruktivistischen Thesen Judith Butlers (vgl. z.B. Feministische Studien 2/1993, Fischer u.a. 1996: 7f.).[32] Dabei hatte Haraway bereits 1987 einige der Kritikpunkte Butlers, zum Beispiel an der Unterscheidung zwischen Sex und Gender, vorweggenommen.

1. Sex und Gender: Die Erfindung von Gender

Gender wurde erst in den 60er Jahren in den sozialwissenschaftlichen englischsprachigen Kontext eingeführt und war vormals ein grammatikalischer Begriff.[33] Der Psychoanalytiker Robert Stoller (1968) wandte die Unterscheidung zwischen Sex und Gender bei seinen Untersuchungen zur Geschlechtsidentität von Patienten an. Er untersuchte Probleme der Gender-Identität bei Patient/innen, die »falsche« oder »fehlende« sexuelle Merkmale haben (z.B. Hermaphroditen), die jedoch nach einer eindeutigen Rolle, männlich oder weiblich, sozialisiert wurden (vgl. Oakley 1972: 158f.; kritisch: Haraway 1991: 133f.). Die britische Soziologin Ann Oakley (1972) übernahm diese Unterscheidung:

> »›Geschlecht‹ ist ein Wort, das sich auf die biologischen Unterschiede zwischen männlich und weiblich bezieht (...). ›Gender‹ hingegen ist eine Sache der Kultur: es bezieht sich auf die soziale Zuordung von ›maskulin‹ und ›feminin‹.« (ebd.: 16).

Oakley grenzt Gender auch dadurch von Sex ab, indem sie betont: »Die Beständigkeit von Geschlecht muss zugegeben werden, ebenso wie die Veränderlichkeit von Gender.« (ebd.). Damit hat sie ein feministisches Instrument geschaffen, anhand dessen Rollenfestschreibungen aufgrund biologischer Faktoren zurückgewiesen werden können. Zugleich gibt sie hiermit dem Gedanken der sozialen Konstruktion von Geschlecht, den vor ihr schon andere im feministischen Kontext thematisiert hatten, einen Namen.

Auch die Anthropologin Rubin (1975) transferiert Gender aus dem grammatikalischen Kontext in ihre sozialtheoretische Analyse. Rubin arbeitet dabei mit einem Gender-Begriff, der sich kaum in Abgrenzung zu »sex« konstituiert, sondern Teil eines »sex/gender-Systems« ist: Dieses »sex/gender-System« ist ein Konzept, das sie ausgehend von einer feministischen Kritik an den Werken Freuds und Lévi-Strauss' entwickelt.

> »Ein ›sex/gender system‹ ist eine Reihe von Übereinkünften, auf der Grundlage derer eine Gesellschaft biologische Sexualität in Produkte menschlicher Aktivität umwandelt, und in welcher diese transformierten sexuellen Bedürfnisse befriedigt werden.« (ebd., zit. nach Nicholson 1997: 28).

Genauer ist das sex/gender-System:

> »(...) der Teil des sozialen Lebens, welcher den Ort der Unterdrückung der Frauen, der sexuellen Minderheiten und bestimmter Aspekte menschlicher Persönlichkeit innerhalb von Individuen, darstellt. Ich nenne diesen Teil sozialen Lebens das ›sex/gender system‹, aus Ermangelung eines eleganteren Begriffs.« (ebd.: 28).

Rubin arbeitet gleichzeitig an einer kritischen Analyse des Werkes von Marx und arbeitet Defizite aus feministischer Sicht heraus. So sei der klassische Marxismus als Sozialtheorie »relativ uninteressiert an Geschlecht« (ebd.). Das Reproduktionskonzept von Marx erkläre noch nicht einmal, warum Frauen in der Regel Reproduktionsarbeiten leisten müssen. Im Gegensatz zu Marx integrierte Engels jedoch die Analyse der Unterdrückung von Frauen. Rubin kommt dabei zu folgendem Schluss: »Geschlecht, so wie wir es kennen – Gender-Identität, sexuelles Begehren und Fantasie, Konzepte von Kindheit – ist in sich selber ein soziales Produkt« (ebd.: 32). Die geschlechtsspezifische Arbeitsteilung ist ein wesentliches Element von Rubins Analyse, sie sei ein Tabu, das die Geschlechter unterscheidet, das: »die biologischen Unterschiede zwischen den Geschlechtern verschärft und dabei Gender *hervorbringt*«. Dabei entwirft sie ein äußerst kritisches Gender-Konzept:

> »(...) die Exegese von Lévi-Strauss und Freud deutet darauf hin (...), dass wir nicht auf die Beseitigung von Männern hinarbeiten sollen, sondern auf die Beseitigung des sozialen Systems, welches Sexismus *und Gender* hervorbringt« (Rubin 1975: 54, Hervorhebung R. F.).

Im Gegensatz zu Oakley macht Rubin die Trennung von Sex und Gender nicht stark – vielmehr ist das Gender-Konzept Rubins stark in der Kategorie Sex verwurzelt (vgl. auch die Kritik von Nicholson 1994: 200 und Flax 1987: 235). Auch sieht Rubin das Konzept Gender als Resultat einer gesellschaftlichen Zwangsordnung, die nur bestimmte soziale Rollen und sexuelle Orientierungen zulassen kann. Gender wird somit als eine Kategorie, wenn nicht sogar als Instrument für Zwangsheterosexualität konstruiert. In diesem Sinne erscheint Rubin als eine frühe Denkerin von Queer-Theory (s.u.), deren kritische Perspektive auf Gender allerdings nur wenig rezipiert wurde.

2. Gleichheit: Liberale Feminismen

Vertreter/innen liberalfeministischer Ansätze sind im historischen Feminismus Mary Wollstonecraft, John Stuart Mill und Harriet Taylor (Tong 1998: 10-22). Im »modernen« Feminismus sind hier vor allem Betty Friedan, aber auch Simone de Beauvoir zu nennen. Der liberale Feminismus beruht mit seiner Forderung nach gleichen Rechten für Männer und Frauen auf klassischer liberaler Vertragstheorie. Sein »legalistisches Gleichheitsprinzip« (Dietzen 1993: 111) erklärt sich aus der Vorstellung von Menschen als Individuen, die jeweils vernunftbegabte Wesen sind und deswegen gleiche Rechte und Zugangschancen in allen Bereiche des gesellschaftlichen Lebens – vor allem des beruflichen Lebens – haben (vgl. Dietzen 1993: 93f.).[34] So stellt Friedans »Weiblichkeitswahn« (1963)[35] vor allem die berufliche Karriere als Mittel der Selbstfindung von Frauen heraus. Ein »Idealbild« von Frauen als Hausfrauen, das Friedan als Mythos enttarnt, führe dazu, dass sie ihre eigentliche Identität als Frauen nicht entdecken könnten. Ihre Zielvorstellung:

> »(...) Männer und Frauen teilen nicht nur die Erfüllung ihrer biologischen Rollen, sondern auch die Pflichten und Leidenschaften der Arbeit, die die menschliche Zukunft und das vollständige menschliche Wissen davon, wer sie sind, erzeugt« (Friedan 1963: 364).

Die Möglichkeit und Zielvorstellung eines »menschlichen« Projektes, an dem Männer und Frauen gleichermaßen teilhaben, findet sich auch bei Simone de Beauvoir, die von einer Reihe von Theoretiker/innen im Zusammenhang des Gedankens der Gleichheit hervorgehoben wird und somit dem liberalfeministischen Ansatz zugeordnet werden kann (z.B. Maihofer 1998: 161). Bei ihr wird deutlich, dass »Gleichheit« zwischen Männern und Frauen in erster Linie durch die Anpassung von Frauen an Männer zu leisten wäre (vgl. ebd.; sowie Young 1985). Eine angenommene Differenz zwischen Männern und Frauen wird hier insofern als (weibliches) Defizit betrachtet, das Rezept gegen Unterdrückung wäre infolgedessen eine Anpassung an männliche Werte und Normen. Nach Plumwood ist die Strategie, die de Beauvoir vorschlägt: »dass Frauen sich einfügen und ihnen *erlaubt* wird sich einzufügen in das dominante Bild des Menschen, und Frauen dadurch *vollständig menschlich* werden« (Plumwood 1990: 219). Dies gelte ähnlich auch für Harriet Taylor und Mary Wollstonecraft. Diese Erste Welle des Feminimus zeichnet sich, so Plumwood, durch eine »maskulinisierende Strategie« aus. Diese

> »(...) verlangt die Teilnahme von Frauen an einem maskulinen Konzept oder Ideal von Menschlichkeit, und die damit verbundene politische Strategie, gleichen Zugang für Frauen zu einer männlich-geprägten Sphäre und männlichen Institutionen zu fordern« (ebd.: 219f.).

Simone de Beauvoir als »pure« Liberalfeministin zu kategorisieren, wird ihrer Arbeit allerdings nicht gerecht. Beauvoirs Verdienst für die Gender-Theorie war es, einen Grundstein für die Unterscheidung von »Sex« und »Gender« zu legen, obwohl der Begriff zu ihrer Zeit noch nicht eingeführt war. »Das andere Geschlecht«[36] Simone de Beauvoirs, das als Klassiker feministischer Literatur gilt (vgl. z.B. Gould 1997: xviii, Nicholson 1997: 7), ist aus der Diskussion um Gender nicht wegzudenken, vor allem da Beauvoir hierin als Erste die Denkfigur der sozialen Konstruktion von Geschlecht gebrauchte (vgl. Braidotti 1994: 261f.). Folgender – vielzitierter – Ausspruch entspringt einer konstruktivistischen Denkart, die richtungsweisend für die nachfolgende Gender-Diskussion war:

> »Man kommt nicht als Frau zur Welt, man wird es. Keine biologische, psychische oder ökonomische Bestimmung legt die Gestalt fest, die der weibliche Mensch in der Gesellschaft annimmt.« (de Beauvoir 1949/1997: 334).[37]

Verschiedene andere Autorinnen stellen Beauvoirs Gedanken der sozialen Konstruktion von Feminität und Maskulinität heraus, zum Beispiel Moi (1994: 162) und Butler (1991: 25f.) (vgl. auch Kapitel II.7) sowie Hughes und Witz (1997: 48). Letztere betonen die entscheidende Bedeutung von de Beauvoirs Arbeit für feministisches Denken, da sie »gendering« als einen »produktiven sozialen Prozess« (ebd.) gesehen habe:

> »(...) sie war ohne Zweifel erfolgreich darin, das bisher nicht theoretisierte zu theoretisieren: eben die Vorstellung von ›Gender‹. Sie begründete die Theorie, welche besagt, dass Männlichkeiten und Weiblichkeiten unendlich viel mehr sind als ihre biologischen Tatsachen, und hat damit eines der einflussreichsten politischen und konzeptuellen Werkzeuge für den Feminismus der Zweiten Welle geliefert« (Hughes/Witz 1997: 52).

Andererseits wird de Beauvoir jedoch vorgeworfen, dass sie ihrem Konzept von »Frau« einen philosophischen Essenzialismus zugrunde legt, der nicht frei von biologistischen Komponenten ist (vgl. z.B. Marshall 1994: 104). So lassen sich im »Anderen Geschlecht« auch Sätze lesen wie: »Der Geschlechterkampf ist *nicht unmittelbar* in der Anatomie des Mannes und der Frau enthalten« (de Beauvoir 1949/1997: 883, Hervorhebung R. F.). Mit ihrer »Kategorie der *Anderen*« (ebd.: 12), die sie zwar als von Männern geschaffene Zwangskategorie definiert, konstruiert de Beauvoir zudem selbst eine Dualität und Polarisierung, insbesondere wenn sie von der »Alterität der Frau« (ebd.: 22) spricht. Nicholson bemerkt dazu: »(...) Biologie wird in Gender überführt, sowie Frauen zum ›Anderen‹ des Mannes innerhalb einer hierarchischen Beziehung werden« (Nicholson 1997: 7). Hughes und Witz setzen mit ihrer Kritik am beauvoirschen Körperbild an:

> »(...) während de Beauvoir die Kategorie Gender hervorhebt und erfolgreich mit ihr arbeitet, scheint sie unfähig dazu zu sein, dies auf eine Art und Weise zu tun, die es vermeidet, den weiblichen Körper zur Nebensächlichkeit zu erklären, zu verstecken und zu ›pathologisieren‹« (Hughes/Witz 1997: 48).

Dadurch arbeiten Hughes und Witz die Zweischneidigkeit der beauvoirschen Sichtweise heraus: Sie weist einerseits einen konstruktivistischen Ansatz auf, indem der weibliche Körper als sozial konstruiert definiert wird, andererseits wird dieser u.a. aufgrund seiner Reproduktionsfähigkeit zur Störquelle: »Ihr Ziel ist es, die Frau aus dem Gefängnis ihres weiblichen Körpers zu bergen (...)« (Hughes/Witz 1997: 50).[38] In de Beauvoirs Werk sind also einige der Konfliktlinien, welche die Diskussion um Gender bestimmen, bereits angelegt. Ihre Zielvorstellung der Gleichheit von Männern und Frauen im Sinne einer »Brüderlichkeit« entspricht klar einem liberalfeministischen Paradigma, das später in radikal- und kulturfeministischen Ansätzen aus verschiedenen Gründen kritisiert wurde (s.u.).

Dietzen (1993) stellt heraus, dass das Verhältnis von Sex und Gender in liberalfeministischen Ansätzen wenig thematisiert wurde, da hier »die männliche und weibliche Natur gleich (sind), (...) es gibt (...) nur *eine* menschliche Natur, und die hat kein Geschlecht« (ebd.: 111). Dennoch ist das Gender-Konzept des liberalen Feminismus von der Vorstellung geprägt, dass es um »Gender-Gleichheit« als Gleichheit zwischen Männern und Frauen geht, was eine Gleichstellungsstrategie impliziert. Darin zeigt sich, dass liberalfeministische Strategien eine (oft implizit) dualistische Vorstellung von Gender im Sinne von »Mann – Frau« haben.

3. Sexualität: Radikale Feminismen

Andermahr u.a. betonen den großen Einfluss radikalfeministischer Ansätze: Fast jeder Feminismus, der seit den 1960ern entstanden ist, sei durch sie beeinflusst worden (1997: 223). Radikalfeministische Denkerinnen heben sich zunächst von liberalfeministischen Gleichheitsansätzen in ihrer politischen Zielsetzung ab und erheben den Vorwurf gegen liberale Feministinnen, sie würden das bestehende Gesellschaftssystem nicht, bzw. nicht ausreichend in Frage stellen. Feminismus innerhalb der Grenzen bestehender Machtstrukturen sei nicht möglich, da Unterdrückung von Frauen kein isoliertes Phänomen, sondern tief in allen gesellschaftlichen Bereichen verwurzelt sei (vgl. Morgan 1996: 5f.). Sie grenzen sich von sozialistischen bzw. marxistischen Feminismen sowie von kulturellen Feminismen ab (vgl. ebd.), außerdem gegen »Postmoderne« und »die Rechten« sowie die »Medien« (vgl. Bell/Klein 1996: xx). Tong nennt als gemeinsames Element des radikalen Feminismus »das Insistieren darauf, dass die Unterdrückung von Frauen die fundamentalste Form der Unterdrückung ist«, wobei diese auch die »erste, am weitesten verbreitete und tiefste Form menschlicher Unterdrückung sei« (Tong 1998: 71). Im Zentrum der Arbeit von Radikalfeministinnen steht männliche Gewalt gegen Frauen, sie gelte es zu verstehen und zu entlarven.

Catherine MacKinnon ist eine der meistzitierten feministischen Autorinnen überhaupt (vgl. Overdiek 1999) und gilt als paradigmatisch für das radikalfeministische Spektrum, sie ist in jedem der oben genannten Überblicksbände vertreten. Im Zentrum ihrer Arbeit steht Sexualität und der Kampf gegen Pornographie. Laut Lorber ist für sie bzw. für Radikalfeministinnen »*sex* und *gender* (...) ein weltweites, in Gestalt der Kontrolle über die Sexualität und Fortpflanzungsfähigkeit der Frauen wirksames System der Herrschaft von Männern über Frauen« (1999: 42). MacKinnon untersucht das Verhältnis von Sexualität und Gender und stellt fest: »Sexualität bestimmt Gender« (MacKinnon 1983, zit. nach Haraway 1991: 141). Gender wird so zu einem Effekt von unterdrückerischer Sexualität. An anderer Stelle bezeichnet MacKinnon Gender und Familie als »geronnene Formen« von Sexualität (MacKinnon 1982, zit. nach Tietjens 1997: 65). Sexualität wiederum fasst sie als »soziales Konstrukt männlicher Herrschaft« (MacKinnon 1989, zit. nach Kemp/Squires 1997: 352); Sex ist für sie »Gender und Sexualität« (McKinnon 1989, zit. nach Nicholson 1997: 162) und eine »Dimension, innerhalb derer Gender auftritt und durch welche Gender sozial konstituiert ist« (ebd.: 353). Auch stellt sie eine trennscharfe Unterscheidung von Sex und Gender in Frage, indem sie beide zueinander neu in ein Verhältnis setzt, bzw. sie als einander bedingend sieht. Gender wird somit unter anderem durch körperliche Ausprägungen determiniert – wenn auch nur mittelbar. Gender als Hierarchie ist jedoch auch maßgeblich an der Aufrechterhaltung ausbeuterischer Strukturen beteiligt: »Gender muss als soziale Hierarchie beibehalten werden, damit Männer Erektionen haben können« (ebd.: 355). Diese männliche Vorherrschaft sei universell, wenn auch mit spezifischen Ausprägungen (vgl. ebd.: 357).

MacKinnons Umgang mit Gender weist verschiedene Ebenen auf: Sie bezeichnet Gender selbst als Hierarchie, an anderer Stelle spricht sie von Männern als »ein Gender« (MacKinnon 1987, zit. nach Nicholson 1997: 161) und in diesem Sinne auch von »Gender Ungleichheit« (ebd.: 159). Dies kommt auch in der Aussage zum Ausdruck: »Es kann auch sein, dass Sexualität so sehr von Gender besetzt ist, dass sie Dominanz und Unterwerfung mit sich bringt, welches Gender auch immer die Teilnehmenden haben« (MacKinnon 1989, zit. nach Kemp/Squires 1997: 355).

In einem radikalfeministischen Sammelband von 1996 (»Reclaiming Feminism«) melden Vertreterinnen dieses Ansatzes gleich einführend Bedenken gegen den Begriff Gender an, er diene dazu »zu vermeiden, Männer in Verlegenheit zu bringen«[39] (Bell/Klein 1996: xviii) und sei Teil eines feministischen »Backlash« (vgl. ebd.: xx). Allerdings finden sich im gleichen Band auch andere Stimmen: Jeffreys (1996) fordert im Zuge einer Kritik an poststrukturalistischen Ansätzen (s. u.) eine Version von Gender, die weniger auf die diskursive Konstruktion, sondern die auf politische und materielle Faktoren rekurriert, welche es zu überwinden gilt (vgl. ebd.: 359f.). Ähnlich wie bei Rubin wird hier argumentiert, das feministische Projekt sei: »Gender zu zerstören, indem es abgelehnt wird, sich nach den Gesetzen von Gender zu richten« (ebd.: 362).

Im radikalen Feminismus stellt Gender also keine zentrale Kategorie dar, wichtigster Aufhänger der Theoriebildung ist Gewalt gegen Frauen, die sich in Sexualität ausdrückt. Gender wird in erster Linie aus Sexualität abgeleitet. Auch besteht oft Skepsis gegenüber Gender, da es über dieses Konzept möglich werde, dass Männer in Frauenbereiche eindringen. Zum Tragen kommt also Gender im Kontext einer unterdrückerischen Struktur, die mit Sexualität identisch ist und in der Männer immer über Frauen herrschen.

4. Separation: Kulturelle Feminismen

Als Entwicklung aus radikalen Feminismen gelten Kulturfeminismen (Cultural Feminism) (vgl. Andermahr 1997: 47).[40] Alcoff beschreibt kulturellen Feminismus wie folgt:

> »Kultureller Feminismus ist die Ideologie von einer weiblichen Natur oder weiblichen Quintessenz, die von Feministinnen selber wiederaufgegriffen wird in der Bemühung, unterbewertete weibliche Eigenschaften aufzuwerten.« (Alcoff (1988), zit. nach Nicholson 1997: 332)

Kennzeichen hier ist also eine Aufwertung von Weiblichkeit gegenüber Männlichkeit und der Fokus auf Unterschiede zwischen Männern und

Frauen. Weiblichkeit wird in der Regel nicht als Defizit und auch nicht per se als Zeichen der Unterdrückung, sondern als eine spezifische Stärke hervorgehoben und als besondere Eigenschaften und Werte konstruiert, manchmal auch über biologische Faktoren (z.B. die Gebärfähigkeit von Frauen) erklärt. Es entsteht somit eine Frauenkultur, die sich in der Praxis – wie auch bei radikalfeministischen Ansätzen – in der Schaffung möglichst autonomer Strukturen für Frauen niederschlägt. Eine weitere Gemeinsamkeit weisen kulturelle und radikale Feminismen in ihrer Auffassung auf, die Unterdrückung von Frauen sei die ursächlichste Form von Unterdrückung (und sie sind diesbezüglich nicht weniger radikal). Kulturelle Feminismen grenzen sich aber auch von radikalen Feminismen ab: Während bei McKinnon Frauen eigentlich keine eigene Sexualität haben können, da Sexualität immer ein Instrument männlicher Unterdrückung darstellt, wird weibliche Sexualität bei kulturellen Feminismen als Quelle der Stärke und des Selbst konstruiert.

Eine frühe und prominente Vertreterin des kulturellen Feminismus ist Mary Daly mit ihrem »anti-akademischen« Hauptwerk »Gyn-Ökologie. Eine Metaethik des radikalen Feminismus« (1978). Wenn in vielen frühen radikalfeministischen Ansätzen ein Modell der Androgynie favorisiert wurde (z.B. bei Rubin), kehrt Daly dies um und fokussiert auf Weiblichkeit und den weiblichen Körper. Unterschiede zwischen Männlichkeit und Weiblichkeit stellen im kulturellen Feminismus ein konstituierendes Element für weibliche Identität dar, weibliche Eigenschaften sind zu erhalten bzw. zu zelebrieren. Eine Kultur der Weiblichkeit wird etabliert und im Rahmen autonomer Frauenräume gelebt (vgl. Andermahr u.a. 1997: 238f.).

Frühe *Ökofeministische* Ansätze, die stark mit der Verbindung »Frau – Natur« arbeiten, aus der sich eine »natürliche« Differenz ergebe, können als Unterkategorie des kulturellen Feminismus kategorisiert werden, genauso wie einige *psychoanalytische* Ansätze, wie etwa der von Chodorow – allerdings sind es hier nicht unbedingt biologische Unterschiede, welche die Differenz zwischen Männern und Frauen begründen. Eine Neuauflage dieser Spielart des kulturellen Feminismus stellen Diskussionen um eine weibliche Moral und die damit verbundene Debatte um »*Care*« (Sorge, Fürsorge) (Gilligan 1982) dar.

Vorweggenommen sei an dieser Stelle, dass sozialkonstruktivistische und poststrukturalistische feministische Ansätze kulturelle Feminismen aufgrund eines (manchmal auch nur potentiell) enthaltenen biologischen Determinismus kritisieren. Es wird ihnen vorgeworfen, dass sie zu konservativen Rollenfestschreibungen tendieren (vgl. z.B. Spelman 1988) und dazu, Frauen universelle Eigenschaften zuzuschreiben (vgl. z.B. Randeria 1996) (siehe Kap. II.4).

4.1 Ökofeminismen

Gemeinsames Kennzeichen aller ökofeministischen Ansätze ist »die Verbindung von patriarchaler Gewalt gegen Frauen, gegen andere Menschen und gegen die Natur« (Mies/Shiva (1993), zit. nach Kemp/Squires 1997: 498). Dingler (1997) unterscheidet zwischen essenzialistischem, nicht-essenzialistischem und synthetischem Ökofeminismus: Der essenzialistische Ökofeminismus ist dadurch gekennzeichnet, dass »das biologische Geschlecht (...) das soziale Geschlecht (determiniert)« (ebd.: 5). Wohingegen in einem nicht-essenzialistischen Ökofeminismus »die essentialistische Geschlechterkonstruktion dekonstruiert und zugunsten eines sozial konstruierten Geschlechterbegriffes aufgegeben (wird)« (ebd.: 7). Als wichtige Strömung dabei ist der inversive Ökofeminismus zu sehen, der »eine Übernahme des femininen Prinzips als Norm für die gesamte menschliche Kultur (fordert)« (ebd.: 7; vgl. Mies/Shiva 1993). Hierbei wird deutlich, dass der inversive Ökofeminismus eine universale Vorstellung von ›Frau‹ hat. Die ökofeministischen Ansätze können als Spielart des kulturellen Feminismus gesehen werden, da hier »Natur als weibliches Prinzip« (Shiva 1989: 51) und Frauen als »Mütter der Erde« (ebd.: 229) gesehen werden. Weiterer Bestandteil ist die Wiederentdeckung historischen weiblichen Wissens (z.B. von »Hexen«) und Spiritualität:

> »Sowie Frauen in verschiedenen Bewegungen – Ökologie, Frieden, Feminismus und besonders Gesundheit – die wechselseitigen Anhängigkeiten und Zusammenhänge von allem und jedem wiederentdeckten, haben sie auch wiederentdeckt, was als die spirituelle Dimension des Lebens bezeichnet wurde – die Erkenntnis dieses Zusammenhangs wurde manchmal selber Spiritualität genannt« (ebd.: 500).

Ökofeminismus stellt sich als eine »Heilung von Mutter Erde« (ebd.: 501) dar, als eine Strategie gegen das moderne (zerstörerische) Wissen von moderner Technologie und gegen die Unterwerfung der Natur unter den männlichen Willen. Eine weitere Spielart ökofeministischen Denkens ist die Bielefelder Subsistenz-Perspektive: Aufgrund der Tatsache, dass der Subsistenzbereich vor allem von Frauen getragen wird, seien Frauen der Natur näher als Männer: »Empowerment liegt in uns selbst und in der Natur, von der wir ein Teil sind, nicht in der Macht, die das Kapital, das Tote, gewähren kann« (Bennholdt-Thomsen/Mies 1997: 11).[41]

Bennholdt-Thomsen und Mies lehnen das Gender-Konzept daher auch in radikalfeministischer Manier ab: Der »Gender-Diskurs hatte den Effekt, Frauenstudien respektabel und für Männer zugänglich zu machen« (ebd.: 221). Und: »Von Gender zu reden, war anständig und bedrohte niemanden« (ebd.). Sie lehnen zudem eine Unterscheidung zwischen Sex und Gender ab, da »›Sex‹ bei uns Menschen eine soziale und historische Kategorie ist« (ebd.: 221). Hiermit wird überraschenderweise Sex als sozial konstruiert dargestellt, was eigentlich einer genuin postmodernen Denkweise entspricht (gegen die sich die Autorinnen eigentlich stark machen). Auch aus strategisch-politischen Erwägungen stellen sich die Autorinnen gegen den Begriff: Die Rede von Gender sei ein »koloniales Nachplappern des angelsächsischen Diskurses« (ebd.). Gender wird dabei im Kontext postmoderner Ansätze verortet, gegen die sich Mies und Bennholdt-Thomsen aufgrund der »postmodernen Beliebigkeit« stellen (ebd.: 223).

Der Ansatz des Ökofeminismus ist vielfach kritisiert und auch weiter entwickelt worden (vgl. z.B. Molyneux/Steinberg 1997). Dingler (1997) sieht die Grundambivalenz des Ökofeminismus in der »implizite(n) Reproduktion androzentrischer Konzepte« (ebd.: 9). In Reaktion auf derartige Kritiken macht Plumwood eine »Dritte Welle des Ökofeminismus« stark, die sich an poststrukturalistische Ideen anlehnt (vgl. Kapitel II. 7) und eine Rekonzeptualisierung zentraler Kategorien vornimmt.

4.2 Psychoanalytische Feminismen

Feministische Ansätze, die an psychoanalytische Theorien anknüpfen, haben insbesondere in den 80er Jahren die feministische Theoriebildung bereichert. So sind Nancy Chodorow sowie Carol Gilligan, die diesen Ansatz vertreten, die meistzitierten feministischen Theoretikerinnen im angelsächsischen Raum überhaupt (vgl. Overdiek 1999). Chodorows Ausgangspunkt ist eine Verbindung der freudschen Psychoanalyse bzw. Objekt-Beziehungstheorien mit feministischen Grundgedanken. Ein Ausgangspunkt ist, dass Sex und Gender auch in nicht-feministischer psychoanalytischer Theorie, psychologischer Anthropologie und anthropologischer Verwandtschaftstheorie immer eine explizite Aufmerksamkeit erfahren hätten (Chodorow 1989, zit. nach Kemp/Squires 1997: 182). Dabei legt Chodorow einen weiten Gender-Begriff an, den sie entsprechend auf verschiedenen Ebenen gebraucht:

> »Ein offenes Netz von sozialen, psychologischen und kulturellen Beziehungen, Dynamiken, Praktiken, Identitäten, Glauben, in welchem ich weder Gesellschaft, Psyche noch Kultur den Vorrang geben würde, konstitutiert Gender als soziales, kulturelles und psychologisches Phänomen« (ebd.: 184).

Zudem betont sie, dass die psychologischen, kulturellen und sozialen Konstruktionen von Gender variieren (ebd.: 185). Trotz dieser mehrdimensionalen Auffassung von Gender behauptet Chodorow, die Psychoanalyse könne »universelle theoretische Kategorien« (ebd.: 183) benutzen. Sie kommt deswegen selbst auch zu Aussagen, die allgemein Männern und Frauen spezifische Eigenschaften zuordnen. In Anlehnung an das freudsche Ödipuskonzept meint sie:

»Das Selbst von Frauen und Männern neigt jeweils dazu, verschieden konstruiert zu sein – das Selbst von Frauen mehr in Beziehungen und beschäftigt mit Grenzsetzungen, Trennung und Verbindung, das Selbst von Männern eher distanziert und basierend auf unerschütterlichen, zu verteidigenden Grenzen und der Verleugnung von Beziehungen mit Anderen« (ebd.: 183).

Diese Eigenschaften leitet sie aus der Mutterschaft ab, die in Chodorows Ansatz eine zentrale Rolle spielt: Da das erste Liebesobjekt eines Mädchens eine Frau (ihre Mutter) sei, führe das zu einer »Asymmetrie im weiblichen und männlichen Ödipuskomplex« (Chodorow 1987, zit. nach Nicholson 1997: 182). Durch die Erfahrung der vollkommenen Abhängigkeit von der Mutter (»mütterliche Omnipotenz«) sei es Mädchen unmöglich, den Muttermord zu vollziehen, wie Jungen ihn an ihrem Vater verübten. Aus diesem Grunde würden Mädchen nicht wie Jungen einen totalen Transfer der Gefühle von dem einen Elternteil zum anderen machen, mit dem Ergebnis, dass sie »emotional zwischen Vater und Mutter schwanken« (ebd.: 183). Unter anderem von dieser Besonderheit in der weiblichen Entwicklung leitet Chodorow nun eine größere Offenheit von Frauen gegenüber menschlichen Beziehungen ab. Auch würden Frauen ihre Mutterrolle reproduzieren: »Die Heterosexualität von Frauen ist triangular und benötigt eine dritte Person – ein Kind für ihre strukturelle und emotionale Vervollkommnung« (ebd.: 194).

Diese Reproduktion der Mutterrolle stellt nach Chodorow allerdings den Beitrag von Frauen zur kapitalistischen Produktion innerhalb des »sex/gender-Systems« dar, da Frauen hiermit die geschlechtsspezifische Arbeitsteilung aufrechterhalten. An dieser Stelle verlässt Chodorow das Bild von Frauen als alleinigen Opfern männlicher Herrschaft, das in bisherigen Ansätzen stark hervorgehoben wurde: »Sie (Frauen, R. F.) tragen zur Aufrechterhaltung ihrer eigenen sozialen Rollen und Positionen innerhalb der Gender-Hierarchie bei« (ebd.: 195). Aufgrund der Reproduktionsfähigkeit von Frauen gibt es nach Chodorow hieraus kaum einen Ausweg: »Frauen bemuttern Töchter die, wenn sie Frauen werden, bemuttern« (ebd.: 196).

Gilligan, die auf Chodorows Arbeit aufbaut, geht in »In a Different Voice: Women's Conceptions of Self and of Morality« (1977) der Frage nach, warum Theorien zur Entwicklung von Menschen Frauen als »abweichend oder defizitär« in ihrer Entwicklung bezogen auf Moralität stempelten. Ausgehend von der Kritik an einem androzentrischen Konzept vom erwachsenen Menschen als autonom und entscheidungsmächtig nimmt sie eine Perspektive ein, die Verbundensein mit anderen als Stärke setzt. Ausgangspunkt ihrer Analyse ist die »weibliche Erfahrung und die Konstruktion sozialer Realität«. Aus ihr leitet Gilligan eine zu unterscheidende Stimme ab, mit der Frauen ein anderes Konzept des Selbst und der Moralität artikulieren. Der Unterschied zu Chodorow besteht hier vor allem darin, dass es nicht unbedingt die Reproduktion ist, welche die Ursache für eine weibliche Differenz ausmacht.

Die Gender-Konstruktion der kulturellen feministischen Ansätze zeichnet sich dadurch aus, dass Gender in einer »männlich – weiblich«-Dichotomie verankert ist. Das Weibliche wird innerhalb dieser Dichotomie als einerseits unterdrückt und andererseits besser oder moralischer herausgestellt. Eine politische Strategie, die hieraus resultiert, ist die Schaffung von exklusiven Frauenräumen und die Aufwertung weiblicher Eigenschaften und Werte. Damit stellen kulturelle Feminismen zwar thematische Bezüge und Ableitungen her, die sich von denen von MacKinnon unterscheiden, Gender hat hier jedoch eine ähnliche Struktur. So steht ein Teil der Theoretikerinnen im Spektrum kultureller Feminismen (ähnlich wie radikale Feminismen) Gender ablehnend oder skeptisch gegenüber, da das Konzept als Hilfsmittel für Männer, in Frauenbereiche einzudringen, aufgefasst werden kann.

Problematisiert wurden kulturelle Feminismen als »Feminismus unkritischer Umkehrung« (Plumwood 1993: 31f.) aufgrund der Parallelität zu »konservativen Theorien der Geschlechterpolarität« (Pinl 1995: 11). Aus dieser Kritik speisen sich vor allem sozialkonstruktivistische und poststrukturalistische Ansätze, auf die weiter unten eingegangen werden wird.

5. (Re-)produktion und Duales System: Marxistische und sozialistische Feminismen

Oft werden marxistische Ansätze in einem Atemzug mit sozialistischen Ansätzen genannt, obwohl hier Unterschiede bestehen und Denkerinnen, die als sozialistische Feministinnen betrachtet werden können, marxistische feministische Ansätze vielfach kritisiert haben (vgl. Tong 1998: 173f.). Aus diesem Grunde gehe ich zunächst auf die Gender-Konzepte zweier Autorinnen ein, die exemplarisch für marxistische Feminismen stehen können (5.1) und entwickle aus der Kritik hieran die Darstellung sozialistischer Ansätze (5.2).

Gemeinsamer Nenner marxistisch-feministischer Ansätze ist die These, dass eine im liberalen Feminismus angestrebte Geschlechteregalität in einer kapitalistischen Gesellschaft nicht möglich ist: »›Reiner Kapitalismus‹ existiert nicht, genauso wenig wie ›reines Patriarchat‹, da beide notwendigerweise koexistieren müssen« (Hartmann 1981, zit. nach Nicholson 1997: 103). Das Spannungsfeld, das sich hingegen zwischen Marxismen und Feminismen auftut, bewegt sich in erster Linie um die Frage eines Haupt- und Nebenwiderspruchs. Welche Unterdrückungskategorie ist ursächlicher (stellt also in der marxistischen Terminologie den gesellschaftlichen Hauptwiderspruch dar), die der Klasse oder die des Geschlechts? (vgl. Haug 1996: 218f.). Feministische Autorinnen kritisieren an einer Reihe von marxistischen Theorieansätzen, dass sie zu stark auf Aspekte der Produktion abzielten. Sie beziehen dagegen im Rahmen des marxschen Modells von Produktion und Reproduktion (auch mit Hilfe von Engels) die Themen geschlechtsspezifische Arbeitsteilung und Reproduktion systematisch in ihre Gesellschaftsanalysen ein. (vgl. Haug 1999: 499f.; Hartsock, s.u.).

Michèle Barrett verortet das Hauptziel marxistischer Feministinnen wie folgt:

> »(...) die Funktionsweise von Gender-Beziehungen zu identifizieren, wie und wo sie sich vom Produktions- und Reproduktionsprozess, wie der historische Materialismus ihn versteht, unterscheiden oder mit ihm verbunden sind« (Barrett, zit. nach Tong 1998: 47).

Dies erklärt auch den starken Fokus auf geschlechtsspezifische Arbeitsteilung als Unterdrückungsfaktor. Hartmann hierzu:

> »Die materielle Grundlage, auf der Kapitalismus basiert, besteht in fundamentalster Weise in der Kontrolle der Männer über die Arbeitskraft der Frauen. Männer behalten diese Kontrolle, indem sie Frauen vom Zugang zu einigen essenziellen produktiven Ressourcen ausschließen (...) und indem sie die Sexualität von Frauen Restriktionen unterwerfen.« (Hartmann 1981, zit. in Nicholson 1997: 101).

5.1 Feministischer historischer Materialismus und der feministische Standpunkt

Der von Nancy Hartsock (1983) eingeführte feministische Standpunkt stellt ein erkenntnistheoretisches Instrument dar, »um alle Formen der Vorherrschaft zu verstehen und sich ihnen zu widersetzen« (Hartsock, zit. nach Nicholson 1997: 216). Ausgehend von der Frage nach dem »Ausmaß zu dem Gender eine Weltsicht strukturierende Erfahrung ist« (ebd.: 231) entwirft Hartsock ihren Ansatz analog zur Marxschen Klassentheorie: Frauen seien wie Arbeiter eine unterdrückte Klasse und hätten somit in der weiblichen Erfahrung einen spezifischen Ausgangspunkt zur Formulierung ihrer Kritik, wobei Gender analog zum Klassenbegriff gebraucht wird. Bewusst spricht Hartsock nicht von einer »gender division of labor«, sondern von einer »sexual division of labor«, da es ihr nicht nur um gesellschaftliche, sondern auch um körperliche Aspekte geht (ebd.: 233, 247). Hartsock übernimmt hier also die Unterscheidung zwischen Sex und Gender. Sie bedient sich gleichzeitig Chodorows psychoanalytischer Ansätze (s.o.), um die Verschiedenartigkeit männlicher und weiblicher Erfahrung zu belegen und beruft sich damit auf ein Gender-Konzept, das auf einer Verallgemeinerung des Weiblichen und des Männlichen beruht. Zwar erwähnt Hartsock Unterschiede zwischen Frauen als wichtig, sie stellt diese jedoch zurück, um zu einer Theorie »der Extraktion und Bestimmung der Aktivität von Frauen und Frauen selbst« zu gelangen (ebd.: 233). Die Besonderheit des hartsockschen Gender-Konzeptes liegt in dessen materieller Verankerung, indem vor allem die geschlechtsspezifische Arbeitsteilung als Ausgangspunkt weiblicher Erfahrung verstanden wird. Wie auch bei oben aufgezeigten Ansätzen wird hier das Weibliche vom Männlichen getrennt, indem auf körperliche Merkmale und Eigenschaften verwiesen wird (vgl. auch Clough 1994: 64f.).

5.2 Sozialistischer Feminismus und Duales System

Tong stellt fest, dass bei allen Gemeinsamkeiten der wesentliche Unterschied zwischen marxistischen und sozialistischen Ansätzen darin bestehe, dass

> »(...) Sozialistische Feministinnen glauben, dass Gender und Klasse eine ungefähr gleich grosse Rolle in der Erklärung der Unterdrückung der Frauen spielen, marxistische Feministinnen glauben, dass letztendlich Klasse den Status und die Funktion(en) von Frauen besser erklärt.« (Tong 1998: 39).

Tong beschreibt sozialistische feministische Ansätze als Kombination marxistischer Erkenntnisse mit denen radikaler und psychoanalytischer Ansätze (ebd.: 66, 173). Für die Frage nach dem hier vertretenen Gender-Konzept ist jedoch insbesondere die Theorie des Dualen Systems als Synthese marxistischer und radikalfeministischer Ansätze interessant. Nach Marshall (1994) besteht diese aus der »Postulierung von Kapitalismus und Patriarchat als separate aber doch miteinander in Zusammenhang stehende Systeme sozialer Beziehungen« (ebd.: 79). Hartmann (1981, zitiert nach Nicholson 1997: 97) vergleicht marxistischen Feminismus mit einer »unglücklichen Ehe«, in der der Marxismus den Feminismus subsumiert. Aber auch bei ihr ist das Patriarchat nur in Koexistenz mit dem Kapitalismus zu denken und das eine kann nicht ohne das andere erklärt werden (ebd.: 103). Sie erweitert dabei Rubins ›sex/gender-system‹ (s. o.) um eine marxistische Komponente:

> »Wir werden weiblich und männlich, biologischen Geschlechts geboren, aber wir werden zu Frauen und Männern, sozial anerkannten Gendern, gemacht. *Wie* wir dazu gemacht werden, ist der zweite Aspekt des Produktions*verfahrens*, von welchem Engels sprach als ›die Produktion von Menschen, die Fortführung der Art‹« (ebd.: 102, Hervorhebung im Orig.).

Eine strikte Arbeitsteilung bringt demnach zwei unterschiedliche »Genders« hervor und gleichzeitig resultiert aus ihr die Notwendigkeit für die Geschlechter, für ökonomische Zwecke zusammenzukommen. Hartmann leitet hieraus einerseits die heterosexuelle Norm und andererseits die Sicherung der biologischen Reproduktion ab (vgl. ebd.). Die geschlechtsspezifische Arbeitsteilung sei zudem die Grundlage von »sexuellen Subkulturen in denen Männer und Frauen das Leben unterschiedlich erfahren« (ebd.).

Patriarchat definiert sie hiernach als »(…) eine Reihe von sozialen Bindungen, die eine materielle Grundlage hat und in welcher es hierarchische Beziehungen zwischen und Solidarität unter Männern gibt, was ihnen erlaubt, Frauen zu dominieren« (ebd.: 103).

Im deutschsprachigen Raum war es vor allem das Frauenkollektiv des Argument-Verlages um die Soziologin und Psychologin Frigga Haug, das Geschlechterverhältnisse in die deutschsprachige marxistische Theorieproduktion einbrachte. Für die Analyse der hier vorliegenden Gender-Konzeption ist der Überblicksbeitrag von Frigga Haugs zu »Geschlechterverhältnissen« im historisch-kritischen Wörterbuch des Marxismus (Haug 1999) dienlich. Hier kommt der Begriff Gender zwar kaum vor, es wird jedoch aus ihren Ausführungen deutlich, dass hier Geschlechterverhältnisse durchaus mit Gender übersetzt werden kann: »Der Begriff soll tauglich sein, die Einspannung der Geschlechter in die gesellschaftlichen Gesamtverhältnisse kritisch zu untersuchen« (Haug 1999: 494). Auch besteht sie auf den Plural, denn: »Um den Begriff so zu fassen, dass er dem Beweglich-Veränderlichen seines Gegenstands Rechnung tragen kann, ist der Plural angemessen« (ebd.: 494).

Im Fokus steht auch hier die Verwobenheit von Klassen- und Geschlechterverhältnissen: »Das Ineinander von kapitalistischer Ausbeutung und Arbeitsteilung in überkommenen G(eschlechterverhältnissen) zeigt, dass kapitalistische Produktion u.a. auf Frauenunterdrückung und –ausbeutung basiert.« (ebd.: 502). Haug legt einen umfassenden Gender-Begriff an, wenn sie kritisiert, dass »die Frage der G(eschlechterverhältnisse) (…) immer als ›Frauenfrage‹ auf(taucht), was ihren Zusammenhang mit den Produktionsverhältnissen ausblendet.« (ebd.: 507). Die hier vorliegende Gender-Konzeption geht auch darüber hinaus, Geschlechterverhältnisse als relationales Verhältnis zwischen ›den Männern‹ und ›den Frauen‹ zu fassen.[42] Vielmehr sieht Haug Geschlechterverhältnisse als »Verhältnisse, die die Menschen in der Produktion ihres Lebens eingehen«, deswegegn seien sie »immer Produktionsverhältnisse, wie Produktionsverhältnisse umgekehrt immer auch G(eschlechterverhältnisse) sind« (ebd.: 526).

Marxistische und sozialistische Feminismen wurden hier zwar getrennt behandelt, was das Gender-Konzept angeht, so bestehen jedoch einige Gemeinsamkeiten: Gender wird zusammengedacht mit Klassenstrukturen, was einer Erweiterung feministischer Analysen entspricht und eine Vielzahl an Erklärungsansätzen hervorgebracht hat. Das In-Bezug-Setzen von Gender zu Klassenunterschieden und Produktionsverhältnissen hat dabei jeweils verschiedene Ausformungen, Gender wird jedoch von den Autorinnen meist als die wesentliche Unterdrückungskategorie gewertet. Der Verdienst marxistischer und sozialistischer feministischer Theorieansätze ist dabei, die materiellen Faktoren der Konstitutierung von Gender zu beleuchten und insbesondere die geschlechtsspezifische Arbeitsteilung (sexual/gender division of Labour), die Geschlechterverhältnisse in verschiedensten kulturellen Zusammenhängen mitkonstituiert, zu thematisieren. Ansätze der materiellen Formierung von Geschlechterverhältnissen stehen jedoch nicht selten in Konkurrenz zu Denkrichtungen, die sich mit der symbolisch-kulturellen »Produktion« von Gender befassen (vgl. v.a. Kapitel II.8.).

Exkurs: Gleichheit versus Differenz?

Der Paradigmenstreit von Gleichheit und/oder Differenz steht im Mittelpunkt der Theoriebildung feministischer Diskurse (vgl. Evans 1995: 13f., Maihofer 1998, Klinger 1995). Dabei betonen Andermahr u.a. (1997: 61f.), dass es bereits zu Beginn der Zweiten Welle ein weit verbreitetes Einverständnis darüber gab, dass Unterschiede zwischen Männern und Frauen sozial konstruiert und nicht vordiskursiv sind. Evans unterscheidet hier zwischen zwei Ansätzen innerhalb der frühen Zweiten Welle: liberale Gleichheitsfeminismen und frühe radikale Gleichheitsfeminismen. Durch die Verbreitung des kulturellen Feminismus kam es dagegen später zu einer Konstatierung und teilweise auch einer Betonung vordiskursiver Unterschiede zwischen Männern und Frauen, die eine von liberalfeministischer Seite angestrebte Politik der gleichen Rechte für Gleiche (Männer und Frauen) ad absurdum führen würde. Als konkurrierendes Paradigma etablierte sich daher die Vorstellung von Differenz.

Den bisher beschriebenen Ansätzen ist gemeinsam, dass sie sich in erster Linie auf dieser Achse von Gleichheit von Männern und Frauen versus Differenz zwischen Männern und Frauen bewegen. Unterthematisiert bleiben jedoch Differenzen zwischen Frauen: Zwar war die Kategorie »Klasse« eine insbesondere in marxistischen und sozialistischen Feminismen thematisierte Größe (s. o.), bei der soziale Unterschiede zwischen Frauen bereits Diskussionsgegenstand waren, dies wurde allerdings innerhalb der Diskussion um Differenz und/oder Gleichheit auffällig wenig berücksichtigt (Andermahr u.a. 1997: 62/63). Im Vordergrund stand vielmehr ein epistemologisches und politisches Projekt, das gemeinsam von Frauen getragen wurde und das gemeinsame Ziel der Befreiung von Frauen verfolgte. Eine Relativierung bzw. eine Bedeutungsverschiebung der Kategorie Gender fand jedoch mit dem Aufkommen derjenigen Ansätze statt, die Differenzen zwischen Frauen vor allem im Kontext mit »Race«[43] und sexueller Orientierung thematisierten. Neben Gleichheit und Differenz kamen nunmehr Unterschiedlichkeiten von Frauen in den feministischen Diskurs, die in eine Kritik an der Kategorie »Frau« mündeten.

6. Race und Postkolonialismus: Feminismen der »Anderen«

Spelman (1988) kritisiert Chodorows populären psychoanalytischen Ansatz (s. o.) unter anderem, da er die Differenzen unter Frauen negiere:

> »(...) tatsächlich hilft uns der Blick auf ›race‹ und Klasse, um Gender zu verstehen. Das heißt, nur wenn wir darauf achten, wie wir uns unterscheiden, können wir zu einem gemeinsamen Verständnis darüber kommen, was wir gemeinsam haben« (ebd.: 113).

So tritt die Kritik von Farbigen Feministinnen/Black Feminism/Afro-Amerikanischen Feministinnen (z.B. Hill Collins 1990; hooks 1989), Feministinnen des Südens bzw. postkoloniale feministische Kritik (z.B. Mohanty 1988) und *Queer*-Theoretikerinnen (z.B. Fuss 1989; Butler 1990; 1993, s.u.)[44] den Beweis an, dass Differenzfeminismen wie der von Chodorow »weiße«, »westliche« bzw. »heterosexuelle« Frauen als Norm setzen und somit andere implizit ausgrenzen (vgl. z.B. Clough 1994). Der neue Fokus ist hier auf die vielschichtigen Differenzen *unter* Frauen gerichtet. Die Kategorie Gender wird folglich durch die Hereinnahme bzw. Aufwertung anderer Strukturkategorien wie z.B. ethnische Herkunft, Klasse und sexuelle Orientierung relativiert, denn:

> »Wenn Gender immer von Rasse, Klasse, Ethnizität und sexueller Orientierung durchzogen ist, dann ist ein analytischer Rahmen, der Gender isoliert oder Gender im Sinne eines ›ergänzenden Models‹ konstruiert, bedenklich mangelhaft und kann nur dazu dienen, die zahlreichen Privilegien von weissen, heterosexuellen, Mittelklasse-Feministinnen zu maskieren, die den Luxus besitzen, nur eine Form der Ausbeutung zu kennen (...).« (Hawkesworth 1997: 651).

Im Folgenden werde ich verschiedene Autorinnen, die derartige Kritik aus unterschiedlichen Perspektiven geleistet haben, vorstellen: Eine Vielzahl von afro-amerikanischen Autorinnen, aber auch Feministinnen, die anderen Minderheiten angehören, stellten die Eindimensionalität der bisherigen Ansätze heraus. Des Weiteren übten Feministinnen, die der Denkschule der Postkolonialen Kritik angehören – viele von ihnen aus so genannten Entwicklungsländern in der US-amerikanischen Diaspora – ähnliche Kritik, jedoch mit anderem Fokus. Auch beziehen sich afrikanische Feministinnen aus einer spezifischen Perspektive auf feministische Theorien und Gender.

6.1 Afro-anglophone Kritik: »Race«, Class, Gender

Die Kritik, die von Afro-Amerikanerinnen und Britinnen afrikanischer Herkunft kam, brachte spätestens Mitte der 80er Jahre einen Reflexionsschub in feministische Theorien. In Anlehnung an Hartsock entwickelt Hill Collins eine Standpunkt-Theorie ›Schwarzer Frauen‹[45]. Bei ihr wird Gender nicht mehr als zentraler Angelpunkt der Theorie gesehen, sondern als eine Unterdrückungskategorie neben ›Race‹ und Klasse. Allerdings richtet sie sich auch gegen eine additive Analyse, in der Schwarze Frauen als doppelt unterdrückt (Gender und »Race») »eine akkuratere Sichtweise bezüglich Unterdrückung habe(n) als andere Gruppen« (Hill Collins, 1991, zit. nach Kemp/Squires 1997: 200). Zudem konstatiert Hill Collins mit Chodorow eine besondere Wertigkeit weiblicher Eigenschaften (connectedness) und nimmt analog dazu eine Aufwertung der afro-amerikanischen Kultur vor. Sie sei durchdrungen von einer »Ethik der Fürsorge«, deren Bestandteile die Betonung der individuellen Einzigartigkeit, die Angemessenheit von Emotionen und Dialogen und die Kapazität für Empathie seien (vgl. ebd.: 204f.).

Feministinnen afrikanischer Herkunft werfen ihren Weißen »Schwestern« Rassismus vor und stellen somit das feministische »Wir« in Frage. So kritisiert bell hooks einerseits die Gleichheitsvorstellung des liberalen Feminismus:

> »Frauen in unteren Klassen und armen Gruppen, besonders solche, die nicht weiß sind, hätten Frauenbefreiung nicht so definiert, dass Frauen die soziale Gleichheit mit Männern erlangen, da sie in ihrem täglichen Leben ständig daran erinnert werden, dass nicht alle Frauen den gleichen sozialen Status innehaben. (...) Da sie wissen, dass Männer in ihrer Gruppe keine soziale, politische und ökonomische Macht besitzen, würden sie es nicht als befreiend erachten, deren sozialen Status zu teilen.« (hooks 1982, zit. nach Kemp/Squires 1997: 23)

Andererseits kritisiert hooks die Vorstellung der exklusiven Frauenräume des radikalen Feminismus, da der Ausschluss von Männern für viele Frauen nicht unbedingt wünschenswert ist – es gebe gerade viele Schwarze Frauen, welche die Trennung von männlichen und weiblichen Sphären als Unterdrückungsstrategie erfahren hätten. hooks Vorstellung der Möglichkeit von feministischer Schwesterlichkeit basiert auf der expliziten Anerkennung der Diversität von Frauen.

Dieses Einfordern der Kategorie »Race« als Bestandteil feministischer Theorie relativiert den Fokus auf die Kategorie Frau und auch die Kategorie Gender, wie er in wichtigen Ansätzen (auch weiterhin) besteht. Es erfolgt eine Öffnung bisheriger Gender-Konzepte und die entsprechende theoretische und politische Forderung, die sich aus diesen kritischen Anfragen ergibt, ist ein Gender-Konzept, das grundsätzlich offen ist gegenüber und sich verschränkt mit anderen Formen sozialer Differenzierung bzw. weiteren Machtachsen. Denn: »Gender ist immer schon durch die Vektoren von ›Race‹ und Klasse geformt« (Mills 1997: 79) – und, je nach Kontext, auch durch andere Hierarchisierungsmechanismen (vgl. auch Spelman 1988).[46]

Durch die Erweiterung feministischer Analysen um die Unterdrückungskategorie »Race« wird Gender in Bezug gesetzt bzw. verschränkt mit anderen Kategorien. Dies initiierte eine bis heute rege binnenfeministische Diskussion um die Frage, wie das Verhältnis unterschiedlicher Kategorien gedacht werden kann (vgl. auch Harding 1994: 207f., insb. 229f.). Grundlage dieser neuen Ansätze ist ein offenes Gender-Konzept, das die Hereinnahme anderer Kategorien in feministische Analysen erlaubt und das anerkennt, dass Gender durch andere Machtverhältnisse mitgeformt ist.

6.2 Feministische postkoloniale Kritik

Einen weiteren Angriff auf Grundannahmen der oben skizzierten liberalen, radikalen und marxistischen feministischen Ansätze stellen postkoloniale feministische Ansätze dar – eine im deutschsprachigen Raum bisher wenig rezipierte Theorieströmung.[47] Postkoloniale Kritikerinnen wie Chandra Mohanty, Gayatry Spivak, Trinh T. Minh-ha und Gloria Anzaldúa stellen die von Afro-Amerikanerinnen geübte Kritik in einen internationalen Rahmen, es geht um die erkenntnistheoretischen Grundlagen der Produktion von Wissen und Macht unter dem Vorzeichen eines (post)kolonialen globalen Gefüges. Damit gehen postkoloniale Kritikerinnen weiter in ihrer Ursachenanalyse als die bisher beschriebenen Ansätze. Ihr Thema ist insbesondere das Verhältnis von Erste-Welt-Feministinnen (bzw. »Westlichen Feministinnen«)[48] zu »Dritte-Welt«-Feministinnen. Eine globale Schwesternschaft wird problematisiert und Grenzen der Repräsentation von Frauen in der Dritten Welt durch Westliche Feministinnen aufgezeigt (vgl. Clough 1994: 114f.). Im Folgenden wird das Gender-Konzept der postkolonialen Feministinnen am Beispiel von Mohanty und Spivak diskutiert, diese stellen explizit Bezüge zum entwicklungspolitischen Diskurs her (vgl. Kerner 1999).

Mohanty kritisiert den dominanten westlichen feministischen Diskurs. Dieser (re)produziere durch »kulturellen Reduktionismus« (Mohanty 1991: 66) eine spezifische »Dritte-Welt-Frau«. Dies sei eine diskursive Kolonialisierung: »Die durch Diskurs hergestellte übereinstimmende Homogenität von ›Frauen‹ als Gruppe wird mit der historisch spezifischen materiellen Wirklichkeit von Gruppen von Frauen verwechselt« (Mohanty 1991: 56). Gemeinsamkeiten, alleine auf der Grundlage von Gender, werden in Frage gestellt: »Schwesternschaft kann nicht auf der Grundlage von Gender angenommen werden, sie muss in konkreter historischer und politischer Praxis und Analyse geschaffen werden« (Mohanty 1991: 58) und weiter:

> »(...) die Annahme, dass Frauen eine schon konstituierte kohärente Gruppe mit identischen Interessen und Wünschen, ungeachtet von Klasse, ethnischer oder Verortung nach Herkunft, oder Widersprüchen, darstellen, lässt auf eine Vorstellung von Gender oder geschlechtlichen Unterschieden oder selbst von Patriarchat schließen, die über verschiedene Kulturen hinweg angewandt werden kann« (ebd.: 55).

Für Mohantys Gender-Konzept ist insbesondere ihre Kritik an der Vorstellung von Frauen als »universal Abhängigen« (ebd.: 58) von Bedeutung: Sie bemängelt, dass zum Beispiel westliche Forscherinnen »Frauen in Afrika« als eine soziologische Gruppe mit spezifischen Gemeinsamkeiten fassen.

> »Das ist so, weil beschreibende Gender-Unterschiede in die Trennung von Männern und Frauen umgewandelt werden (...) Hier wird das Biologische durch das Soziologische ersetzt, um jedoch das gleiche herzustellen – eine Einheit der Frauen. So stelle ich nicht das Potential von Gender-Unterschieden in Frage, sondern die priviligierte Stellung und das erklärende Potential von Gender-Unterschieden als *Ursprung* von Unterdrückung.« (ebd.: 59).

Das Problem hieran: »Dies nimmt an, dass Männer und Frauen schon als sexuell-politische Subjekte konstituiert sind, noch bevor sie in die Arena der sozialen Beziehung eintreten.« (ebd.). Frauen seien aber eben durch soziale Beziehungen erst geformt worden. In diesem Zusammenhang ist auch ihre Kritik des Gebrauchs der Kategorie Gender zu sehen: »Einige Autor/innen verwechseln den Gebrauch von Gender als übergeordnete Katgorie für die Organisation der Analyse mit dem universalen Beweis und der gegebenen Tatsache dieser Kategorie« (ebd.: 68f.). Mohanty stellt aber gleichzeitig die Notwendigkeit der Zusammenarbeit von Frauen heraus. Wichtig sei auch: »strategische Koalitionen über Klasse, Rasse, und nationale Grenzen hinweg herzustellen« (Mohanty 1991: 52f.). Sie wendet sich also gegen eine homogene Gender-Kategorie und gegen binäre Zuschreibungen »mächtig – ohnmächtig«:

> »Der Kern des Problems liegt in der Ausgangsannahme, dass Frauen eine homogene Gruppe oder Kategorie (»die Unterdrückten») darstellen, eine bekannte Annahme in westlichen radikalen und liberalen Feminismen« (ebd.: 71).

Dabei ist »Frau« für Mohanty »ein kulturell und ideologisch zusammengesetztes Anderes, was durch verschiedene repräsentative Diskurse konstruiert ist«, »Frauen« dagegen sind für sie »reale materielle Subjekte ihrer kollektiven Geschichten«. Auch bei Mohanty lässt sich also eine Verwerfung von Gender auf der Basis einer »Mann-Frau«-Dichotomie feststellen.

Ähnlich wie Mohanty geht es Gayatri Chakravorty Spivak in ihren Schriften und Interviews unter anderem um eine binnenfeministische Auseinandersetzung und die Möglichkeit der Repräsentation. Am Beispiel ihrer Kritik an den Weltfrauenkonferenzen der UN wird dies deutlich: Die Konferenz stellt für sie »weite repressive ideologische Apparate« (1996: 2) dar. Ihre Kritik richtet sich einerseits gegen die globalen Machtstrukturen (»Der Norden organisiert einen Süden«) und andererseits gegen eine Repräsentation von Frauen:

»Schon in dem Dokument zu der Nairobi-Frauenkonferenz von 1985 konnte man sehen, wer als ›Frau‹ gilt, und was diese Frau denken muss, um die Frau, die ermächtigt werden soll, zu repräsentieren (...) Wir sind Zeugen der starken Vermehrung von feministischen Apparatschiks, die das Organisieren von Konferenzen mit Aktivismus gleichsetzen« (ebd.).

Auch zeigt sie auf, dass bereits aufgrund von Differenzen zwischen Frauen Widersprüche entstehen:

»Institutionelle Veränderungen gegen Sexismus hier oder in Frankreich bedeuten nichts, oder schaden Frauen in der Dritten Welt noch weiter. Diese Diskontinuität sollte erkannt und daran gearbeitet werden.« (Spivak 1981, zit. nach Kemp/Squires 1997: 54).

Spivaks Arbeit konzentriert sich nun auf Möglichkeiten des Dialogs zwischen privilegierten und unterprivilegierten Frauen und setzt damit die Kategorie Gender in Bezug zu globalen imperialen Praktiken:

»Frauen sind das Gender gewesen, das nicht für die Subjektheit des ethisch Universellen gestanden hat. Und am anderen Ende sind sie das Gender, welches die Hauptlast trägt sowohl der indigenen politischen Strukturen – die dem transnationalen Kapitalismus in vielfacher Weise helfen – als auch der sozialen nationalen Produktion« (Spivak 1990: 91f.).

Sie fordert deswegen westliche Feministinnen auf, »unser Privileg als Nachteil zu verlernen« (Spivak 1990: 10).

Postkoloniale Feministinnen wenden sich somit gegen ein Gender-Konzept, das universelle Gültigkeit beansprucht; sie plädieren für eine historische und den Kolonialismus in jeder Form berücksichtigende Kontextualisierung der Kategorie. Gender erfährt eine weitere Relativierung als Kategorie, indem Projektionen westlicher Feministinnen ins Verhältnis zu den »Anderen« gesetzt und damit aufgedeckt werden. Die soziale Konstruktion von Gender (s. u.) ist hier vor allem eine historisch-koloniale Konstruktion, die dann auch nicht frei von Herrschaftsverhältnissen (auch zwischen Frauen) sein kann.

6.3 Gender-Debatten aus dem afrikanischen Raum

Einige Afrikanerinnen lehnen Feminismus schlichtweg als westliches Konstrukt und daher nicht-afrikanisch ab (z.B. Dolphyne 1991: xiii), andere bezeichnen sich selbst als afrikanische Feministinnen – in der Regel jedoch bei gleichzeitiger mehr oder weniger starker Distanzierung vom Feminismus des »Nordens«. So umfasst das Diskursfeld »afrikanische Feminismen« sehr unterschiedliche Ansätze. Bisweilen wird bestritten, dass »afrikanisch« hier überhaupt als Etikett dienen kann, da dies einen homogenisierenden Effekt habe (vgl. Ogundipe-Leslie 1997: 32f.). Viele afrikanische Feministinnen thematisieren ihre Anliegen vor dem Hintergrund einer kolonialen Geschichte und einer Fortführung kolonialer Diskurse im Rahmen einer dominierenden (westlichen) Wissensproduktion in und über Afrika (vgl. Künkel 1994: 164f.). Gerade hier bestehen Parallelen und Anknüpfungspunkte zu postkolonialer Kritik (s. o.). Dabei gehen einige afrikanische Denkerinnen in ihrer Abgrenzung zu im westlichen Kontext entstandenen Feminismen noch weiter als postkoloniale Denkerinnen, so durch eigene Konzepte. So stellt zum Beispiel die nigerianische Aktivistin Ogundipe-Leslie das Modell des »Stiwanism« (Social Transformation Including Women in Africa) vor (Ogundipe-Leslie: 1997). Afrikanische Autorinnen betonen die Heterogenität afrikanischer Feminismen und konstatieren gleichzeitig gemeinsame Merkmale afrikanischer Feminismen in Abgrenzung zu westlichen Feminismen (vgl. ebd.). Vor allem eine »ganzheitliche Haltung afrikanischer Frauen zum Feminismus« (ebd.: 39) unterscheide sie von ihren »westlichen Schwestern«: In Afrika wende sich Feminismus nicht notwendigerweise gegen Männer, auch bräuchten Frauen ihre biologische Rolle nicht zu vernachlässigen; Ogundipe-Leslie betont zudem die besondere Rolle von Mutterschaft (vgl. auch Mikell 1995: 8). Des Weiteren müssten die Lebensbedingungen afrikanischer Frauen stets in einem Gesamtzusammenhang gesehen werden und eine »politische Theorie der Frauen« müsse in den Kontext afrikanischer Rassen- und Klassenkämpfe eingebunden werden (vgl. ebd.: 38f.). Auch Mikell (1997) konturiert einen neu entstehenden afrikanischen Feminismus und grenzt ihn vom westlichen Feminismus ab:

> »Die Debatten in vielen westlichen Ländern über Essentialismus, den weiblichen Körper und radikalen Feminismus sind nicht charakteristisch für den neuen afrikanischen Feminismus. Vielmehr ist der langsam entstehende afrikanische Feminismus merklich heterosexuell, pro-natal und befasst sich mit vielen ›Brot, Butter, Kultur und Macht‹ -Angelegenheiten« (Mikell 1997: 4).

Afrikanische Feministinnen wie Mikell und Ogundipe-Leslie messen der Fertilität und den Reproduktionstätigkeiten von Frauen eine besondere Rolle bei. Zwar beziehen sie sich auf Gender als soziale Konstruktion (Ogundipe-Leslie 1997: 35; Mikell 1997: 7). Dieser wird jedoch dort Grenzen gesetzt, wo es um »reproduktive Aufgaben« (Mikell 1997: 8) von Frauen geht. Mikell stellt zudem fest: »(...) was es bedeutet, eine afrikanische Frau zu sein, unterscheidet sich radikal von der zunehmend anti-naturalistischen Auffassung von Frauen in den industrialisierten westlichen Ländern« (ebd.: 8).

Andere afrikanische Feministinnen problematisieren den Gender-Begriff direkt: So sieht Ruth Meena: »(...) die Notwendigkeit, Gender zu redefinieren und konzeptuelle und theoretische Rahmenbedingungen für die Gender-

Analyse innerhalb der Südafrikanischen Perspektive abzuklären (...)« (Meena 1992: Einleitung, ohne Seitenangabe) und schreibt:

»Es besteht Konfusion hinsichtlich der Definitionen verschiedener Konzepte wie Gender, Frauen, Männer, Geschlecht, Sexualität, Gender Studies, Women Studies, Feminist Studies, und so weiter. (...) Lehrende fragen sich auch nach der Relevanz dieser Konzepte für den afrikanischen Kontext« (ebd.).

Zwar übernimmt Meena die klassische sex/gender-Unterscheidung aus einem UN-Dokument (ebd.: 1), sie übt jedoch gleichzeitig Kritik: »Gender als eine analytische Variabel hat seinen historischen Platz in der westlichen feministischen Bewegung innerhalb des bürgerlichen liberalen Rahmens« (ebd.: 3). An dieser Stelle wird Gender in einen Kontext von Machtbeziehungen gestellt: »Liberale Feministinnen haben verzerrtes anthropologisches Wissen eingesetzt, um ihre eigenen Ziele voranzutreiben« (ebd.). Gender ist hier also eingebettet in die Thematisierung des »westlichen Monopols über die Produktion von Wissen«. Westliche Akteur/innen der Entwicklungspolitik hätten einheimische Intellektuelle zu Produzent/innen von Rohmaterial für westliche Forschung gemacht – eine Ausbeutung intellektueller Arbeit durch den Norden.

»(...) Feministinnen aus dieser Region müssen auf einen weiteren Backlash von Frauen aus dem Norden vorbereitet sein, besonders weil Frauen aus dem Norden die Finanzierung von Forschung in dieser Region beeinflussen« (ebd.: 3f.).

»Obwohl Gender bei Geldgebern seit den siebziger Jahren ›in Mode‹ ist, gestehen regionale Organisationen wie SAPES die Notwendigkeit ein, dass afrikanische Gelehrte ihre eigene Forschungsagenda definieren. Dies ist besonders wichtig für Genderforschung, weil es notwendig ist, Forschung und politisches Handeln, welches erdrückende Beziehungen auf der Grundlage von Klasse, Rasse und Gender verändern soll, zu verbinden.« (ebd.: 6).

Meena nennt verschiedene Bereiche, in denen »Gender/Women Research/Studies« im südlichen Afrika durchgeführt wurden: Afrikanische Kultur[49], geschlechtliche (»sexual«) Arbeitsteilung und unterdrückerische Gender-Beziehungen sowie Entwicklungsstrategien und unterdrückerische Gender-Beziehungen (vgl. auch Künkel 1994: 195f.).

Die tansanische Theoretikerin Mbilinyi (1992) sieht den Beitrag afrikanischer Feminismen, (»African-based critical feminism«), innerhalb einer feministischen Diskussion in drei Bereichen:

»(a) die Analyse von Imperialismus eingebunden in Klasse/Gender/Rasse-Ethnizität; (b) eine kohärentere Kritik am Staat, einschliesslich des afrikanischen Nationalstaates und der Geberorganisationen; (c) eine Kritik der Klassenbeziehungen von Frauen innerhalb der gleichen und unterschiedlichen ethnischen und nationalen Standorte.« (ebd.: 33)

Für sie sind Gender und Forschung hoch umstrittene Konzepte (ebd.: 34) und sie betont, dass Frauen keine homogene Kategorie sind. Im Gegensatz zu Meena verortet sie die Entstehung von Gender nicht in liberalfeministischen Ansätzen, sondern in anthropologischen und marxistischen Theorien der späten 70er Jahre. Interessant für ihr Gender-Konzept ist vor allem, dass sie Gender in einem weiteren Kontext als dem des Haushalts sehen möchte. Sie kritisiert hier explizit die Politik so genannter Geberländer und Forscher/innen, welche die Ursachen für die Unterdrückung von Frauen in erster Linie innerhalb des Haushalts und der häuslichen Sphäre innerhalb von Reproduktionsbeziehungen verorten (vgl. ebd.: 41f.). Dies reproduziere dichotomisierende Bilder und führe zu einer Vernachlässigung der Analyse, wie unterdrückerische Gender-Beziehungen an der Schnittstelle zwischen Klasse, Ethnizität und Imperialismus konstruiert und gelebt werden (ebd.).

Der Beitrag der genannten afrikanischen Ansätze für die feministische Theoriebildung besteht also einerseits in einer Erweiterung des thematischen Spektrums feministischer Forschung und andererseits in der kritischen Infragestellung der Reichweite und Gültigkeit westlicher Ansätze. Durch die Sichtbarmachung neokolonialer ausbeuterischer Strukturen im Bereich der Entwicklungspolitik und der (nicht nur akademischen) Wissensproduktion gehen afrikanische Autorinnen im Aufdecken der Differenzen zwischen Frauen weiter als ihre Kolleginnen afro-amerikanischer und afro-britischer Herkunft (vgl. auch Künkel 1994). Gender-Konzepte afrikanischer Feminismen sind somit oft mit der Frage nach der Genese des Begriffes verbunden, der als »westliches« Produkt empfunden und entsprechend in seiner Bedeutung relativiert wird. Es besteht hier eine starke Betonung von Differenzen zu bzw. der Dominanz von westlichen Feministinnen, die zunächst die Definitionsmacht haben, Gender so oder anders als Konzept zu konstruieren. Dies hieße wiederum, dass Gender immer auf spezifische Weise kulturell verankert ist. Die Mehrzahl afrikanischer Autorinnen stützt sich jedoch auf ein klassisches Gender-Konzept, das auf der Abgrenzung zum biologischen Geschlecht beruht.

Exkurs: Soziale Konstruktion in feministischen Theorien

Die Begriffsgenese von Gender ist vom sozialkonstruktivistischen Paradigma nicht zu trennen. Wie oben gezeigt, entstand Gender aus der Abgrenzung zu Sex, das als biologisch bestimmte, nicht veränderbare Größe gesehen wurde. Gender hingegen wurde immer als sozial konstruiert und somit gesellschaftlich wandelbar bezeichnet (vgl. Dietzen 1993: 21f.).

> »In den Anfängen der Frauenstudien war die Kategorie *soziales Geschlecht* in der Unterscheidung zum biologischen Geschlechtsstatus *die* »kategoriale Innovation« und die gemeinsame Basis unterschiedlicher Positionen.« (Dietzen 1993: 13)

Wie allerdings Acker (1992) feststellt, gibt es eine ältere Auffassung, nach der Gender ein anderes Wort für Sex oder für Frauen ist, und eine neuere Version, die Gender als »Basisprinzip sozialer Struktur und kultureller Interpretation« fasst (ebd.: 565). Für die Diskussion von Gender sind neuere sozialkonstruktivistische Ansätze besonders wertvoll, da sie aus der Kritik verschiedener feministischer Theorien neue Vorstellungen von Gender liefern. So legen sozialkonstruktivistische Ansätze starkes Gewicht auf die Prozesshaftigkeit der Konstruktion von Gender. Die Soziolog/innen West und Zimmermann (1987) prägten »Doing Gender«: Gender werde durch Interaktion immer wieder neu hergestellt und institutionalisiert. Für sie ist Gender »eine Leistung, eine durch Verhalten in einem bestimmten Rahmen erreichte Eigenschaft« (ebd., zit. nach Lorber 1998b: 161).

Neue sozialkonstruktivistische Ansätze hinterfragen die Kategorie Gender bzw. die bis dahin wesentliche Sex/Gender-Unterscheidung. »Aus der Perspektive sozialer Konstruktion ist sowohl *Geschlecht* (Sex) als auch *Gender* ein sozial entwickelter Status« (Lorber 1991: 7). Das »biologische« Geschlecht ist nicht länger eine »natürliche« und damit statische Größe, »Sex« ist: »(...) ein Kontinuum aus chromosomatischem Geschlecht, sekundären Geschlechtsmerkmalen und hormonellem Geschlecht«. Das heißt, dass selbst die Biologie längst nicht eindeutige Klassifizierungen für das »biologische« (männliche *oder* weibliche) Geschlecht bereitstellt. Eigentlich seien Männer und Frauen nicht so verschieden, wie es ihnen die Gesellschaft auferlege. Die Kategorie Gender wird in diesem Verständnis als »institutionalisierter kultureller und sozialer Status« angesehen, wie auch die Kategorien Ethnizität, Klasse etc. Gender sei jedoch die wichtigste Kategorie, da sie in jeder Gesellschaft eine Rolle spiele (ebd.: 8).

Die Stärke sozialkonstruktivistischer Ansätze ist, dass sie sowohl eine interpersonelle wie auch eine institutionelle Ebene ansprechen und die Dynamiken beschreiben, die dazu führen, dass eine gesellschaftliche Zuweisung in männliche und weibliche Rollen entsteht und stabil bleibt. Grenzen erfahren sozialkonstruktivistische Ansätze bei der Frage, wie individuelles Verhalten bestehende Normen längerfristig verändern kann. Politische und ökonomische Strukturen sind oft ein blinder Fleck in der sozialkonstruktivistischen Analyse (vgl. Lorber 1998b: 159f.). Dieses Defizit geht Judith Lorber in »Gender-Paradoxien« (1999)[50] an. Sie versteht Gender als

> »(...) eine Institution, die die Erwartungsmuster für Individuen bestimmt, die soziale Prozesse des Alltagslebens regelt, in die wichtigsten Formen der sozialen Organisation einer Gesellschaft, also Wirtschaft, Ideologie, Familie, Politik, eingebunden und außerdem eine Größe an sich und für sich ist.« (ebd.: 41)

Mit diesem sehr umfassenden Konzept von Gender als sozialer Institution führt Lorber ein neues »Gender-Paradigma« ein. Dennoch bleibt ihr Ziel, Gender als eben jene Institution abzuschaffen, um Ungerechtigkeit zu beseitigen. Deswegen spricht sie von einem Gender-Paradox, das darin besteht, »dass die Institution, ehe sie abgebaut werden kann, erst einmal ganz sichtbar gemacht werden muss (...)« (ebd.: 52). Der Gedanken der Paradoxie wird weiter unten wieder aufgegriffen und vertieft. Zunächst muss festgehalten werden, dass Ansätze der sozialen Konstruktion von Gender (die je nach Ansatz an der Schnittstelle zwischen Zweiter und Dritter Welle angesiedelt werden können) die Basis für eine Dekonstruktion des Gender-Konzeptes bildeten, die wesentliches Kennzeichen der Dritten Welle feministischer Theoriebildung ist. Allerdings stehen sozialkonstruktivistische Ansätze, die »Gender als soziale Institution« (Teubner/Wetterer 1999: 20f.) fassen, die »sowohl *universelle* als auch zeitlich wie kulturell bedingte Varianten auf(weist)« (ebd.: 23, Hervorhebung R.F.) im Spannungsverhältnis zu dekonstruktivistischen Vorstellungen von Gender, da sich diese gegen Universalität im Allgemeinen wenden und die Universalität von Gender im Besonderen bestreiten.

7. Pluralisierung von Maskulinität: Gender in der Männlichkeitsforschung

Wie einleitend erwähnt, geht es hier nicht darum, das gesamte Feld der (kritischen) Männerforschung zu behandeln. Das Wissensfeld ›Kritische Männerforschung‹ entstand in den 70er Jahren vor allem im us-amerikanischen Raum (Döge 1999: 8). Heute lässt sich hier eine Vielzahl an Denkansätzen finden (vgl. BauSteineMänner 1996, insb. Walter 1996 und Döge 1999). An dieser Stelle geht es vielmehr um Beiträge, die das Thema Maskulinität als Beitrag der Gender-Theorien in den Blick nehmen.[51]

Als »zentraler Referenzautor« des Feldes wird Robert W. Connell genannt (Feministische Studien 2000: 5), der vor allem mit der Ausarbeitung des Konzepts der ›hegemonialen Männlichkeit‹ der Gender Theorie wichtige Impulse gegeben hat.[52]

Connell spricht aus der Erkenntnis der Verschränktheit verschiedener sozialer Kategorien wie sexuelle Orientierung und Herkunft heraus von »multiple masculinities« (Connell 1995: 76), die jedoch nicht gleichrangig nebeneinander stehen:

> »Zu jeder Zeit wird eine Form von Männlichkeit im Gegensatz zu den anderen kulturell herausgehoben. Hegemoniale Männlichkeit kann man als jene Konfiguration geschlechtsbezogener Praxis definieren, welche die momentan akzeptierte Antwort auf das Legitimitätsproblem des Patriarchats verkörpert und die Dominanz der Männer sowie die Unterordnung der Frauen gewährleistet (oder gewährleisten soll).« (Connell 1999: 98)

Dabei geht auch er in konstruktivistischer Manier von Gender als Prozess aus:

»›Hegemoniale Männlichkeit‹ ist kein starrer, über Zeit und Raum unveränderlicher Charakter. Es ist vielmehr jene Form von Männlichkeit, die in einer gegebenen Struktur des Geschlechterverhältnisses die bestimmende Position einnimmt, eine Position allerdings, die jederzeit in Frage gestellt werden kann.« (Connell 1995, zit. nach Döge 1999: 15)

Hegemoniale Männlichkeit muss dabei nicht unbedingt an Personen gebunden sein, sondern kann auch als symbolische Form auftreten, zum Beispiel vermittelt durch mediale Inszenierung.

Geschlechterverhältnisse sind damit nicht länger nur in der Verhältnisachse Mann – Frau zu orten, sondern als weit umfassender auch zwischen verschiedenen Männlichkeitstypen, die sich kontextgebunden herausbilden. Ähnlich der postkolonialen feministischen Kritik mündet dies in eine »interne Differenzierung von Geschlechterkategorien« (Döge 1999: 13). Dennoch kritisieren Jens Krabel und Olaf Stuve (2000): »(D)ie Rede von ›Männlichkeiten anstatt von Männlichkeit (...) verbleibt letztlich in der Zweiteilung in Männer und Frauen verharren« (ebd.: 60). Connell werfen sie vor, »durch das Festhalten an Männlichkeiten ein erneutes Abgrenzen vom ›Weiblichen‹« hervorzurufen (ebd.) und damit »der Reproduktion der hierarchischen Geschlechterverhältnisse nicht zu entkommen« (ebd.). Eine solch identitätskritische Perspektive ist bereits dekonstruktivistischen feministischen bzw. Queer-Theorien entlehnt, um die es im Folgenden gehen wird.

8. Normierungsdiskurse: Feministische dekonstruktivistische Theorieansätze

Einen dritten Bruch innerhalb feministischer Theoriebildung stellen postmodern informierte Feminismen dar, die – wie die bisher behandelten Denkansätze – in sich wiederum ein ausdifferenziertes Feld darstellen (vgl. Dingler/Frey u.a. 2000). Diese Ansätze werden hier vergleichsweise ausführlich behandelt, da sie eine methodologische Voraussetzung der vorliegenden Arbeit bilden. Die Behandlung der Genese von Gender und der verschiedenen Bedeutungsgehalte des Konzepts ist Teil der »Dekonstruktion« von Gender, denn, so Nicholson (1995):

»(...) Eine feministische dekonstruktive Analyse des Konzepts ›Gender‹ bedeutet nicht, dass dieses Konzept beseitigt wird. Vielmehr bringt sie eine kritische Prüfung seiner Geschichte mit sich, um zu sehen, welches Gepäck der Begriff aus dieser

Geschichte heraus mit sich führt und welche die politischen Effekte dieses Gepäcks sind.« (ebd.: 10)

Allerdings kann Dekonstruktion nicht lediglich mit Kritik gleichgesetzt werden.[53] Dekonstruktion spricht vor allem Denkprämissen an und behandelt die Annahmen, mit denen Kritik arbeitet. Sie ist also im Bereich der Erkenntnistheorie angesiedelt und spricht auch jene Selbstverständlichkeiten an, derer sich feministische Ansätze zum Zweck der Kritik bedient haben und bedienen:

»Ich weiß zwar nicht, was »postmodern« bedeutet, doch wenn es eine zentrale These gibt, und zwar eine präzise, die ich vielleicht eher dem Poststrukturalismus zuordnen würde, dann besagt diese These, dass die Macht sogar den Begriffsapparat, der versucht, über die Macht zu verhandeln, durchdringt, ebenso wie die Subjekt-Position des Kritikers.« (Butler 1993: 36).

Derrida, der den Begriff der Dekonstruktion eingeführt hat, warnt davor, diese als allgemeine Methode zu sehen. Nach Engelmann (1990) ist sie »es schon deshalb nicht, weil sie den Begriff der Methode und seine Geschichte selbst dekonstruktiv befrage und dabei seine Allgemeinheit bestreite« (ebd.: 24). Vielmehr sei Dekonstruktion »ein bewegliches, sich jeweiligen Kontexten anpassendes Lesen (Handeln), das auf diese Art eine Alternative zum totalisierenden Zugriff allgemeingültiger Methoden entwickeln will« (ebd.: 27). Vereinfacht: Intention der Dekonstruktion ist es, einer Totalisierung in jeglicher Form gegenzusteuern.[54]

Ein weiterer Grund für die ausführliche Behandlung dekonstruktivistischer feministischer Ansätze ist die Tatsache, dass insbesondere innerhalb der deutschsprachigen Diskussion angeregte Debatten über die Berechtigung und Bedeutung dieser postmodernen Feminismen und deren »feministische Effizienz« aufkamen. Dies macht eine sorgfältige Exploration des Themenfeldes notwendig. Die Dekonstruktion der Sex/Gender-Unterscheidung, wie sie z.B. bei Judith Butler zu finden ist, war Anlass für innerfeministische Diskussionen. Feminismen im Spektrum postmoderner Theorien wurden und werden heftig (und teilweise polemisch) angegriffen (vgl. z.B. Duden 1992, Nussbaum 1999, Nagl-Docekal 2000), wobei »Postmoderne« als Reizwort fungiert (vgl. auch z.B. Young 1998). Allerdings wird die Diskussion zunehmend differenzierter geführt. So konstatiert Knapp zum Thema:

»Der Feminismus hat einstweilen von Theorien der Postmodernen wegen ihrer androzentrischen Ausrichtung und – zum Teil – schönfärberischen Sicht von Gesellschaftsentwicklung nicht viel zu gewinnen. Dagegen sind im Spannungsverhältnis zwischen Feminismus, Kritischer Theorie und *postmodern theory* wichtige Anknüpfungspunkte für die Reformulierung und Ausdifferenzierung feministischer Herrschaftskritik enthalten.« (Knapp 1998: 14).

»Postmoderne Feminismen« beziehen sich also in erster Linie auf Erkenntnistheorie und nicht auf Ansätze, welche die Postmoderne als gesellschaftliche Erscheinung bzw. als Epochenbegriff fassen (Knapp 1998: 28). Feministische Denkansätze im Spektrum postmoderner Theorien wiederum sind kaum einheitlich zu fassen. Für manche Autor/innen ist alleine der Gebrauch des Begriffs Gender ein Indikator für postmodernes Gedankengut (vgl. radikalfeministische und ökofeministische Ansätze). Allerdings ist es eher eine kritische Befassung mit der Kategorie Gender, die Merkmal einiger Ansätze innerhalb dieses Diskursfeldes ist. Brooks (1997) bezeichnet eine Verbindung aus Postmoderne und Feminismus als Postfeminismus und bezeichnet dies als »einen nützlichen konzeptuellen Bezugsrahmen, der den Schnittpunkt zwischen Feminismus und einer Reihe anderer anti-fundamentalistischer Bewegungen einschließlich Postmodernismus, Poststrukturalismus und Postkolonialismus ausmacht« (ebd.: 1). Das »post« erfülle dabei nicht die Funktion eines Bruches mit der jeweiligen Denkrichtung, vielmehr signalisiere es ein »kritisches Engagement« gegenüber patriarchalen Effekten. Umstritten ist, wie weit das Feld des feministischen Diskurses im Spektrum postmoderner Theorien reicht. Einige Autorinnen (wie z.B. Brooks 1997) bezeichnen bereits oben beschriebene Ansätze von Afroamerikanerinnen und postkolonialen Kritikerinnen als »postmodern«. Tatsächlich bestehen Parallelen zwischen diesen Ansätzen vor allem in der Betonung von Differenzen unter Frauen, jedoch bestehen hier auch Spannungsverhältnisse. So stellt Klinger (1995) postkolonialen Ansätzen dekonstruktivistische Ansätze gegenüber und betont ihre unterschiedliche Methodologie, obwohl sich beide Theorieansätze aus der Thematisierung der Differenzen zwischen Frauen speisen und auch an anderen Punkten Verwandtschaften in ihrer Kritik an bisherigen Feminismen aufweisen. Nach de Lauretis ist der Ansatz, der hier als Differenzfeminismus der »Anderen« bezeichnet wird, auch ein Standpunktfeminismus »auf postkoloniale Weise« (de Lauretis, zit. nach Klinger 1995: 802). Dekonstruktivistische feministische Ansätze hingegen üben Kritik an einem Feminismus des Standpunktes (s. o.) und sind somit mit einer Kritik der »Anderen« nicht kompatibel (vgl. Klinger 1995: 804f.). Entsprechende Schnittstellen und Spannungen werden im Zuge dieses Kapitels noch verdeutlicht werden.[55]

Als gemeinsames Merkmal postmoderner feministischer Theorieansätze kann eine Verlagerung des Fokus konstatiert werden. Während sich die bisher vorgestellten Ansätze in erster Linie auf die Ergründung männlicher Herrschaft bezogen, machen Ansätze im Spektrum postmoderner Theorien eine Wendung: Lemke und Töns sprechen von »einer in den 90er Jahren zunehmend selbstreflexiv gewordenen feministischen Theorie« (1998: 221). Im Mittelpunkt vieler ›postmoderner‹ Ansätze steht die Untersuchung der erkenntnistheoretischen Prämissen feministischen Denkens: Die ›eigenen‹ Annahmen und Bedingungen werden unter die Lupe genommen und Fragen nach einer oder gar *der* ›richtigen‹ politischen Strategie werden hintan gestellt – was allerdings nicht den Schluss zwingend macht, postmoderne Ansätze seien beliebig und apolitisch (s.o. Anm. 54; vgl. Dingler u.a. 2000). Wie zu zeigen sein wird, ist ein Dreh- und Angelpunkt dieser Ansätze die Frage nach der Unterscheidung zwischen Sex und Gender sowie die nach der Rolle des Körpers. Diese Überlegungen münden in Fragen nach dem feministischen ›Wir‹, nach einer weiblichen Identität und einer entsprechenden Identitätspolitik sowie nach Möglichkeiten gemeinsamen Handelns bei gleichzeitigem Bewusstsein und der Anerkennung von Differenzen unter Frauen.

Es gibt ein breites Spektrum an Autorinnen, die sich heute im Kontext »postmoderner Feminismen« verorten lassen. Für das Anliegen dieser Arbeit stehen dabei Texte im Vordergrund, die direkt und explizit auf Gender als Konzept Bezug nehmen bzw. ihre kategorialen Überlegungen an Gender aufhängen. Im Folgenden werde ich mich vor allem auf Arbeiten von Linda Nicholson (»Interpreting Gender«)[56], Donna Haraway (»Geschlecht, Gender, Genre – Sexualpolitik eines Wortes«) und Judith Butler (»Gender Trouble«/»Bodies that Matter«) beziehen und deren Gender-Konzepte näher beleuchten.[57] Auch wenn diese Autorinnen unterschiedlich argumentieren und sich vor dem Hintergrund verschiedener Themenfelder dem Konzept Gender annehmen, so ist ihnen doch gemeinsam, dass sie – jede auf ihre Weise – eine Rekonfiguration von Gender bzw. des Begriffspaares »Sex – Gender« vornehmen.

Die Philosophin und Historikerin Linda Nicholson verortet ihre Arbeit innerhalb postmoderner Theorien, mit dem expliziten Anliegen, Sozialkritik zu üben. Nicholson problematisiert postmoderne Ansätze im Spektrum des Poststrukturalismus, bei denen »Postmodernismus« lediglich ein kritisches Analysieren von Texten ist: »Gelegentlich kollabierte das Soziale in das Textuelle und Kritik wurde gleichgesetzt mit der ›Dekonstruktion‹ von Text ...« (Nicholson/Seidman 1995: 8). Die damit einhergehende Politisierung von Sprache und Wissen sei zwar zu begrüßen, jedoch bedeute die textualisierende Wende im Postmodernismus, dass Themenfelder im Spektrum von Sozialtheorien (z.B. Institutionen, politische Ökonomie und soziale Bewegungen) vernachlässigt worden seien. Jedoch: »(...) zumindest einige Richtungen postmodernen Denkens sind eine Schlüsselressource zum Überdenken von demokratischer Sozialtheorie und Politik« (Nicholson/Seidman 1995: 7).

Auch die Biologin und Wissenschaftstheoretikerin Donna Haraway stellt einen Bezug zu sozialen Bewegungen her, jedoch weniger explizit als Nicholson. Eine Selbstverortung sucht man bei ihr vergeblich, durch ihre kritischen kategorialen Untersuchungen fügt sie sich jedoch in ein Spektrum postmoderner Theoretikerinnen ein. Haraway befasst sich in ihren Arbeiten vor allem mit Bio- und Lebenswissenschaften und deren Rolle innerhalb der (auch feministischer) Wissensproduktion. Ihre am häufigsten zitierten Beiträge sind »A Cyborg Manifesto: Science, Technology and Socialist Feminism in the Late Twentieth Century« und »Situated Knowledges: The Science Question in Feminism and the Privilege of Partial Perspective«, beide aus ihrem Band »Simian, Cyborgs, and Women« (1991) (vgl. auch Dingler u.a. 2000).

Die wohl prominenteste *Queer*-Theoretikerin ist die Rhetorikprofessorin Judith Butler. Der Ausgangspunkt dieser Theorieströmung[58] ist die Kritik an Zwangsheterosexualität, deren Fundament eine angenommene, vordiskursive Zweigeschlechtlichkeit ist. Die sexuelle Konditionierung, die damit einhergeht, wurde schon seit den 70er Jahren als Instrument der Unterdrückung von Frauen kritisiert. Butler legt in *Gender Trouble* (1990) und *Bodies That Matter* (1993) die weitest gehende Kritik an bisherigen Gender-Konzepten vor und wird deswegen am Schluss des folgenden Kapitels behandelt, das dem Zweischritt der Dekonstruktion (Kapitel 7.1) und der Rekonfigurationen (Kapitel 7.2) von Gender folgt und sich schließlich der Frage nach einer Option der Auflösung von Gender widmet.

8.1 Gender-Dekonstruktionen

a) Nicholson: Gender und der Mantelständer

Linda Nicholson befasst sich vor allem mit der Unterscheidung zwischen Sex und Gender sowie mit Vorstellungen über Körper und deren Bedeutung für feministische Theoriebildung:

> »(...) es ist nicht allgemein problematisch gewesen, anzunehmen (...) dass der Besitz einer von zwei möglichen Arten von Körpern zu der Etikettierung von einigen Menschen als Frauen und anderen als Männern führt und dass diese Etikettierung *einige* gemeinsame Charakteristiken mit *einigen* gemeinsamen Folgen hervorbringt (Nicholson 1995: 55, Hervorhebung im Original).

Diese Argumentation beruht nach Nicholson jedoch auf einer subtilen Missdeutung der Art und Weise, in der Gender kulturübergreifend funktioniert. Denn Gender-Unterschiede umfassen:

> »(...) eine grosse Spannbreite möglicher feiner Unterschiede in der Bedeutung der männlich/weiblich Unterscheidung und darin, wie die körperliche Unterscheidung in Beziehung dazu funktioniert. Weil diese Unterschiede fein sein können, werden sie nicht notwendigerweise das erste sein, was zeitgenössische westliche Feministinnen sehen, wenn sie prämoderne Kulturen betrachten oder Kulturen, die nicht von dem Einfluss des modernen Europas dominiert sind« (ebd.: 56).

Wie Haraway betont auch Nicholson, dass das Begriffspaar Sex/Gender eigentlich eine symbiotische Verbindung darstellt: Für die Entwicklung von Gender in den 60er Jahren sei Sex immer wesentlich gewesen, da Gender als Kritik und Gegenkonzept zu Sex eingeführt worden war. Erst in den 80er Jahren wurde diese Trennung zwischen Sex und Gender hinterfragt und der physiologische Körper wurde selbst schon als Ergebnis sozialer Normen gesehen. Nicholson zieht hier Joan Scotts Erklärung von Gender heran:

> »(...) Gender ist die soziale Organisation des sexuellen Unterschieds. (...) Wir können sexuelle Unterschiede nur als Funktion unseres Wissens vom Körper sehen, und die Tatsache, dass dieses Wissen nicht ›rein‹ ist, kann nicht isoliert werden von seiner Verwicklung in eine weite Reihe diskursiver Kontexte.« (Scott 1988, zit. nach Nicholson 1995: 39).

Zwar dominiere dieses Verständnis in feministischen Theorien heute, jedoch lebe das alte Erbe des biologischen Geschlechts in den Diskussionen weiter. Um die Problematik dieses Verständnis von Gender zu verdeutlichen, wählt Nicholson die Metapher vom »Mantelständer« (»coatrack view of self-identity«, ebd.: 41). Der »Mantelständer« fungiere hier als biologischer Körper (Sex), über den soziale und kulturelle Normen und Verhaltensweisen (Gender) quasi wie Mäntel geworfen werden würden. Nicholson kritisiert an einer solchen Vorstellung:

> »Aus dem Glauben heraus, dass sexuelle Identität das repräsentiert, was über alle Kulturen hinweg allgemeingültig ist, haben wir fälschlicherweise Dinge verallgemeinert, die spezifisch für die moderne westliche Kultur oder bestimmte Gruppen innerhalb dieser sind.« (1995: 42).

Auch wohne diesem Verständnis weiterhin eine biologische Fundierung inne, denn selbst die explizit dem sozialen Konstruktivismus verpflichteten Ansätze der feministischen Forschung gingen davon aus, dass körperliche Merkmale über große historische Zeiträume hinweg gleich geblieben seien und sich dazu eignen würden, kulturübergreifende Gemeinsamkeiten von Frauen zu begründen und zu erklären. Eine solche Vorstellung von Gender sei lediglich eine Ergänzung und keine Ersetzung von Sex. Die Konsequenz für feministische Theoriebildung ist ein Verzicht auf die Vorstellung von Sex als einem »harten Kern« von Theorie und damit ein Bedeutungsverlust von Sex. Diese Dekonstruktion von Sex, die Auswirkungen auf das Gender-Konzept hat, ist auch Gegenstand der Arbeiten von Haraway und Butler – ihre Dekonstruktion ist jedoch weitergehend als die Nicholsons.

b) Haraway: Die Historizität von Sex und Gender

Eine frühe Dekonstruktion feministischer Gender-Konzeptionen hat Donna Haraway in einem Aufsatz vorgelegt, der bereits 1987 in einer Festschrift für Frigga Haug (Haraway 1987a) sowie gekürzt in der Zeitschrift »Das Argument« (ebd.: 1987b) abgedruckt wurde und erst 1991 weiter ausgearbeitet in Englisch erschien (ebd.: 1991).[59] Der Beitrag entstand im Auftrag der Gruppe um Fritz Haug, das Schlüsselwort Gender für ein marxistisches Wörterbuch zu bearbeiten und wurde bisher wenig rezipiert, obwohl Gender hier bereits dekonstruiert wird. Haraway legt eine Genealogie von Gender vor, die als eine der ersten Arbeiten im Spektrum von Gender-Theorien überhaupt bezeichnet werden kann.[60]

Entsprechend ihrer Konzeption von Gender als geschichtlich konstituiert – Gender sei eine »durch und durch historische Kategorie« (ebd.: 1987a: 27) – spürt Haraway dieser Geschichte auf sprachlicher, politischer und theoretischer Ebene nach. Dabei kommt eine dem Gender-Konzept anhaftende Ambivalenz zum Tragen, die zuvor kaum thematisiert wurde: Gender fungiert zum einen als feministisches Instrument bzw. als Analysekategorie zur Aufdeckung von sexistischen Strukturen. Zum anderen muss Gender selbst einer herrschaftskritischen Analyse unterzogen werden, denn:

> »Der Wert einer analytischen Kategorie wird nicht notwendigerweise durch das kritische Bewusstsein seiner historischen Besonderheit und kulturellen Beschränkungen aufgehoben. Aber feministische Konzepte von Gender werfen klar die Probleme des kulturellen Vergleichs, linguistischer Übersetzung und politischer Solidarität auf.« (ebd.: 1991: 130)

Im Zuge der Analyse von Gender behandelt sie die (brüchige) Unterscheidung zwischen Sex und Gender, indem sie auf den engen Zusammenhang von Sex und Gender verweist: »Komplexe Unterscheidungen und Vermischungen von Termini für ›sex‹ und ›gender‹ sind Teil der politischen Geschichte dieser Wörter« (ebd.: 1987a: 22). Gender sei im Englischen seit dem 14. Jahrhundert im Sinne des lateinischen Ursprungs des Wortes, »generare« (zeugen), gebraucht worden. Diese Bedeutung fände sich auch in Begriffen wie ›Generation‹ oder dem englischen *engender* (erzeugen). Die sex/gender-Unterscheidung sei gleichzeitig in einem »westlich orientierten politisch-philosophischen Hauptfeld binärer Oppositionen« (ebd.: 23) zu sehen. Während nämlich Gender als biologisches Geschlecht der Natur zugeordnet wird, wird in der vorgenommenen Unterscheidung Gender als soziales Geschlecht der Kultur zugeordnet. Schon hier zeigt sich die Ambivalenz der Unterscheidung zwischen Sex und Gender: Um eine Unterdrückung von Frauen deutlich zu machen, ist die Unterscheidung zwischen biologischem und sozialem Geschlecht zwar geeignet, gleichzeitig, so Haraway, bleibt diese Unterscheidung einem spezifisch westlichen Denksystem – mit all seinen Ausschlüssen – verhaftet. Daher:

»(...) die weiterhin taktische Nützlichkeit der Sex/Gender-Unterscheidung im Leben und in den Sozialwissenschaften hat furchtbare Konsequenzen für einen Großteil feministischer Theorie gehabt, indem sie sie an ein liberales und funktionalistisches Paradigma gebunden hat, trotz wiederholter Anstrengungen, diese Beschränkungen durch ein vollständig politisiertes und historisiertes Konzept von Gender zu überwinden« (ebd.: 1991: 136).

Ein solches Konzept von Gender müsste dann auch verstanden werden als im Rahmen eines kolonialistischen westlichen Diskurses konstituiert und dem binären Determinismus der »Natur–Kultur«-Unterscheidung verhaftet:

»Feministinnen haben schon früh die binäre Logik des Natur/Kultur-Dualismus kritisiert, aber sie dehnten ihre Kritik nicht auf die davon abgeleitete Unterscheidung zwischen ›sex‹ und ›gender‹ aus, weil diese immer noch zur Bekämpfung des vorherrschenden biologischen Determinismus in den hartnäckigen politischen Auseinandersetzungen um ›Geschlechtsunterschiede‹ in den Schulen, Verlagen, Krankenhäusern usw. tauglich war.« (Haraway, 1987b: 796f.).

Auch wenn, wie oben ausgeführt, Spannungsverhältnisse zwischen der Kritik der »Anderen« und poststrukturalistischen Ansätzen bestehen – im Rahmen der Gender-Konzeption Haraways treten wiederum Verbindungen deutlich zutage:

»›Geschlecht‹ wurde als eine Kategorie entwickelt, mit deren Hilfe man erforschen konnte, was unter den Begriff ›Frau‹ fällt, um das vorab für selbstverständlich Gehaltene problematisieren zu können. Wenn feministische Geschlechtertheorien aus Simone de Beauvoirs Satz, man werde nicht als Frau geboren, die Schlußfolgerungen zögen (...), daß jedes in sich geschlossene kohärente Subjekt illusionär ist, und daß persönliche und kollektive Identität auf mühsame und immer erneute Weise gesellschaftlich wiederhergestellt werden muß (..), dann trägt Bell Hooks (1981) provozierendes Buch ›Ain't I a Woman‹ einen Titel, der vor Ironie funkelt, da die Identität der ›Frau‹ zugleich beansprucht und dekonstruiert wird.« (ebd 1987a: 36).

Wie oben gezeigt, weist der Diskurs der »Anderen« weiße westliche Feminismen auf ihre Ausgrenzungen und ihre spezifischen (neokolonialen) Entstehungskontexte hin, die nicht universalisierbar sind, hierin trägt er durchaus dekonstruktivistische Züge. Analog dazu haben Queer-Theoretikerinnen feministische Ansätze »auseinandergenommen«, denen eine (oft unausgesprochene) heterosexuelle Matrix eigen ist. Auch diesen Gedanken hat Haraway bereits früh aufgegriffen, indem sie geschlechtliche Zuweisungsdiskurse und Zwangsheterosexualität angreift und damit einen zentralen Gedanken Judith Butlers anspricht:

»Die Weigerung, ein Mann oder eine Frau zu werden oder zu bleiben heißt, in außerordentlich politischer Weise darauf zu beharren, aus dem Alptraum der allzu realen imaginären Geschichte des Geschlechts (sex) zu erwachen.« (ebd.: 37f.).[61]

c) Butler: Kritik der heterosexuellen Matrix – Gender als Performanz

Butler bewertet die Unterscheidung zwischen Sex und Gender als Beitrag und Effekt einer gesellschaftlichen Ordnung, die auf einem heterosexuellen Vertrag beruht und damit Teil des Problems ist. Sie bestreitet, dass es etwas wie ein vordiskursives biologisches Geschlecht im Rahmen einer ontologischen Ordnung gäbe und legt eine Gender-Theorie vor, in der Sex und Gender in eins fallen, indem sie die Sex/Gender-Unterscheidung auf ihre logische Spitze treibt. Sie stellt die Frage, ob nicht auch Sex »diskursiv produziert (werde), nämlich durch verschiedene wissenschaftliche Diskurse, die im Dienst anderer politischer und gesellschaftlicher Interessen stehen« (Butler 1991: 23f.). So wird auch die Rede vom »biologischen Geschlecht« zur diskursiven Konstruktion, Sex wird zur »gendered category« (ebd.: 24). Das biologische Geschlecht (Sex) ist ihrer Meinung nach zwar der »materiellste aller Begriffe« (Butler 1993: 53), jedoch ist er eine – sie stützt sich hier auf Foucault – »regulierende fiktive Einheit«.

»(...) diese Art der Kategorisierung kann (man) gewaltsam und zwanghaft nennen bzw. diese diskursive Anordnung und Produktion von Körpern gemäß der Kategorie Geschlecht (stellt) selbst eine materielle Gewalt dar (...)« (ebd.: 53).

Neben der Sex/Gender-Unterscheidung greift Butler die Kritik der »Anderen« auf (vgl. Kapitel II.6), nämlich die Vorstellung von einer gemeinsamen Identität von Frauen:

»Das Insistieren auf die Kohärenz und Einheit der Kategorie »Frau(en)« hat praktisch die Vielfalt der kulturellen und gesellschaftlichen Überschneidungen ausgeblendet, in denen die mannigfaltigen konkreten Reihen von »Frauen« konstruiert werden.« (Butler 1991: 34).

Die »feministische Effizienz« des butlerschen Entwurfs ist heftig diskutiert worden und hat insbesondere im deutschsprachigen Raum die Debatten der 90er Jahre enorm angeheizt (vgl. Feministische Studien 2/1993). Butler war zwar nicht die erste Theoretikerin, die Gender als Kategorie kritisierte, ihre Kritik ist jedoch die radikalste und weitestgehende, da sie Körperlichkeit im Raum des Performativen verortet und »Konstruktion als konstituive(n) Zwang« (Butler 1995: 16) fasst. Duden (1993) spricht hier gar von »Entkörperlichung«, Overdiek (1999) von »linguistischem Reduktionismus« (kritisch auch Nagl-Docekal 2000: 46f.).[62]

8.2 Rekonfigurationen von Gender

Was bleibt nach der Dekonstruktion von Gender? Die Begriffswahl der ›Rekonfiguration‹ ist beabsichtigt, da es nicht um eine Rekonstruktion des Dekonstruierten geht, sondern vielmehr um Neuentwürfe des Gender-Konzepts.

Nicholson plädiert – wie die anderen hier vorgestellten Theoretikerinnen auch – für eine Vorstellung von Gender, in der Sex aufgeht. Gender fasst sie (nach Scott) als soziale Organisation von sexuellen Unterschieden. Sie kritisiert die Rolle, die der Körper in fast allen bisherigen Theorieansätzen spielt, ohne jedoch einen wirklichen Neuentwurf von Gender vorzulegen. Vielmehr steht ein Neuentwurf von der Vorstellung von *Frauen* im Mittelpunkt ihrer Rekonfigurationsbemühungen: Sie fordert eine historische und kulturelle Kontextualisierung dessen, was es jeweils heißt, »Mann« oder »Frau« zu sein. Die Bedeutung von »Frau« (und auch von »Mann«) wäre dann als eine Variable bzw. ein Webstück mit sich überschneidenden Ähnlichkeiten und Unterschieden zu verstehen. In einem solchen Webstück komme der Körper zwar vor, aber nicht als Determinierendes, sondern als spezifische historische Variable, deren Bedeutung je nach Kontext unterschiedlich sei (1995: 61).[63]

Ganz anders fällt die Neuformulierung von Gender seitens Donna Haraways aus: Dieser Entwurf lässt sich am deutlichsten in ihrem Aufsatz »A Manifesto for Cyborgs« (1991)[64] finden. Die utopische Figur des Cyborgs, die sie hier vorschlägt, ist Konsequenz dessen, was Haraway in ihren anderen Arbeiten (s. o.) problematisiert, nämlich der dualistischen Trennungen zwischen Mensch und Tier, Mensch und Maschine sowie der Unterscheidung zwischen Physischem und Nicht-Physischem (vgl. ebd.: 151f.). Ihr geht es um einen Zukunftsentwurf, der ohne die regulierende Kategorie Gender auskommt, entsprechend stellt sie das Cyborg-Manifest dar als:

> »(...) eine Anstrengung, zu einer sozialistisch-feministischen Kultur und Theorie beizutragen und zwar auf postmodernistische, nicht-naturalistische Weise und in der utopischen Tradition, sich eine *Welt ohne Gender* vorzustellen ...« (Haraway 1991: 150, Hervorhebung R.F.).

Haraways Rekonfiguration von Gender ist also die Figur des Cyborgs (den sie auch als »Mythos« bezeichnet, ebd.: 152). Gender wird darin ein zu überkommendes Prinzip, der Cyborg ist »eine Kreatur in einer postgender-Welt« (ebd.). Diese Kreatur wiederum ist schwer zu fassen, sie ist Utopie, politische Strategie und theoretischer Entwurf zugleich.

So entwirft Haraway eine politische Aktionsgruppe als:

> »(...) eine Art Cyborg-Gesellschaft, darauf ausgerichtet, die Labors, die am ehesten die Werkzeuge der technologischen Apokalypse verkörpern und ausspeien, rea-

listisch umzurüsten, und dem Aufbau einer politischen Form verpflichtet, welche es tatsächlich schafft, Hexen, Ingenieur/innen, Alte, Perverse, Christ/innen, Mütter, und Leninist/innen lange genug zusammenzuhalten, um den Staat zu entwaffnen« (ebd.: 154f.).

Butler wiederum geht weiter als Nicholson und Haraway, indem sie selbst Vorstellungen der Materialität des Körpers problematisiert. Sie betont jedoch, dass dies »(...) nicht zwangsläufig zum politischen Nihilismus führen muß« (Butler 1993: 52). Vielmehr »stellt die Dekonstruktion erst die Bedingungen her, den Signifikanten zu *mobilisieren* und in den Dienst einer anders gearteten Produktion zu stellen« (ebd.: 53). Ihre Konzeption von Gender ist eine »konstituierte *gesellschaftliche Zeitlichkeit*« (Butler 1991: 207), die kontingent ist. Gender-Identität sei »eine persönlich/kulturelle Geschichte gültiger Bedeutungen, die einer Reihe nachahmender Praktiken unterworfen sind (...)« (Butler 1990: 137f.). Gender werde also immer wieder eingeschrieben und reproduziert. Hierin liegt laut Butler jedoch gleichzeitig widerständiges Potential, da Gender auch subversiv gebraucht werden könne. »Doing Gender« bedeutet dann, sich nicht länger an männlichen und weiblichen Rollenmustern zu orientieren, sondern die Möglichkeit, Rollenvorstellungen durch Sprache und Handeln durcheinanderzuwerfen und so aus den Zwängen, die Gender den Individuen aufbürdet, auszubrechen. Dies macht Butler insbesondere in dem Kapitel »*Gender Is Burning: Fragen der Aneignung und Subversion*«, in »Körper von Gewicht« deutlich (vgl. Butler 1995: 171f.). Sie konstatiert hier, dass Begriffe wie Gender »in Richtungen wiederholt werden (sollten), die ihre ursprünglichen Ziele umkehren und verschieben« (ebd.: 176). Gender wird damit zur einer performativen Kategorie, die es herauszufordern und zu unterlaufen gilt. Der damit einhergehende »Verlust der Gender-Normen« »(...) hätte den Effekt, die Gender-Konfigurationen zu vervielfältigen, die substantivische Identität zu destabilisieren und die naturalisierten Erzählungen der Zwangsheterosexualität ihrer zentralen Protagonisten: ›Mann‹ und ›Frau‹ zu berauben« (Butler 1991: 215).

Ein solches Gender-Konzept hat weitgehende Konsequenzen für feministische Politik; Butler macht hier auf die Ambivalenz der Kategorie Gender aufmerksam, da:

> »(...) die Identitätskategorien, die oftmals als grundlegend für die feministische Politik gelten – d. h. für notwendig gehalten werden, um den Feminismus als Identitätspolitik zu mobilisieren –, gleichzeitig gerade dahingehend wirken, daß sie eine Begrenzung und Einschränkung der Möglichkeiten bewirken, die der Feminismus eröffnen soll« (ebd.: 215).

Theoretikerinnen im Diskursfeld postmoderner Theorien problematisieren also Gender und machen es zu einem *kontingenten Konzept*, das es aufgrund seiner strukturierenden Ausschlüsse zu problematisieren gilt. Ein Gender-Konzept, das sich an Zweigeschlechtlichkeit anlehnt, also dualistisch gedacht wird, wird abgelehnt, vielmehr wird auch die Vorstellung von biologischem Geschlecht (Sex) als entweder männlich oder weiblich angezweifelt und als Konstruktion entlarvt. Daraus folgt zunächst ein *transitives*, also ein nicht mehr durch die Zuschreibungen »männlich und weiblich« polarisiertes, sondern Übergänge zwischen »männlich« und »weiblich« zulassendes Gender-Konzept. Verwirft man jedoch den Gedanken der Zweigeschlechtlichkeit, so wäre Gender auch nicht mehr zwischen zwei Polen zu verorten, es folgt daraus ein *multiples* Gender-Konzept, das sich nicht länger an den Polen »männlich-weiblich« verorten lässt. Damit wird Gender zum instabilen und kontingenten Konzept, das nicht mehr ohne weiteres als Analysekategorie gebraucht werden kann.

Die Intention, die mit einem solchen Konzept verfolgt wird, ist die Nicht-Wiederholung der gesellschaftlichen Strukturen, die Unterdrückungsverhältnisse mit Hilfe bestimmter Vorstellungen geschlechtlicher Identität (nämlich normiert, dual und heterosexuell) hervorgebracht haben. Diese Nicht-Wiederholung wird weitergeführt in einer beabsichtigten Verwirrung und einer »Sabotage« der jeweiligen Geschlechtszuweisungen. Spinnt man diesen Gedanken weiter, erscheint Gender als Ausdruck eben jener Ordnung, die es feministisch zu überwinden gilt, so dass sich letztlich Gender überflüssig machen würde und als Kategorie auflösen könnte.

8.3 Gender in Auflösung?

Die Vorstellung von Gender als aufzulösendem Konzept ist jedoch nicht neu: Gayle Rubin griff Gender im Sinne einer zu überwindenden Zwangsordnung bereits 1975 an: »Wir (sollen) nicht die Eliminierung von Männern anstreben (...), sondern die Eliminierung des sozialen Systems, das Sexismus *und Gender* hervorbringt« (Rubin 1975: 54, Hervorhebung R.F.). Ähnlich argumentiert Thürmer-Rohr: »Geschlecht ist – perspektivisch – eine aufzulösende Kategorie« (1995: 89). Dies sei »Konsequenz aus der Einsicht in die soziale Konstruktion der Zweigeschlechtlichkeit« (ebd.). Auch Judith Lorber hebt diese Ambivalenz von Gender hervor. Sie spricht von einem »Gender-Paradox« (1999), da Gender als soziale Institution besteht und die Gesellschaft auf allen Ebenen strukturiert. In diesem Sinne ist Gender eine zu überwindende Struktur. Andererseits erkennt Lorber die Ambivalenz an, die sich mit einem solchen Gender-Konzept als aufzulösende Kategorie ergibt, denn: »Das erste und oberste Paradox von *gender* ist, daß die Institution, ehe sie abgebaut werden kann, erst einmal ganz sichtbar gemacht werden muß (...)« (Lorber 1999: 52, Hervorhebung im Original). Das heißt, dass die Analyse von Geschlechterverhältnissen mit Hilfe von

Gender als Unterscheidungskategorie weiterhin notwendig ist, um Gender als Gesellschaftsordnung zu benennen und eingelagerte Machtverhältnisse abzubauen.

9. Diskursive Konstruktionen von Gender

Es zeigt sich, dass Gender als Schlüsselbegriff feministischer Ansätze auf sehr verschiedene Art und Weise aufgefasst, gebraucht bzw. konstruiert wurde – auch um innerhalb des Wissensraumes »feministische Theorieansätze« (letztlich) politische Kämpfe auszutragen. Die unterschiedlichen Bedeutungen von Gender spiegeln Auffassungen von der Welt, die wiederum einen theoretischen Subtext transportieren. Villas Eingangszitat »Ein Wort anzubieten bedeutet, eine Welt anzubieten« (2000: 127) trifft auch für Gender zu, da die hier beschriebenen Kontroversen um den Begriff sehr unterschiedliche Weltsichten spiegeln. Um diese »Gender-Welten« zu strukturieren, wird hier der Gender-Diskurs in zwei Schritten zusammengefasst: 9.1 Gender im Verhältnis zu Sex und 9.2 verschiedene Bedeutungsdimensionen von Gender.

9.1 Sex – Gender: Genese der Konstruktionen

Aus der Begriffsgeschichte von Gender lässt sich zusammenfassend das Verhältnis der Kategorien Sex und Gender zueinander – das sich wie ein roter Faden durch die Theorie zieht – verdeutlichen; dies dient vor allem der weiteren Systematisierung von Gender-Theorie zum Zweck der Diskursanalyse der entwicklungspolitischen Praxistheorie zu Gender.

Stellte anfänglich die klare Abgrenzung von Sex ein konstituierendes Element für die Begriffsbildung von Gender dar, haben feministische Ansätze diese Unterscheidung immer wieder mit unterschiedlichen Intentionen verwischt: Zunächst durchbrechen Differenzfeministinnen die Grenze von Sex und Gender, indem sie Gender als von Sex (mit)determiniert darstellen und biologische Faktoren auf Verhalten zurückwirken lassen. Dies bestreiten sozialkonstruktivistische Autorinnen vehement und bestehen auf der Trennung zwischen Sex und Gender, wobei die soziale Konstruktion auf verschiedenen sozialen Ebenen zum Dreh- und Angelpunkt feministischer Arbeit wird. Auf Sex begründete Zweigeschlechtlichkeit bleibt der Vorstellung von Gender jedoch immanent. Gender als grundlegende soziale Kategorie wird dann relativiert, da sie auch immer mit anderen Kategorien verschränkt ist und sich die Frage stellt, welches Gewicht Gender gegenüber anderen Kategorien wie Klasse, Herkunft, Alter, sexuelle Orientierung u.a. hat. Einen neuen Angriff erfährt das Begriffspaar Sex-Gender durch die Infragestellung der Kategorie Sex, deren »Natürlichkeit« bestritten wird, auch Sex wird damit in den Raum der Konstruktion geholt, Sex wird zur »gendered category«. Dies ist ein Angriff auf die – bisher aus strategischen Gründen stark gemachte – Unterscheidung zwischen Sex und Gender, jedoch aus einer anderen Denkrichtung als jener, die früher in determinierender Manier biologische Faktoren betonte.

9.2 Gender: Bedeutungsdimensionen

Aus den bisher beschriebenen Aussagen, die der feministische Theoriediskurs zum Begriff Gender gemacht hat und die bis hierher skizziert wurden, kann eine Klassifizierung von Gender-Konzepten abgeleitet werden. Fünf wichtige Bedeutungsdimensionen sind dabei zu nennen und werden im Folgenden beschrieben. Dies dient dem Zweck der Analyse von Texten des entwicklungspolitischen Gender-Diskurses im nächsten Kapitel, da von diesen verschiedenen Konzepten ausgehend konkrete Fragen für die inhaltliche Analyse zum Beispiel von Gender Training-Handbüchern abgeleitet werden können.

Dabei werden aufgezeigte Spannungsfelder innerfeministischer Debatten durch eine polarisierende Darstellung verdeutlicht. Eine solch schematische Aufarbeitung der Gender-Diskurse entspricht nicht der Ausdifferenziertheit, mit der die Debatten jeweils geführt werden, sie ist jedoch notwendig, möchte man einen strukturierenden Blick auf den entwicklungspolitischen Diskurs werfen.

a) Eine erste Unterscheidung findet sich in der grundsätzlichen Herangehensweise von Texten an die Kategorie Gender. In vielen Texten wird Gender nicht definiert oder näher erläutert, implizit wird angenommen, es gäbe hier keinen Erklärungsbedarf bzw. der Begriff erkläre sich selbst. Aus dem Kontext lässt sich jedoch oft ersehen, dass dort, wo früher der Begriff Sex zu finden war, dieser nun lediglich durch Gender ersetzt wurde, ohne dass inhaltliche Unterschiede sichtbar werden. Erschließen lässt sich, dass es um die Unterscheidung zwischen Frauen und Männern geht, wobei Gender als Unterscheidungskategorie fungiert. Gender ist dann oftmals auch ein Instrument, das für Untersuchungen zur geschlechtlichen Differenzierung verwendet wird, also ein analytisches Werkzeug. Andere – mehr erkenntnistheoretisch ausgerichtete – Texte greifen Gender als Untersuchungsgegenstand selbst auf, sie gehen explizit darauf ein, dass Gender zu problematisieren ist, da der Begriff vor dem Hintergrund verschiedener Annahmen und mit verschiedenen Intentionen gebraucht wird. Hier wird der kritischen Anmerkung Bourdieus entsprochen, dass der (dort: männliche) Analytiker dazu neige »(...) Wahrnehmungs- und Denkkategorien als Erkenntnismittel zu verwenden, die er als Erkenntnisgegenstände zu behandeln hätte« (1997: 153). Arbeiten, die letzteres anstreben sind im Bereich der Gender-Theorien anzusiedeln. Sie wurden vor allem in den 90er Jahren produziert, allerdings finden sich frühe Gender-Theorien auch in den 70er und 80er Jahren. Es wird hier also zunächst die grundsätzliche Unterscheidung von *expliziten* und *impliziten Gender-Konzepten* eingeführt. Für eine Analyse von Texten ergibt sich hieraus die Frage, ob und wie Gender definiert wird oder auch ob und in welcher Form der Begriff als solcher problematisiert und kritisch diskutiert wird.

b) Vorstellungen von Gender unterscheiden sich auch darin, dass sie verschiedene Ursachenfelder für die Entstehung von Geschlechterdifferenzen ausmachen und zum Gegenstand ihrer Analyse machen: Für die einen sind es vor allem *materielle* und *ökonomische* Faktoren, die zur Konstitution von Gender führen (z.B. Arbeitsteilung). Andere betonen vor allem *symbolische* Dimensionen von Gender: die diskursive Konstruktion von Männern und Frauen durch Bezeichnungsprozesse (vgl. auch de Lauretis 1987). Die unterschiedlichen Blickwinkel, die hier vorliegen, konstituieren sich auf unterschiedlichen sozialen Ebenen und sind nicht selten der jeweiligen Disziplin der Autorin/des Autors geschuldet. Eine Frage, die sich aus dieser Problematik der Ebenen ergibt, ist: Welche Phänomene und Themen werden dazu herangezogen, Gender zu erfassen oder zu erklären, welche werden entsprechend im jeweiligen Text betont und untersucht?

c) Eine weitere Unterscheidung bezieht sich auf die Prozesshaftigkeit des jeweiligen Gender-Konzepts, bzw. darauf wie flexibel Gender gedacht wird. In vielen feministischen Ansätzen fungiert Gender als feststehende Gesellschaftsstruktur, Gender ist hier eine stabile Größe, eine Gesellschaften in spezifischer Weise strukturierende Kategorie. Diese ist dann auch auf die verschiedensten gesellschaftlichen Zusammenhänge und Kulturen als Folie anlegbar und übertragbar.[65] Vor allem sozialkonstruktivistische feministische Ansätze betonen dagegen, dass Gender ein sich in permanenter Wandlung befindliches Konzept ist, sie fokussieren eher die Mikroebene eines permanenten »Doing Gender». Gender wird hier zum Prozess, der steter Wandlung unterliegt und somit auch nicht mehr ohne weiteres als stabile Analysekategorie gebraucht werden kann. Hier kann also von einem eher *statischen* gegenüber einem eher *dynamischen* Gender-Konzept gesprochen werden. Daraus ergibt sich die Frage: Wird Gender als etwas, das sich grundsätzlich wandelt, bezeichnet? Und wenn: Auf welchen Ebenen?

d) Ein Großteil feministischer Ansätze kreist ausschließlich um Gender, ohne weitere gesellschaftliche Strukturkategorien und Unterdrückungsverhältnisse zu thematisieren. Die Kritik der »Anderen« brachte aber eine neue Anforderung in den feministischen Theoriediskurs: die Verschränkung der Kategorie Gender mit anderen Kategorien zu berücksichtigen. Aus dieser Diskussionslinie ergibt sich ein Denken von Gender als *offenem* Konzept gegenüber anderen Ausgrenzungs- oder Differenzierungsachsen (vgl. auch Bandau 1999). Ich möchte deswegen hier von einem *geschlossen* und einem *offenen* Gender-Konzept, bezogen auf weitere Kategorien wie beispielsweise Klasse, ethnische Herkunft (»race«) und sexuelle Orientierung sprechen. Es ergibt sich hieraus die Frage: Kommen diese anderen Kategorien in den Texten vor, und wenn ja, wie wird Gender in Bezug gesetzt zu anderen Hierarchisierungs- bzw. Ausgrenzungskategorien?
e) Weitere Dimensionen von Gender zeigen sich, betrachtet man das Verhältnis zu Sex. Wie in a) bereits erwähnt, orientieren sich viele Gender-Konzepte an einem »Frau–Mann«-Schema. Gender ist dann entweder männlich oder weiblich. Ich möchte hier von einem *separativen* Gender-Konzept sprechen, da für dieses Verständnis von Gender zwei Pole, die sich quasi gegenüber stehen, die Grundlage bilden. Die prinzipielle Trennung zwischen »männlich« und »weiblich« wurde jedoch zunächst durch die interne Differenzierung der Geschlechtskategorien (siehe c) aufgeweicht und durch eine Betonung auf soziale Konstruktion relativiert: Auch Männer können »weiblich« sein und Frauen »männlich«. Eine »Gender-Grenze« wird dann durchlässig, obwohl sich »männlich« und »weiblich« noch gegenüberstehen. Ansätze, die dies betonen, artikulieren *transitive* Gender-Konzepte, da eine Verbindung bzw. ein Kontinuum zwischen den Polen hergestellt wird. Aber auch die Polarität bzw. der Dualismus von Gender-Modellen wurde angegriffen. Eine Vorstellung von Gender, die sich von Vorstellungen von Sex verabschiedet, kann sich konsequenterweise auch nicht mehr an einer dualistischen »Mann-Frau«-Logik orientieren: Wenn Gender wirklich *sozial* konstruiert wird, dann ließe dieses Konzept (theoretisch) *alle* Möglichkeiten offen, »Frau« oder »Mann« im jeweiligen Kontext zu füllen.[66] Dies entspricht einer Vorstellung von Gender als *multiplem* Konzept, jenseits einer separativen und auch transitiven Ordnung. Ein solches Konzept stellt gleichzeitig eine Strategie gegen das Korsett von Rollenzuweisungen dar. Es ist eine gedankliche Öffnung in einer Realität, die (auch heute noch und wohl auch in den meisten Kulturen) in oben ausgeführtem Sinn separativ strukturiert ist. Der Impetus einer solchen politischen Strategie wird in einigen Ansätzen weiter verfolgt: Gender wird zum Ausdruck und Effekt einer gesellschaftlichen Ord-

nung, die (nicht nur Frauen) ausgrenzt und die es deswegen zu überwinden gilt. Ein solcher utopischer Entwurf legt kein Gender-Konzept mehr vor, sondern möchte ohne Gender auskommen. Fragen, die sich aus dieser Dimension von Gender ergeben, sind: Inwieweit wird Gender als Struktur vorgestellt, die Personen eine geschlechtliche Eindeutigkeit auferlegt, sich also als gesellschaftliche Ordnungsfunktion erweist, mit der einzelne durchaus in Konflikt geraten können, da Abweichungen von eindeutiger geschlechtlicher Zugehörigkeit gesellschaftlich sanktioniert werden? Wird Gender in diesem Sinne thematisiert und problematisiert?

Zusammenfassend können die Bedeutungsdimensionen grob schematisch dargestellt werden:

Bedeutungsdimensionen:	**Pole:**	
Grad der erkenntnistheoretischen Thematisierung	implizit	explizit
Grad der Konkretion	materiell	symbolisch
Grad der Situativität/Variabilität	statisch	dynamisch
Grad der Thematisierung anderer Ausgrenzungskategorien	geschlossen	offen
Grad der Loslösung von der Vorstellung einer natürlichen Zweigeschlechtlichkeit	separativ dual	transitiv multipel

10. Fazit

Gender als Schlüsselbegriff der feministischen Theoriebildung ist längst nicht so eindeutig zu fassen, wie es Texte in der Regel suggerieren. Gender hat jeweils methodologische und ideologische Voraussetzungen, die in den wenigsten Texten explizit gemacht werden. Das vorliegende Kapitel hat deswegen verschiedene implizite Bedeutungsdimensionen von Gender elaboriert, um hierauf aufbauend das Diskursfeld »Gender and Development« zu untersuchen. Dabei scheint das von Judith Lorber vorgelegte Konzept der Gender-Paradoxie ein Paradigma zu sein, das verschiedene Grundströmungen und Konzeptualisierungen von Gender aufzunehmen vermag. Es bringt die in Gender immanente Ambivalenz zum Vorschein, die vor allem dekonstruktivistische Entwürfe deutlich gemacht haben. Allerdings erfordert das Anerkennen dieser Paradoxie einen Zugang zu Gender, der im Sinne der selbstreflexiven Wendung in feministischen Theorien ein Mitdenken des eigenen Begriffsapparats und der Möglichkeit von Ausschlussmechanismen erfordert. Eine zentrale These bezüglich der Analyse des entwicklungspolitischen Gender-Diskurses wird sein, dass dieser eine solche Wende nicht mitgetragen hat und somit Gefahr laufen könnte, Gender als soziale und institutionelle Struktur zu verstärken. Im weiteren Verlauf der Arbeit wird deswegen die Frage evident sein, welche Konsequenzen ein dekonstruiertes, sprich transitives/multiples Gender-Konzept für das Feld entwicklungspolitischer Gender Trainings haben kann und welche neue Denk- und Handlungsweisen sich hieraus für die Gender-Praxis eröffnen könnten, so dass der Entwurf einer reflexiven Praxistheorie entwickelt werden kann.

III. Gender in internationalen Entwicklungsdiskursen

»Entwicklungsplanung ist nicht einfach eine technokratische Reaktion auf neutral gegebene Imperative, sie ist ebenso ein Prozess des Ringens um Konzepte, Bedeutungen, Prioritäten und Praktiken, die selber aus den im Wettstreit liegenden Weltbildern über die letztendlichen Ziele von Entwicklung resultieren.«
Naila Kabeer (1994: 289)

Sonia Corrêa, Aktivistin des Südfrauennetzwerkes *Development Alternatives with Women for a New Era* (DAWN) stellt fest: »(...) in allen Ländern ist der Begriff ›Gender‹ heute in der Sprache der Politiker/innen, NROs und Medien allgegenwärtig«. Sie sieht hierin eine »semantische Revolution« (Corrêa 1998: 3) und eine Entwicklung, zu der bi- und multinationale Entwicklungspolitik, global agierende Frauennetzwerke und das UN-System beigetragen hätten.

Im deutschsprachigen Raum wurde der Begriff Gender spätestens seit Anfang der 90er Jahre in den entwicklungspolitischen Sprachschatz aufgenommen. Während das Bundesministerium für Familie, Senioren, Frauen und Jugend (BMFSJ) erst im Jahr 2000 begonnen hat, »Gender Mainstreaming« in die bundesdeutsche Politik und Verwaltung zu tragen, gab es bereits Mitte der 90er Jahre entsprechende Konzeptpapiere entwicklungspolitischer Durchführungsorganisationen, die auf englischsprachigen Dokumenten basieren (vgl. Kapitel III.5). Sie verfolgen das Ziel, Gender zum integralen Bestandteil der Arbeit der Organisation zu machen, zum Beispiel auf Projekteebene (vgl. GTZ 1995b) oder für die Länderstrategien (vgl. GTZ 1996c). Mit dem »Gleichberechtigungskonzept« des BMZ von 1997 (2001 erschien eine überarbeitete Fassung) besteht eine Umsetzungsvorlage für die bundesdeutsche Entwicklungspolitik, die sich explizit aus Gender ableitet:

> »Das Gleichberechtigungskonzept geht vom sozialen Geschlecht (engl.: *gender*) aus, also den gesellschaftlich bestimmten Rechten und Pflichten von Frauen und Männern. Diese sind im Gegensatz zu den biologisch festgelegten Geschlechterrollen veränderbar und unterliegen einem ständigen Wandel« (BMZ 1997: Zusammenfassung, Hervorhebung im Orig.).

Dieses Zitat macht bereits deutlich, dass sich der entwicklungspolitische Praxis-Diskurs explizit auf ein bestimmtes Gender-Konzept bezieht, dies gilt es hier weiter zu behandeln. Dabei versteht sich die vorliegende Arbeit nicht als Evaluierung der Umsetzungsbemühungen von politischen Konzepten, hier werden lediglich erkenntnistheoretische Grundlagen, der »Subtext« entwicklungspolitischer Planung und Umsetzung, untersucht.[67] Dennoch ist evident, dass das Aufgreifen spezifischer Theoriestücke in Politikkonzepten wie dem »Gleichberechtigungskonzept« des BMZ Auswirkungen auf die Umsetzung von »Geschlechterpolitik« hat: So beinhaltet benanntes Gleichberechtigungskonzept im Anschluss an die Unterscheidung zwischen biologischem und sozialem Geschlecht Handlungsanleitungen zur geschlechterdifferenzierenden Planung, Durchführung und Auswertung entwicklungspolitischer Projekte und Programme. Anhand dieser Instrumente soll festgestellt werden können, ob die jeweilige entwicklungspolitische Maßnahme »die Kluft zwischen Frauen und Männern [verringert oder vergrößert]« (ebd.).

Das BMZ-Konzept, das in Kapitel III.4.1 ausführlich behandelt wird, ist für staatliche Entwicklungsagenturen verbindlich, für NRO gilt es als Orientierungsrahmen. In keinem anderen Politikbereich der Bundesrepublik findet sich eine derart frühe und auch starke Thematisierung von Gender.[68] Dieser »Vorsprung« des entwicklungspolitischen Feldes erklärt sich aus der Nähe zu internationalen Organisationen wie zum Beispiel den UN-Institutionen, die bereits in den 80er Jahren entprechende Ansätze entwickelten und verfolgten (vgl. Bliss u.a. 1994: 87f.). Dieses *agenda setting* entwickelte international eine gewisse diskursive Sogkraft, auch Gender-Akteurinnen deutscher entwicklungspolitischer Institutionen konnten so auf Dokumente und Ansätze zurückgreifen, um Gender-Politik in ihren Institutionen als Qualitätsstandard zu definieren. Insbesondere die Deutsche Gesellschaft für Technische Zusammenarbeit (GTZ) spielt hier eine Vorreiterinnenrolle (vgl. GTZ 2001a).

Im Mittelpunkt dieses Kapitels steht die Untersuchung von Gender-Konzepten in entwicklungspolitischen Gender-Diskursen anhand der oben entwickelten Dimensionen von Gender. In einem ersten Schritt (Kapitel III.1) wird der Frage nachgegangen, wie es zu der von Corrêa konstatierten »semantischen Revolution« – die in der Regel als »Paradigmenwechsel« bezeichnet wird – kam: Warum und in welcher Weise löste im Feld der Entwicklungspolitik »Gender and Development« (GAD) »Women in Development« (WID) ab? Wie unterscheidet sich GAD von WID? Wie kommt das Konzept Gender im Diskursstrang GAD vor? Diese Ausführungen dienen zunächst der Situierung des entwicklungspolitischen Gender-Diskurses.

Eine Hypothese ist hier, dass das Konzept Gender in erster Linie aus politisch-strategischen Gründen von frauenpolitisch aktiven ›*internal advocates*‹ (Razavi 1997) in entwicklungspolitische Institutionen eingebracht wurde und dass der Interpretationsspielraum des Gender-Konzeptes, der sich aus der Verschiedenheit der Dimensionen von Gender ergibt, taktisch genutzt wurde, um ein Einfallstor für emanzipatorische Politik zu öffnen. Das strategische Element der Einführung von Gender in den entwicklungspolitischen Diskurs ist seine Funktion als »Kontrastmittel« zur Frauenförderung, die ab einem bestimmten Zeitpunkt auf Hindernisse innerhalb der Organisationen stieß. Ist jedoch die Unterscheidung zwischen WID und GAD, wie sie in offiziellen Dokumenten hervorgehoben wird, wirklich scharf? Oder ist eine Kontinuität festzustellen, was den Umgang mit Gender als Konzept angeht? In diesem Fall wird anzunehmen sein, dass GAD auf die gleichen Grenzen stoßen wird wie WID (vgl. auch Stielau 2000: 96). Hier ergibt sich die Frage, ob eine Neufassung von Gender im Sinne oben aufgezeigter neuerer Theorieströmungen es ermöglichen könnte, neue Impulse zu geben (vgl. Wieringa 1997).

Die Untersuchung von Einführungs- oder Grundlagentexten des internationalen feministischen Entwicklungsdiskurses bildet einen ersten diskursanalytischen Schritt dieses Teils der Arbeit (Kapitel III.2). In einem zweiten Schritt (Kapitel III.3) werden Ansätze der Gender-Analyse untersucht. Die Textauswahl orientiert sich an einer Bestandsaufnahme gängiger Analyse-Ansätze auf der Umsetzungsebene nach March u.a. (1999) sowie dem Trend, die Ebene der Institutionalisierung von Gender für Organisationen und Sektoren zu berücksichtigen (vgl. Taylor 1999). Ein Exkurs zum Thema Gender und Partizipation trägt der Tatsache Rechnung, dass es im Rahmen von Gender-Analysen auf der so genannten ›Zielgruppen‹-Ebene wichtige Überschneidungen des Gender-Diskurses und des Partizipationsdiskurses gibt.

Neben den Gender-Analyse-Ansätzen beinhaltet das GAD-Instrumentarium Gender Training-Ansätze, die in Kapitel III.4 behandelt werden. Hauptgrundlage für die Untersuchung sind hier Handbücher für Gender Trainings; sie bieten sich für diesen Zweck an, da sie erarbeitet wurden, um den entwicklungspolitischen Gender-Diskurs intern zu vermitteln und zu multiplizieren. In der Regel enthalten sie auch die verschiedenen Gender-Analyse-Ansätze zur praktischen Umsetzung von GAD. Mit Naila Kabeer fasse ich Gender Training als »Entwicklungspraxis« (1994: 264) auf. Sie betont, dass das, was als »Gender-Perspektive« angesehen wird, je nach Trainingsmethodologie variiert (ebd.), insbesondere, was die jeweilige Gewichtung innerhalb der Trainings auf »Effizienz, Gleichberechtigung und Empowerment« (ebd.: 265) angeht. Solche Unterschiede reflektierten »›verschiedene Denkweisen‹ über Gender und Entwicklung, die in verschiedenen Trainingsansätzen verankert sind« (ebd.: 265). Sie seien durch die Widerstände von Institutionen (vor allem Entwicklungsbanken) geprägt, aber auch durch die Debatten innerhalb des GAD-Diskurses, wobei das eine das andere bedinge (vgl. ebd.).

Die Auswahl der Handbücher erfolgt nach Bekanntheitsgrad, wobei hier zurückgegriffen wird auf vorhandene Systematisierungen (vgl. zum Beispiel

Kabeer 1992b und March/Smyth u.a. 1999) sowie auf die Ergebnisse der im Rahmen der vorliegenden Arbeit durchgeführten Umfrage unter deutschen Gender-Trainer/innen. Die Ergebnisse dieser Befragung und die entsprechende Analyse der Gender-Konzepte werden in Kapitel III.4.2 vorgestellt.

Während sich die Analyse von Gender-Ansätzen auf Handbücher stützt, die zunächst unabhängig von ihrem institutionellen und nationalen Kontext untersucht werden, untersuche ich die bundesdeutsche staatlich geförderte Entwicklungspolitik anhand der Gender-Konzepte des BMZ und der Durchführungsorganisationen wie z.B. GTZ und DED (Kapitel III.5). Diese Konzeptpapiere stellen vielfach Bezüge zum internationalen Gender-Diskurs her. Dabei wird allerdings genauer zu ermitteln sein, *welche* Gender-Konzepte aus der internationalen Diskussion in den bundesrepublikanischen Kontext transferiert werden und welche der in Kapitel II der Arbeit eruierten Gender-Konzepte in Strategiepapieren von Gender-Politikkonzeptionen fehlen.

Ziel dieses Hauptkapitels ist die Analyse der Gender-Dimensionen im Entwicklungsdiskurs: Welche der im vorangegangenen Kapitel erarbeiteten Bedeutungsdimensionen (vgl. Kap. II.8.2) kommen in welcher Form im »Gender and Development«-Diskurs vor und welche nicht? Das heißt: Welchen »theoretischen Subtext«[69] hat GAD? Finden wir Gender im Entwicklungsdiskurs eher als implizites oder explizites, als materielles oder symbolisches, als statisches oder dynamisches, als offenes oder geschlossenes, als separatives oder transitives, als duales oder multiples Konzept vor? Damit zusammenhängend wird zu beantworten sein, ob im entwicklungspolitischen Diskurs Gender auch als Strukturkategorie zur Sprache kommt. Wird der Gedanke einer Überwindung von Gender zugelassen?

1. »Women and Development« versus »Gender and Development«? Was hat »GAD«, das »WID« nicht hat?

»(...) die angegebenen Kennzeichen von GAD (sind) in erster Linie geeignet, Auskunft über die Absichten und politischen Positionen ihrer Befürworterinnen zu geben« (Stielau 2000: 97).

Der Begriff Gender wurde im Rahmen des »Gender and Development« (GAD)-Paradigmas im Laufe der 80er Jahre in den entwicklungspolitischen Diskurs eingeführt. GAD ist – wie auch WID – eine Kritik an bestehender entwicklungspolitischer Theorie und Praxis. Um zu verdeutlichen, was das »Gender and Development«-Paradigma ausmacht und was in diesem Kontext unter Gender zu verstehen ist, werden an dieser Stelle verschiedene Ansätze feministischer Entwicklungskritik diskutiert. Es wird den Fragen nachgegangen, wie diese sich jeweils voneinander abgrenzen und welche Spezifika die jeweiligen Vertreter/innen »ihrem« Ansatz jeweils zuschreiben.

Zunächst ist festzustellen, dass gerne eine kontrastierende Gegenüberstellung von WID und GAD gewählt wird (vgl. Young 1993: 127f.). In anderen Publikationen wiederum verschwimmen die Unterschiede zwischen WID und GAD (z.B. bei Jahan 1995). Vertreterinnen von GAD konturieren WID als einen (an liberalfeministische Ansätze angelehnten) Integrationsansatz, der eher wenig konfrontativ sei und auf eine bessere Verwertung weiblicher Arbeitskraft für ein modernistisches Entwicklungsmodell abziele. »Gender and Development« wird hingegen als ein tiefer greifender und mit höherer Transformationskraft ausgestatteter Ansatz bezeichnet, der zudem mit einem »Empowerment«[70] von Frauen einherginge (vgl. z.B. Andorfer 1995). Eine solch simplifizierende Gegenüberstellung vernachlässigt jedoch einige »Nebenzweige« der Debatte. So etablierten andere Autorinnen »Women *and* Development« (WAD) (Rathgeber 1990, Acosta-Belén/Bose 1990) sowie »Women Ecology Development« (WED) (Braidotti et. al. 1994).[71] Wie zu zeigen sein wird, hat insbesondere WAD viele Impulse für das spätere GAD-Paradigma gegeben. WID wiederum hatte sich in den 70er Jahren vor allem im Kontext der Entwicklungsstrategie der Grundbedürfnisbefriedigung entfaltet, wies aber später Variationen auf, zum Beispiel im Rahmen neoliberaler Strategien (vgl. Moser 1993: 55f., Andorfer 1995: 14f.). So wären dann WID und GAD eher als ein Kontinuum denn als ein Gegensatz zu denken.

Zunächst soll jedoch an dieser Stelle der erkenntnistheoretische Status von GAD und WID geklärt werden, die bei vielen Autorinnen als Ansatz oder Paradigma bezeichnet werden. Da es mir hier um entwicklungspolitische Diskurse geht, fasse ich zunächst die Gesamtheit der zur Sprache kommenden Ansätze als *feministischen Entwicklungsdiskurs*. Die innerhalb dieses Diskurses konkurrierenden »Paradigmen« bezeichne ich als *Diskursstränge*, wobei im vorliegenden Kapitel insbesondere der Diskursstrang GAD einer Analyse unterzogen wird. In vielen Publikationen ist im Gegensatz dazu von »dem Gender-Ansatz« die Rede, wenn es um GAD geht. Dies ist zumindest verwirrend (wenn nicht falsch), da es heute verschiedene, miteinander konkurrierende GAD-Ansätze gibt (vgl. z.B. March/Smyth u.a. 1999). Fünf dieser Gender-Analyse-Ansätze werden in Kapitel III.3 vorgestellt.

1.1 Women in Development (WID)

Zunächst kann WID als Kritik an einem Entwicklungsmodell gesehen werden, das die ökonomische Rolle von Frauen in Entwicklungsprozessen ausblendet. Ausgangspunkt und maßgebliche Argumentationshilfe für die Ver-

Verbreitung von WID war die Studie von Ester Boserup »Women's Role in Economic Development« (1970) (vgl. Rathgeber 1990: 490, Braidotti u.a. 1994: 79f., Tinker 1990: 30). Boserup stellt fest, dass Modernisierungsprozesse der 1960er Jahre für Frauen ausschließende Effekte hatten, da Frauen im Rahmen der zu jener Zeit dominierenden Entwicklungsstrategien der Technisierung und des Wachstums nicht berücksichtigt wurden, was dazu führte, dass sie im Vergleich zu Männern schlechter gestellt wurden (vgl. Boserup 1970: 5). Dies stellt eine spezifische Kritik an Modernisierungstheorien dar: Der in modernisierungstheoretischer Logik erwünschte *»trickle down«*-Effekt, der dafür sorgen sollte, dass die Bevölkerung Nutzen aus Modernisierung zieht, fände nur für Männer statt. Als Gegenstrategie zielt Boserup auf eine »Integration« von Frauen in Entwicklungsprozesse ab. Dieses Ziel drückt sich durch die Bezeichnung »Women IN Development« aus.[72]

Ausgehend von Boserups Integrationsvorstellung differenzierten sich verschiedene WID-Stränge mit unterschiedlichen Umsetzungsstrategien zur Erreichung dieses Zieles aus. Tinker nennt Gleichberechtigung (»Equality«), Bildung, Beschäftigung und Empowerment als jeweils unterschiedliche Aspekte von WID (vgl. ebd.: 33f.). Auch Antrobus (1989: 189) verortet Empowerment innerhalb des WID-Feldes. Caroline Moser differenziert WID in WID-*Equity* (als den originären WID-Ansatz), WID-*Anti-Poverty* und WID-*Efficiency* (Moser 1993: 62f.). Empowerment verortet sie dagegen nicht innerhalb von WID, sondern beschreibt es als Entwicklung aus der Unzufriedenheit über WID als Gleichheits (Equity)-Ansatz (ebd.: 74).

Allen WID-Strömungen gemeinsam ist das Instrumentarium der Frauenförderung, vor allem die Schaffung von Frauenprojekten zur Einkommensbeschaffung bzw. -aufstockung. Es handelt sich dabei um einkommensschaffende Projekte, die an der Basis angesiedelt waren bzw. sind und die mit wenig planerischem und finanziellem Aufwand ins Leben gerufen werden können (vgl. Tinker 1990: 37f.). Dies geht Hand in Hand mit dem insbesondere in den 70er Jahren populären Paradigma der Befriedigung von Grundbedürfnissen (basic needs appraoch) sowie der Strategie der »Hilfe zur Selbsthilfe« (kritisch vgl. Lühr 1987, Bruchhaus 1988). Institutionell abgestützt und forciert wurde WID durch die Installierung entsprechender Strukturen innerhalb des UN-Systems bzw. der Weltfrauenkonferenzen 1975, 1980 und 1985 und der Dekade der Frau von 1975 bis 1985 (vgl. Pietilä/Vickers 1996: 75f.). Ein Merkmal von WID ist aber auch die Schaffung von flankierenden Strukturen, so genannter WID-Desks. Hier wurden also mittelbar frauenpolitische Strukturen und teilweise auch zuarbeitende Frauen-NRO gefördert, die weiterhin als Akteurinnen nationaler und internationaler Frauenpolitik fungieren.[73]

Das Aufkommen von WID ist auch im Kontext internationaler Frauenbewegungspolitik und der entsprechenden Machtdynamiken zwischen Nord und Süd zu verstehen. Der Terminus »WID« wurde von entwicklungspolitisch professionalisierten Frauen Anfang der 70er Jahre im US-amerikanischen Kontext geprägt.[74] Razavi und Miller (1995a) sehen insbesondere eine Gleichzeitigkeit der WID-Agenda und liberalfeministischer Bestrebungen in den USA, sie erklären den Fokus von WID auf »produktive« bzw. Erwerbsarbeit damit, dass in den USA zu dieser Zeit berufliche Chancengleichheit weit oben auf der Agenda der Bewegung stand (ebd.: 6f.).[75] Tinker (1990) befasst sich mit den Wurzeln von WID in der US-amerikanischen Frauenbewegung, der sie ein »(...) Erbe der Suffragetten in ihrem Interesse um Gleichheit vor dem Recht und größeren Zugang von Frauen zu Bildung« (ebd.: 28) zuspricht. Gerade dieser Entstehungskontext ist Ausgangspunkt für die Kritik an WID. Die Dominanz und Definitionsmacht westlicher und insbesondere US-amerikanischer professioneller Aktivistinnen wurde im Verlauf der 80er Jahre und insbesondere im Rahmen der Weltfrauenkonferenz in Nairobi 1985 durch Akteurinnen aus dem Süden in Frage gestellt. Ein Papier des Südfrauennetzwerkes DAWN, das auf dieser Konferenz vorgelegt wurde und das für den internationalen Frauenbewegungsdiskurs heute als Meilenstein eingeschätzt werden kann, artikulierte diese Kritik (Sen/Grown 1987, vgl. Kerner 1999). Kernpunkt ist dabei die Umkehrung der Vorstellung von Integration: Es gehe nicht darum, die Lebensweise von Frauen dem bestehenden Entwicklungsmodell anzupassen, sondern vielmehr um ein alternatives Entwicklungsparadigma im Rahmen einer »Feminisierung von Entwicklung« (vgl. Wichterich 1987). Auch Connelly u.a. (2000) verorten WID in konventionellen Modernisierungstheorien im Sinne nachholender Entwicklung[76] und konstatieren: »WID repräsentiert ein Zusammenkommen von Modernisierungs- und liberal-feministschen Theorien« (ebd.: 57). Rathgeber kritisiert WID als »modernistischen und nicht-konfrontativen« Ansatz (Rathgeber 1990: 491), der ahistorisch sei und die Einflüsse von Klasse, »race« und Kultur übersehe; sie definiert WID als »die Integration von Frauen in globale Prozesse ökonomischen, politischen und sozialen Wachstums und Wandels« (ebd.: 1990: 489). Nicht ohne ironischen Unterton konstatiert sie: »Es [WID, Anm. R.F.] basiert auf der Annahme, dass Gender-Beziehungen sich von selber ändern werden, sobald Frauen sich zu gleichwertigen ökonomischen Partnern in der Entwicklung entfalten« (Rathgeber 1990: 492).

Das gängigste Umsetzungsinstrument von WID auf Projektebene, die Frauengruppe, ist entsprechend problematisiert worden: Auch hier ginge es vor allem um Effizienz, das ökonomische Potential von Frauen werde damit nur weiter ausgebeutet. Empirische Untersuchungen belegen diesen Effekt. Frauenselbsthilfeprojekte führten teilweise dazu, dass Frauen mehr Arbeit leisteten, der ökonomische wie auch der politische Nutzen für sie jedoch nur äußerst gering ausfiel (vgl. z.B. Frey 1994). Allerdings weist Moser darauf hin, dass es im Rahmen von WID als Gleichberechtigungsansatz

(*Equity Approach*) auch um die rechtliche Gleichstellung von Frauen ginge und es hier durchaus konkrete rechtliche Verbesserungen für Frauen gegeben habe (Moser 1993: 66). Überhaupt ignoriert die Kritik an WID oft die durchaus kritische Haltung von frühen WID-Ansätzen hinsichtlich modernisierungstheoretischer Parameter und homogenisiert WID und die Strukturen, die im Rahmen dieser Methodologie geschaffen wurden, zu einem ökonomischen Ansatz im engeren Sinne. Einerseits wird WID beschrieben als Entwicklungsparadigma, das mit zu wenig Transformationskraft ausgestattet sei, andererseits wird WID auf institutioneller Ebene als doch konfrontativer Ansatz eingeschätzt: Innerhalb entwicklungspolitischer Organisationen sei WID vielfach auf Widerstand gestoßen (Connelly u.a. 2000: 57).

Die Kritik an WID sollte also differenziert und im jeweiligen Kontext betrachtet werden: Insbesondere GAD-Vertreterinnen haben sich teilweise polarisierend von WID distanziert mit dem strategischen Ziel, ihren eigenen Ansatz stark zu machen. Die Frage, die sich aus dieser Debatte ergibt, ist, ob innerhalb der GAD-Methodologie Ansätze und Konzepte zum Tragen kommen, die weiter gehender und transformativer sind als liberalfeministische Ansätze und Konzepte. GAD wird also weiter unten noch daraufhin zu analysieren sein, ob selbstdeklarierte Ansprüche eingelöst werden können. Die Polarisierung WID versus GAD[77] nimmt zudem die anderen Diskursstränge WAD und WED nicht zur Kenntnis, die dem feministischen Entwicklungsdiskurs, wie nunmehr gezeigt werden wird, ebenfalls wichtige Impulse liefern konnten.

1.2 Women and Development (WAD)

Während WID als Integrationsparadigma gilt, das vor allem einem liberalfeministischen Gedankengut entspringt, wurde WAD aus der Kritik hieran entwickelt und stellt einen eher marxistisch-feministischen Ansatz dar. So drückt die Wortwahl »Women AND Development« eine kritische Distanz zu den vorherrschenden modernistischen Vorstellungen von Entwicklung aus.[78] Rathgeber verweist darauf, dass der Diskursstrang WAD, der in der zweiten Hälfte der 70er Jahre entstand, wichtige Impulse aus der Dependenztheorie erhielt.[79] WAD-Protagonistinnen zeigen, dass Frauen schon immer eine wichtige Rolle in ökonomischen Prozessen spielten und führen damit die Vorstellung der Integration von Frauen in ökonomische Prozesse ad absurdum (vgl. Wichterich 1987). Entsprechend marxistischer Theorien besteht bei WAD eine starke Thematisierung von Klassenstrukturen sowie das Bemühen um eine kritische Analyse historischer Prozesse, insbesondere des Kolonialismus sowie dessen Fortführung in globalen Ausgrenzungsstrukturen. Strategien für die Verbesserung der Situation von Frauen sind entsprechend nicht mehr – wie bei WID vorgesehen – auf einer Projektebene zu finden, vielmehr sind es globale Parameter, die der Veränderung bedürfen (vgl. Rathgeber 1990: 492f.). Insofern ist der WAD-Diskurs stark in der in den 80er Jahren dominanten Debatte um die negativen Auswirkungen makroökonomischer Maßnahmen (Strukturanpassungsmaßnahmen) und der feministischen Kritik an denselben verankert (vgl. z.B. Elson 1991) sowie in neueren Ansätzen zu Globalisierung (vgl. Young 1998). Mit diesen Schwerpunktsetzungen korrespondiert WAD mit der Kritik, die das Südfrauennetzwerk DAWN vorbringt, und wird entsprechend innerhalb dieses Diskursstranges verortet (vgl. Young 1993: 133) – allerdings bezieht sich DAWN nicht explizit auf WAD-Autorinnen (vgl. Sen/Grown 1987, vgl. Wichterich 1987: 138f.).[80] Da WAD nicht auf klassische Entwicklungsprojekte setzt bzw. keine Instrumente für Entwicklungsagenturen zur Verfügung stellt, sondern eher auf eine Unterstützung autonomer Frauenorganisationen abzielt, spielte WAD im entwicklungspraktischen Diskurs eine untergeordnete Rolle, hatte aber großen Einfluss auf den GAD-Diskurs, da zum Beispiel Akteurinnen, die sich explizit im WAD-Diskurs verorten (bspw. die Brightoner SOW-Gruppe), zur Popularisierung des Gender-Konzepts im Entwicklungsdiskurs beigetragen haben.

1.3 Women, Environment, Development (WED)

Anknüpfend an ökofeministische Ansätze haben Rosi Braidotti, Ewa Charkiewicz, Sabine Häusler und Saskia Wieringa mit ihrem Band »Women, the Environment and Sustainable Development. Towards a Theoretical Synthesis« (1994) einen theoretisch fundierten Entwurf von »Women, Environment, Development« (WED) vorgelegt. Allerdings wird auch WED innerhalb des entwicklungspolitischen Diskurses – vor allem in implementierungsnahen Veröffentlichungen – wenig thematisiert.[81] Braidotti u.a. sehen WED als eine Synthese von WID und dem Diskurs zu Umwelt und Entwicklung. Insbesondere im Kontext der Weltumweltkonferenz der UN in Rio 1992 haben verschiedene soziale Bewegungen aus dem Norden sowie aus dem Süden die WED-Debatte aufgegriffen und dem Paradigma zu einer neuen internationalen Bedeutung verholfen (vgl. ebd.: 77). Dabei ist WED im Norden vor allem durch die ökofeministische Bewegung beeinflusst worden, im Süden vor allem durch Bewegungen wie das *Green Belt Movement* in Kenia, das die Umweltaktivistin Wangari Maathai ins Leben gerufen hat oder das *Chipko Movement* in Indien, das stark von der Ökofeministin Vandana Shiva (siehe auch Kapitel II.4.1) beeinflusst wurde.

WED benutzt vor allem das Konzept der Nachhaltigkeit, um das dominante Modell von nachholender Entwicklung zu kritisieren, wobei von einem spezifischen Verhältnis von Frauen zur Umwelt ausgegangen wird und insbesondere eine besondere Rolle von Frauen als Umweltmanagerinnen herausgestellt wird. Beeinflusst wurde dieser Diskurs von Irene Dankelmans und Joan Davidsons »Women and Environment in the Third World« (1987), das eine enge Beziehung von Frauen zur Umwelt herausstellt (Braidotti et. al. 1994: 88).

Braidotti u.a. (92f.) machen vier Hauptströmungen innerhalb von WED aus, diese lehnen sich erkennbar an feministischen Theorieansätzen an: Zunächst müsse es auf der Ebene von Entwicklungsagenturen bei Projekten stärker um Aspekte des Umweltmanagements und der Rolle von Frauen gehen. Ein zweiter Strang kritisiert grundsätzlich die Vorstellung von (westlicher) Entwicklung aufgrund der Effekte der entsprechenden Politik auf die Umwelt, auf Frauen im Generellen und auf die Menschen des Südens im Besonderen und fordert alternative Entwicklungsmodelle ein.

Ein dritter, »ökonomistischer« (ebd.: 93) Strang hat vor allem Frauenarbeit und Umweltmanagement durch Frauen im Blickfeld, wobei die geschlechtsspezifische Arbeitsteilung im Kontext einer patriarchalen Struktur begründet wird. Ein weiterer, eher »kultureller« (ebd.) Strang knüpft an die Prämissen der kulturellen Feminismen (vgl. Kapitel II.4) an und sieht die geschlechtsspezifische Arbeitsteilung[82] weniger als Produkt politischer Kämpfe, sondern als Ausdruck des besonderen Verhältnisses von Frauen zur Natur, das durch Reziprozität und Symbiose geprägt sei. Maria Mies und Vandana Shiva werden als besonders einflussreiche Autorinnen für WED bezeichnet, Braidotti u.a. kritisieren Shiva jedoch auch für ihren Essenzialismus[83] (ebd.: 94).

Sowohl WID als auch GAD werden von den WED-Vertreterinnen als nicht weit genug gehend eingeschätzt. WID und GAD verorteten sich innerhalb des institutionellen Rahmens von Entwicklungsorganisationen (ebd.: 81/83) und könnten das vorherrschende Entwicklungsparadigma nicht in Frage stellen.

1.4 Gender and Development (GAD)

Wie WID ist auch GAD kein Label, unter dem ein einheitlicher Ansatz gefasst werden könnte (vgl. Stielau 2000). Wird GAD allerdings eingeführt, so geschieht dies in den häufigsten Fällen durch eine Abgrenzung gegenüber WID: »GAD (...) entstand in den achtziger Jahren als eine Alternative zum früheren WID-Fokus« (Rathgeber 1990: 493). GAD fungiert als Kontrastmittel zu WID; die Schwierigkeiten mit und Defizite von WID sollen mit Hilfe von GAD überwunden werden. Es stellt sich damit die Frage, inwieweit GAD die in den »W«-Paradigmen geübte Kritik aufnimmt und verarbeitet.

Zwei Begründungsmuster stehen sich gegenüber, wenn es um die Einführung von GAD geht: Eine strategische Argumentation, die zum Beispiel Razavi und Miller (1995a) vertreten.

> »(…) der Wechsel von WID zu GAD kann als Mittel interpretiert werden, sowohl ›Frauen‹ als auch ›Gerechtigkeit‹ loszuwerden, beides Themen, die vermutlich auf eine Mauer des Widerstandes bei Entscheidungsträger/innen treffen, die vor allem an ökonomischen Fragen interessiert sind« (ebd.: 16).

Eine andere Richtung argumentiert hingegen, dass WID nicht weit genug gehe und durch einen Ansatz mit einem größeren Transformationspotential für Geschlechterverhältnisse abgelöst werden müsse. GAD-Vertreterinnen betonen, dass GAD vom sozialistischen Feminismus beeinflusst sei (vgl. Rathgeber 1990: 492 und Connelly u.a. 2000: 62) und sich durch eine »holistische Perspektive« auszeichne (Rathgeber 1990: 494): »GAD ist nicht an Frauen an sich interessiert, sondern an der sozialen Konstruktion von Gender und der Zuweisung von bestimmeten Rollen, Verantwortlichkeiten und Erwartungen an Frauen und an Männer« (ebd.). Auch thematisiert Rathgeber GAD im Kontext mit anderen Hierarchisierungskategorien und konturiert Gender damit als offenes Konzept: »Sozialistische Feministinnen und Forscher/innen, die innerhalb der GAD Perspektive arbeiten, untersuchen sowohl die Verbindungen als auch die Widersprüche zwischen Gender, Klasse, Rasse und Entwicklung. Sozialistische Feministinnen und Forscher/innen, die innerhalb der GAD Perspektive arbeiten, untersuchen sowohl die Verbindungen als auch die Widersprüche zwischen Gender, Klasse, Rasse und Entwicklung« (Rathgeber 1990: 494). Auch Moser sowie Connelly u.a. sehen bei GAD (im Gegensatz zu WID) das Merkmal der Berücksichtigung anderer Ausgrenzungskategorien: »Der GAD-Ansatz konzentriert sich auf die Verbindungen zwischen Gender, Klasse und Rasse, und der sozialen Konstruktion deren festlegender Merkmale« (Connelly u.a. 2000: 63). Vor allem aber gehe GAD weiter als WID und WAD, »indem es die zugrundeliegenden Annahmen der gegenwärtigen sozialen, ökonomischen und politischen Strukturen hinterfragt« (Rathgeber 1990: 495).

Das Hauptargument, das in nahezu allen Texten zum Paradigmenwechsel von WID zu GAD angeführt wird, ist, dass der Fokus alleine auf Frauen Grenzen habe, die mit Hilfe von GAD überwunden werden könnten (vgl. z.B. Moser 1993: 2f.). WID wird dabei als Ansatz bezeichnet, der Frauen »in Isolation« betrachte (Moser 1993: 3), WID und WAD könnten die hinter Gender-Ungleichheit (gender-inequality) liegende Struktur nicht adressieren (vgl. Connelly u.a. 2000: 62). Allerdings relativiert Moser den Unterschied zwischen WID und GAD in ihrer Arbeit zu »Gender Planning«: Sowohl WID als auch GAD konnten demnach nicht in die Praxis umgesetzt werden (ebd.: 4); sie gebraucht WID/GAD oft synonym.[84]

Ein weiteres Legitimationsmoment findet GAD mit der Betonung auf Empowerment[85], das als strategisches Ziel von GAD genannt wird.[86] Das Südfrauennetzwerk DAWN hat den Begriff Empowerment 1985 auf der Weltfrauenkonferenz in Nairobi in den internationalen Entwicklungsdiskurs gebracht, er wurde in den nachfolgenden Jahren von GAD-Vertreterinnen aufgegriffen (vgl. Kerner 1999: 61f.). So konstatieren Connelly u.a., dass GAD aus dem Süden bzw. dem DAWN-Kontext entstanden sei – allerdings haben Aktivistinnen im DAWN-Umfeld GAD nie als einen Lösungsansatz vorgeschlagen[87] und 1995 sogar festgestellt: »Es reicht nicht mehr aus, von Frauen in Entwicklung (WID), Frauen und Entwicklung (WAD) oder gar Gender und Entwicklung (GAD) zu sprechen. Ein Prozess der Umverteilung ist keine ausreichende Antwort auf die globale ökologische und soziale Krise« (DAWN 1995: 109). DAWN fordert vielmehr eine »Transformation von Entwicklung« (ebd.)[88]. GAD-Denkerinnen betonen jedoch, dass GAD Frauen eine aktive Rolle bei der Gestaltung von Entwicklung zudenkt, während bisherige W-Ansätze sie eher als Empfängerinnen von Transferleistungen gesehen hätten (vgl. Connelly u.a. 2000: 63). Insgesamt wird GAD also als derjenige Diskursstrang gesehen, der patriarchale Strukturen in viel größerem Maße herausfordert als WID (vgl. ebd.: 64).

Die Gegenüberstellung »From WID to GAD«, die gerne zur Beschreibung der Entwicklung der Genderdebatte im Rahmen von Gendertrainings zum Zuge kommt[89], stellt sich als Vereinfachung heraus, da GAD auf WID und anderen Ansätzen wie WED und vor allem WAD aufbaut. Es bestehen teilweise Parallelen zwischen WID und GAD, so hat auch WID einen Empowerment-Strang aufzuweisen. Vor allem in der Zielformulierung bestehen große Schnittmengen zwischen WID und GAD, beiden geht es letzlich um »Equality«. Der qualitative Unterschied zwischen WID und GAD scheint deswegen weniger in der Zielformulierung zu liegen, als eher in der Art und Weise, wie dieses Ziel angegangen wird – sprich in den Instrumenten. Hier bestehen die eigentlichen Unterschiede zwischen WID und GAD, denn was bei WID das Hauptinstrument (das Frauenprojekt) ausmacht, ist bei GAD nur *ein* Instrument, allerdings weiterhin mit großem Stellenwert. Im Mittelpunkt von GAD stehen die Instrumente des Gender Training sowie verschiedene Ansätze der Gender-Analyse. Da sie die Substanz des GAD-Diskurses bilden, wird später auf beides ausführlich eingegangen (Kapitel III.3 und 4).

2. Gender in ›Gender and Development‹-Basisliteratur

Als ein Grundkonzept von *Gender and Development* wird »Gender« von GAD-Autorinnen in ihren Texten immer eingeführt; dabei beziehen sie sich in der Regel auf feministische Autorinnen. Welches Gender Konzept entsprechend der in Kapitel II erarbeiteten Bedeutungsdimensionen liegt dem GAD-Diskurs jedoch zugrunde? Im Folgenden werden sechs Quellen des GAD-Diskurses, die als Basisliteratur bezeichnet werden können,[90] daraufhin analysiert, wie sie Gender fassen bzw. konzeptualisieren. Alle diese Bände verstehen sich selbst als Einführungs- oder Grundlagenliteratur für GAD und versuchen, sowohl akademisches Publikum als auch Praktiker/innen anzusprechen. Sie können als wissenschaftliche Publikationen bezeichnet werden, da sie entsprechenden Kriterien – wie z.B. Zitation und Quellennachweisen – genügen, gleichzeitig sind sie auch einem nichtakademischen Publikum zugänglich, da sie eine klare Sprache verwenden und sich der Grad der Abstraktion in Maßen hält. Die Mehrzahl der Autorinnen hat sowohl einen akademischen als auch einen entwicklungspraktischen Hintergrund.

Um Gender zu erklären, ziehen die Autorinnen nur ganz bestimmte wissenschaftliche Quellen heran: Von sechs analysierten Bänden zitieren drei Ann Oakley (1972) (einer davon ausschließlich), weitere drei zitieren die britische Sozialwissenschaftlerin Anne Whitehead (1979) (einer davon ausschließlich). Zwei Bände zitieren Rubin (1975), dies aber immer in einem Atemzug mit Oakley (1972), einer zitiert keine feministische Autorin und ein weiterer erklärt Gender nicht. Da auf Oakley und Rubin in Kapitel II der Arbeit bereits ausführlich eingegangen wurde, soll an dieser Stelle das Gender-Konzept von Whitehead (1979) bzw. der SOW-Gruppe (»Subordination of Women Collective«) am *Institute of Development Studies* (IDS), in deren Kontext Whitehead ihren Beitrag schrieb, näher beleuchtet werden. Es hatte einen großen Einfluss auf den GAD-Diskurs. Whitehead bedient sich aus vier Quellen und bezieht sich ebenfalls auf Oakley (1972) und Rubin (1975) sowie auf zwei weitere Arbeiten: einen Aufsatz von Edholm, Harris und Young (1977), sowie einen Sammelband, herausgegeben von Rosaldo und Lamphere (1974)[91]. Gender wird eingeführt, da der Begriff nützlich zur Verdeutlichung des Arguments sei, dass

> »(...) Beziehungen zwischen Männern und Frauen *sozial konstituiert* sind und nicht aus deren Biologie resultieren. Daher fanden wir es sinnvoll, den Begriff ›gender relations‹ zu benutzen, um solche sozialen Beziehungen zwischen Männern und Frauen von jenen Charakteristiken zu unterscheiden, die aus dem biologischen Unterschied herrühren« (Whitehead 1979: 10, Hervorhebung im Orig.).[92]

Deutlich wird, dass Gender als Bezeichnung einer Beziehung: und zwar ausschließlich der zwischen Männern und Frauen, konstruiert wird – die Möglichkeit, dass Geschlechterverhältnisse auch zwischen Frauen bestehen, ist hier nicht vorgesehen. Dies wird auch später deutlich durch die Gleichsetzung von »Gender, Gender-Beziehungen, Beziehungen zwischen Männern und Frauen ...« (ebd.: 11). Bei Whitehead sind dann auch Frauen und

Männer jeweils eine Gender-Kategorie (vgl. ebd.: 11f.), sie spricht von »beiden Gendern« (ebd.: 10). Auch wenn dies zunächst nach einem klar separativen Gender-Konzept aussieht, wird bei Whitehead Gender auch als normierendes Konstrukt gefasst:

> »Gender (...), ebenso wie Rasse, ist niemals abwesend, und Mehrdeutigkeiten im Bereich Gender werden mehr oder weniger unzureichend toleriert (wir sind beunruhigt, wenn wir nicht sicher sind, ob die Person, mit der wir reden, ein Mann oder eine Frau ist)« (ebd.).

Dadurch, dass die oben eingeführten Kategorien Mann oder Frau hier auf einer Wahrnehmungsebene durchaus aufbrechen können, wird Gender transitiv. Auch die Dynamik von Gender wird bei Whitehead betont: »(...) Gender-Beziehungen, als soziale Konstrukte, sind die historisch spezifischen Ausprägungen, welche die Beziehungen von Männern und Frauen in einer bestimmten Gesellschaft annehmen« (ebd.: 10). Whitehead spricht von der »Multiplizität der Formen von Unterwerfung, selbst innerhalb einer sozialen Situation« (ebd.: 12), sie expliziert dies anhand von »Klassenbeziehungen der Ausbeutung« und stellt Fragen nach dem Verhältnis dieser Unterdrückungsformen (ebd.: 12f.). Dies entspricht einem offenen Gender-Konzept, obwohl andere Ausgrenzungskategorien, die später im feministischen Diskurs thematisiert wurden (Race, Ethnizität), hier nicht explizit vorkommen. Whiteheads Beitrag kann als insgesamt theoretisch innovativ gewertet werden, da sie bereits 1979 Themen anreißt, die erst in den späten 80ern wieder eine Konjunktur in feministischen Theoriebeiträgen hatten. Die Rezeption dieses Beitrags filterte allerdings oft wichtige Punkte Whiteheads wieder aus. Dies kann nun durch die Analyse der GAD-Grundlagenliteratur gezeigt werden.

Aus dem Zusammenhang der britischen NGO *Oxfam* entstanden gleich mehrere Bände, die als Grundlagenliteratur des GAD-Diskursstranges bezeichnet werden können. Im ersten, einem 1991 erschienenen Sammelband von Wallace/March (1991) mit dem Titel »Changing Perceptions. Writings on Gender and Development«, widmet sich April Brett der Frage, warum Gender ein Thema für Entwicklung ist. Ganze zwei Seiten dieses Beitrages befassen sich mit der Frage »Was ist Gender?« bzw. mit gesellschaftlicher Arbeitsteilung (Brett 1991: 2f.). Brett bezieht sich hier auf Ann Oakley (1972) und zitiert sie ausführlich; Oakleys Unterscheidung zwischen Sex und Gender, so Brett, »ist mittlerweile fast universal aufgegriffen worden« (ebd.). Gender wird als Kategorie nicht problematisiert, andere soziale Kategorien werden nicht angesprochen, allerdings ist die Rede von einer »beträchtlichen Variation in den Gender-Rollen verschiedener Kulturen« (ebd.: 3). Die Autorin betont, dass Gender von Kultur zu Kultur wie auch innerhalb einer Kultur, variiere, was – zumindest implizit – einem eher offenen Gender-Konzept entspricht. Gender wird bei Brett als Prozess im Sinne personeller Entwicklung von Jungen und Mädchen verstanden, die im Erwachsenenalter immer wieder bestärkt wird (vgl. ebd.), was auf ein dynamisches Verständnis von Gender verweist. Zwar wird Gender vor allem im Kontext einer »männlich–weiblich«-Matrix thematisiert, Brett lässt hier jedoch einen gewissen Spielraum: »Es gibt einen beträchtlichen, aber nicht vollkommenen, Zusammenhang zwischen weiblichem Geschlecht (*female Sex*) und weiblichem (*feminin*) Gender, und zwischen dem männlichen Geschlecht (*male Sex*) und männlichen (*masculine*) Gender« (ebd., englische Einfügungen R.F.). Damit ist ihr Gender-Konzept zwar separativ, dies aber nicht auf eine strikte Weise, da eine gewisse Schnittmenge von feminin und maskulin zugelassen wird. Ein starkes Gewicht legt Brett auf geschlechtsspezifische Arbeitsteilung (ebd.: 3f.). Beschreibungen von Arbeitsteilungen in anderen Kulturen, in denen Männer Reproduktionstätigkeiten übernehmen (nach Oakley), dienen ihr dazu, Gender als kulturspezifisch und zeitlich/historisch bedingt herauszustellen, was wiederum Gender als dynamisches Konzept betont.

Ein Jahr später (1992) erschien der Sammelband »Gender and Development: A Practical Guide«, herausgegeben von Lise Østergaard. Zielgruppe des Bandes sind »Berufstätige und Studierende, die sich mit Entwicklung befassen« (ebd.: xi).[93] Das erste Kapitel des Bandes ist mit »Gender« überschrieben, ein Unterkapitel von eineinhalb Seiten befasst sich explizit mit Gender als Konzept (ebd.: 6f.). Østergaard bezieht sich dabei auf den oben analysierten Beitrag von Anne Whitehead[94], die sie ausführlich (fast über eine Seite) zitiert und mit der sie auch die Sex/Gender-Unterscheidung einführt: »(...) Geschlecht (Sex) fällt in den Bereich der Biologie, das bedeutet festgelegte und unabänderliche Bedingungen, während Gender in den Bereich der Sozialwissenschaften gehört, und jene Bedingungen meint, die durch die Geschichte der sozialen Beziehungen und Wechselwirkungen gestaltet worden sind« (Whitehead 1979, zit. nach Østergaard: 6). Durch die Betonung auf Geschichte sowie Interaktion wird hier Gender als dynamisches Konzept beschrieben. Die Unterscheidung zwischen Sex und Gender bei Whitehead verstärkt Østergaard allerdings dadurch, dass sie Sex an anderer Stelle als »Schicksal« (ebd.: 5) bezeichnet und von »both genders« (ebd.: xiii) spricht. Dies weist auf ein separatives Gender-Modell hin. Gender wird hier als normierende oder Zwänge schaffende Strukturkategorie nicht problematisiert (anders als bei Whitehead). Auch kommen andere Ausgrenzungsmodi wie Race oder Ethnizität nicht explizit zur Sprache, Gender wird dennoch als ein im Prinzip offenes Konzept konturiert, da: »Ein Gender-Ansatz bedeutet, die Formen und Verbindungen von Gender-Beziehungen als auch die Verbindungen zwischen ihnen und weiteren Beziehungen innerhalb der Gesellschaft zu analysieren« (Whitehead 1979, zit. nach Østergaard: 7). Gender konstituiert sich bei Østergaard aus verschiedenen Phänomenen: »(...) Gender–Unterscheidungen sind nicht festgelegte

Biologie, sondern stellen einen Aspekt der weiteren sozialen Arbeitsteilung dar, welche wiederum in den kulturellen, religiösen und ideologischen Systemen, die in einer Gesellschaft massgebend sind, verwurzelt ist« (Østergaard 1992: 6). Hier kommen also immaterielle Faktoren für die Konstitution von Gender zum Tragen, mit Whitehead werden zudem materielle Faktoren angeführt, wie die Frage nach Kontrolle über Ressourcen (vgl. ebd.: 7). Das heißt, dass hier ein breites Spektrum an Themen benannt wird, aus denen Gender hervorgeht und erklärt werden kann.

Wiederum ein Jahr später, 1993, kam »Half the World / Half a Chance. An Introduction to Gender and Development« von Julia Cleves Mosse auf den Markt, eine Monographie, die wiederum im Oxfam-Kontext entstanden ist. Auch hier gibt es ein erstes einführendes Kapitel über vier Seiten zur Frage »Was ist Gender?« (ebd.: 1f.). Auffallend ist, dass sich Cleves Mosse hier nicht auf feministische Autorinnen bezieht, obwohl auch sie in ihrer Arbeit ansonsten Quellennachweise anführt. Ihre einführende Definition von Gender lautet:

> »Gender unterscheidet sich vom biologischen Geschlecht auf wichtige Weise. Unser biologisches Geschlecht ist gegeben; wir werden entweder männlich oder weiblich geboren. Aber die Art und Weise, auf die wir männlich oder weiblich werden, ist eine Verbindung von diesen grundlegenden biologischen Bausteinen und der Interpretation unserer Biologie durch unsere Kultur.« (ebd.: 2)

Die teilweise Ableitung von Gender aus »grundlegenden biologischen Bausteinen«, konterkariert einerseits die Unterscheidung zwischen Sex und Gender und lässt andererseits Gender durch die vermeintliche Nähe zur Biologie verstärkt separativ erscheinen. Eine andere Beschreibung von Gender bei Cleves Mosse ist »ein Satz von Rollen« (Orig.: »set of roles«) (ebd.: 2). Sie benennt bestimmte Verhaltensweisen, die unsere »Gender-Rollen« (ebd.) ausmachen. Die erste Quelle, die sie heranzieht, ist Archer und Lyod's »Sex and Gender« (1985). Hier beschreibt sie, wie in einem Experiment Babies durch entsprechende Kleidung (rosa oder hellblau) Gender-Rollen zugeschrieben bekommen. Cleves Mosses' Zugang zu Gender bewegt sich also zunächst auf einer personellen und individuellen Ebene durch einen starken Bezug auf Rollentheorien. Gleichzeitig erklärt die Autorin Gender als ein sowohl dynamisches als auch offenes Konzept: »Eines der interessantesten Aspekte von Gender-Rollen ist, dass sie sich mit der Zeit verändern, und dass sie sich von Kultur zu Kultur unterscheiden. Sie sind auch stark beeinflusst von sozialer Klasse, Alter, und ethnischem Hintergrund« (ebd.: 4).

Als eine der einflussreichsten Arbeiten im GAD-Diskurs kann Caroline O. Mosers »Gender Planning and Development – Theory, Practice and Training« (1993) bezeichnet werden. Mit ihrer Monographie möchte Moser Gender-Planning als neue und eigenständige Planungstradition etablieren, es geht ihr nicht nur darum, Gender in bestehende Planungsansätze zu integrieren (vgl. Moser 1993: 1). Genau dies geschah jedoch mit einigen Elementen des Moserschen Ansatzes, ihre Unterscheidung zwischen praktischen und strategischen Interessen findet sich heute in fast jeder Publikation zum Thema Gender-Analyse (vgl. Kap. III). Auch Caroline Moser ist Praktikerin mit akademischem Hintergrund, sie arbeitete lange Zeit als Politikberaterin bei der Weltbank.

Moser befasst sich einleitend im Rahmen des Kapitels: »Conceptual issues: From Sex or Gender to WID or GAD« (ebd.: 2) mit Gender. Die Ausführungen hierzu nehmen zwei Absätze über eine halbe Seite ein, als Quellen angeführt werden Oakley (1972) (deren Definition von Gender in einer Fußnote zu finden ist) und Rubin (1975), über die Moser die Unterscheidung zwischen Sex und Gender einführt. Die beiden Autorinnen seien:

> »(...) besorgt über die Art und Weise, in welcher die Probleme von Frauen auf der Ebene ihres *Geschlechtes* (*Sex*) – das heißt, ihrer biologischen Unterschiede zu Männern, statt auf der Ebene von *Gender* – das heißt, der sozialen Beziehung zwischen Männern und Frauen, in welcher Frauen systematisch untergeordnet sind, wahrgenommen werden.« (ebd.: 3, Hervorhebung im Original)

Hier ist der Einfluss von Whitehead erkennbar, auf die Moser sich ebenfalls bezieht, wenn sie schreibt »Männer und Frauen führen unterschiedliche Rollen in der Gesellschaft aus, da ihre Gender-Unterschiede von ideologischen, historischen, religiösen, ethnischen, ökonomischen und kulturellen Determinanten beeinflusst sind« (ebd.). Die Offenheit von Gender wird noch deutlicher, wenn sie weiter ausführt: »Diese verschiedenen Rollen zeigen die Ähnlichkeiten und Unterschiede zwischen anderen sozialen Kategorien wie Klasse, ›Rasse‹, Ethnizität und so weiter auf« (ebd.). Zugleich lassen die Ausführungen Mosers zunächst auf ein dynamisches Gender-Konzept schließen: »Da ihre soziale Konstruktion (die der Rollen, Anm. R.F.) immer zeitlich und räumlich spezifisch ist, können Gender-Trennungen nicht von Checklisten abgelesen werden« (ebd.). Damit problematisiert sie zugleich Gender-Analysen, die Ausschnitte von Geschlechterverhältnissen mit Hilfe von Tabellen erfassen möchten.

Wie bei vielen GAD-Autorinnen, setzt sich auch bei Moser Gender aus der Kategorie Mann und aus der Kategorie Frau zusammen:

> »Die Konzentration auf Gender statt auf Frauen macht es entscheidend, dass man nicht nur auf die Kategorie ›Frauen‹ sieht – da dies nur die halbe Wahrheit ist – sondern dass Frauen in Beziehung zu Männern, und die Art und Weise, wie die Beziehungen zwischen diesen Kategorien sozial konstituiert sind, gesehen werden.« (Moser 1993: 3)

Daraus kann geschlossen werden, dass es nicht die Kategorien Mann und Frau sind, die konstruiert werden – sie sind bei Moser stabil. Es sind lediglich die *Beziehungen* zwischen den Kategorien, die sozialer Konstruktion unterliegen. Dies lässt auf ein separatives Gender-Verständnis schließen.

Das Gender-Konzept, das Moser konstruiert, wird deutlicher in ihren Planungsinstrumenten, die in Kapitel III.3 diskutiert werden. Hier stellt sich Gender als weniger offenes Konzept dar. Auch wird die bereits angelegte separative Gender-Konstruktion bei Moser noch dadurch verstärkt, dass sie ihr Instrument der »praktischen und strategischen Gender-Needs« ausschließlich auf Frauen bezieht.

Ein Band, der zeitgleich mit Mosers vielzitierter Arbeit erschien, ist Kate Youngs »Planning Development with Women. Making a World of Difference« (1993), auch dies eine Monographie. Obwohl sich der Titel des Bandes nicht auf Gender bezieht, geht Young ausführlich (ausführlicher als z.B. Moser) auf den GAD-Diskurs ein. Der Entstehungskontext ist hier eher akademisch: Young hat ihre Erfahrungen als Dozentin am *Institute for Development Studies* in Brighton (IDS) verarbeitet. Dieser Kontext wird in den Ausführungen deutlich, da Young auf einer breiteren Literaturbasis Grundkonzepte diskutiert und Positionen gegenüberstellt als die bisher analysierten Bände. Gender wird auf drei Seiten diskutiert (ebd.: 136f.), Young stellt dabei explizit einen Bezug zu feministischen Theorien her, ihre Ausführungen für eine Analyse des Gender-Konzepts sind ergiebiger als die der bisher besprochenen Arbeiten.

Young führt zwar Oakley (1972) und Rubin (1975) an, jedoch nur kurz, um die soziale Konstruktion von Identitäten einzuführen und eine Abgrenzung von »Geschlecht und seine weitere Bedeutung biologischer Festsetzung« (Young 1993: 136) zu erlangen. Young war Mitglied der Brightoner SOW-Gruppe und führt aus, dass es zwar einige Arbeiten zu Gender gibt[95], die Gruppe jedoch ein eigenes Konzept von Gender entwickelt habe:

> »Wir benutzten Gender, um auf die sozialen Bedeutungen zu verweisen, die in einer bestimmten Gesellschaft dem Mann- oder Frausein zugewiesen sind, und auf die Erwartungen, die gegenüber den Charakteristika, Fähigkeiten und wahrscheinlichem Verhalten von Männern und Frauen bestehen. In dieser Hinsicht beinhaltet der Begriff sowohl **Ideologie** als auch **materielle Praktiken**« (ebd., Hervorhebung im Orig.).

Problematisiert werden in diesem Text vor allem Stereotypen und Vorannahmen über Verhalten und »common-sense«-Theorien über einen grundsätzlichen Unterschied zwischen Männern und Frauen, die in populärfeministischen Publikationen und Arbeiten im Bereich der Soziobiologie reproduziert würden (vgl. ebd.: 137) und Unterschiede als »sowohl natürlich als auch unproblematisch« (ebd.) darstellen. Diese Ansätze bezeichnet sie als »essenzialistisch« (ebd.) und stellt dem Gender gegenüber: »Der Gender-Ansatz bestreitet das« (ebd.). Zur Untermauerung dieses Arguments zieht Young ein Zitat von Nancy Chodorow von 1979 heran: »Gender-Unterschiede sind nicht absolut, (...) sie beinhalten keine Gender-Essenz« (Chodorow 1979, zit. nach Young ebd.), vielmehr seien sie sozial und psychologisch geschaffen und situiert. Zur Erklärung zieht Young »psychologische und entwicklungspsychologische Theorien« (ebd.) heran. Young zitiert den oben analysierten Aufsatz von Anne Whitehead (s. o.), um Gender als Ordnungskonzept für soziale Beziehungen auf verschiedenen gesellschaftlichen Ebenen (bei Verwandtschaftssystemen, in der Ökonomie u.a.) einzuführen, die in vielen Gesellschaften unterdrückerisch seien. An dieser Stelle beschreibt Young Gender als »entscheidende(n) Operator« (ebd.: 138).

Obwohl Young in ihren Ausführungen immer wieder die soziale Konstruiertheit und die Spezifität von Gender herausstellt, spricht sie von »(...) zwei Genders (...)« (ebd.: 139) und vermittelt damit ein dualistisches Bild von Gender. Auf der anderen Seite ist sie eine der wenigen Autorinnen, die Gender problematisiert:

> »Der Erwerb einer Gender-Identität wird in den meisten Gesellschaften nicht der ›unsichtbaren psychischen Hand‹ überlassen, sondern er wird ständig durch eine große Anzahl anderer sozialer Praktiken verstärkt und kultiviert. Dies ist vielleicht ein Hinweis darauf, dass der Erwerb einer Gender-Identität und einer angemessenen Sexualität nicht unproblematisch ist, und in der Tat wird viel psychoanalytische und therapeutische Zeit darauf verwand, die Schwierigkeiten derer, für welche dieser Erwerb entweder unvollendet oder mangelhaft gewesen ist, durchzuarbeiten.« (ebd.: 137f.)

Mit den Ausdrücken »unvollendet oder mangelhaft« wird deutlich, dass Young eine Vorstellung von einer »richtigen« und »vollständigen« Gender-Identität nicht in Frage stellt, vielmehr könne eine solche durch psychologisch-medizinische Intervention hergestellt werden. Sie befindet sich insofern auf einer Linie mit Autorinnen wie etwa Oakley, die einen Ansatz vertritt, der normierend und vereindeutigend ist, und der Gender als gesellschaftlich hervorgebrachte Ordnungsstruktur, die vom dualen Normsystem »männlich-weiblich« Abweichendes ausschließt, nicht hinterfragt. Dies ist insofern erstaunlich, als sie an anderer Stelle »Gender-Beziehungen« wiederum als »Beziehungen, in welche Menschen unfreiwillig eingebunden werden« (ebd.: 139) bezeichnet. Auch legt Young Wert auf Prozesshaftigkeit, indem sie von »gendering« (ebd.: 137) spricht, was sie wiederum als »hochkomplizierte Reihe von Prozessen, die sowohl psychologische Begebenheiten und solche des Sozialisationsprozesses einbeziehen, welche praktisch mit der Geburt beginnen und bis weit ins Erwachsenenalter fortfahren« (ebd.) bezeichnet.

In zweierlei Hinsicht problematisiert Young Gender als Analysekategorie. Zum einen beschreibt sie Gender als offenes Konzept, daraus folgt für sie für Gender-Analysen: »Gender ist nur eine von einer ganzen Reihe von

Unterscheidungen – Klasse, Rasse, Ethnizität, Religion, Alter – so dass es wahrscheinlich ist, dass die Beziehungen, die Gender beinhalten, auch die Signifikanzen von Rasse oder Klasse mit tragen. Das bedeutet, dass die historische und kulturelle Bestimmung in der Analyse immer wichtig ist« (ebd.: 138f.). Zum anderen stellt sie heraus, dass Gender zwar als Ordnungskategorie besteht, Menschen jedoch individuell Handlungsspielräume nutzen und nicht »nach dem Buch« leben (ebd.: 139). Hierin drückt sich die Idee der Ambivalenz von Gender als einerseits Analysekategorie und andererseits durch gesellschaftliche Zwänge hergestellte Struktur aus und entsprechend meint Young: »die Schwierigkeit, welche dies für die Analyse schafft, besteht in der Frage, welches Gewicht man dem *strukturellen Zwang*, und *welches individueller Motivation und dem Willen* zuschreiben solle ...« (ebd.: 139, Hervorhebung im Orig. halbfett).

Vergleicht man Young mit anderen GAD-Autorinnen, so wird deutlich, dass sie durchaus Gender als mehrdimensionales Konzept diskutiert und sich bei ihr Elemente finden, die erst nach dem Erscheinen ihres Bandes im feministischen Diskurs an Gewicht gewannen, wie zum Beispiel die Kritik an Gender als Ordnungsfunktion. Trotz dieser Infragestelleung der Natürlichkeit der Kategorie Geschlecht bricht Young jedoch letztlich die duale Konstruktion des Gender-Konzeptes nicht wirklich auf.Ganz anders stellt sich der Umgang mit Gender als Konzept dar bei dem 1997 erschienenen »The Women, Gender and Development Reader«, herausgegeben von Nalini Visvanathan, Lynn Duggan, Laurie Nisonoff und Nan Wiegersma. Der Sammelband entstand aus einer Gruppe, die sich ab 1978 regelmäßig in New York traf und sich selbst innerhalb des WAD-Diskurses verortet (vgl. ebd.: Preface). Obwohl der erste Teil des Bandes (von insgesamt fünf Teilen) die Unterschrift »Theories of Women, Gender and Development« (ebd.: 17) trägt, findet sich weder in der Einführung noch in den Beiträgen selbst eine Definition oder eine Theoretisierung von Gender. Lediglich ein Hinweis auf die Notwendigkeit des Gender-Konzepts ist zu finden: »Es gibt innerhalb dieses Gebietes einen wachsenden Trend zur Heranziehung des Gender-Konzeptes, da dessen soziale Konstruktion und sein kultureller Kontext eine reichhaltige Informationsgrundlage für das Verständnis von männlich-weiblichen Beziehungen und Wechselwirkungen darstellen« (Visvanathan 1997: 24).

Der Überblicksband thematisiert Gender zwar nicht explizit, durch die Vielzahl der Beiträge[96] ergeben sich jedoch viele unterschiedliche Perspektiven auf Gender. Insbesondere dadurch, dass Beiträge von Vandana Shiva (»Women in Nature« aus: Staying Alive, 1989, vgl. Kapitel II.4.1) und Chandra Mohanty (»Under Western Eyes: Feminist Scholarship and Colonial Discourses«, 1991, vgl. Kapitel II.6.2) aufgenommen wurden, berücksichtigen die Herausgeberinnen ökofeministische und postkoloniale feministische Kritik.

Zusammenfassend lässt sich feststellen, dass sich die GAD-Grundlagenliteratur bei ihrer Konzeptualisierung von Gender zwar durchaus auf wissenschaftliche Literatur stützt, jedoch hier nur auf einige wenige Autorinnen; die herangezogenen Quellen stammen vor allem aus den 70er Jahren. Dabei erschien die GAD-Literatur durchgängig erst ab Anfang der 90er Jahre. Die Diskussionen der 80er Jahre, im Verlauf derer zum Beispiel die Kritik der »Anderen« aufkam, wird hier wenig berücksichtigt, noch weniger die Impulse, die durch dekonstruktivistische Feminismen die Theoriediskussion bereicherten (vgl. Kapitel II.6 und 8). Weiterhin ist überraschend, dass die vom GAD-Diskurs rezipierten feministischen Autor/innen sich mit wenigen Ausnahmen nicht mit denen decken, die in feministischen Theorien zum Thema Gender zitiert werden. Auch spätere, dekonstruktivistische Ansätze hätten durchaus in die meisten Bände einfließen können, geht man davon aus, dass Fachliteratur auch neuere Diskussionen zur Kenntnis nehmen sollte, gerade wenn diese die Grundkonzepte der entsprechenden Arbeiten betrifft.[97] Der Grad der erkenntnistheoretischen Reflexion ist hier also gering. Entsprechend kommen in der Einführungsliteratur zu »Gender and Development« Gender-Konzepte zum Tragen, die stark an materiellen Faktoren ausgerichtet sind und symbolische Dimensionen kaum berücksichtigen. Hingegen wird das schwierige Erbe der Sex/Gender-Unterscheidung übernommen, es liegt ein stark separatistisch ausgerichtetes Gender-Konzept vor: Nur in Ausnahmen wird der normierende Charakter von Gender benannt bzw. Gender als separatives Konzept problematisiert.

Allerdings wird Gender bei den meisten der Texte als dynamisches Konzept vorgestellt, indem die Veränderbarkeit und die Kontextgebundenheit betont wird. Auch konturiert die Mehrzahl der Quellen Gender als offenes Konzept, die Beachtung weiterer Ausgrenzungsachsen wird sogar als Stärke und Errungenschaft des GAD-Diskurses gegenüber WID hervorgehoben.

3. Gender in Gender-Analysen

»Gender Analyse als theoretische Kategorie und als empirische Fragestellung kann mit verschiedenen politischen Praxen kombiniert werden. Das ist Gefahr und Chance zugleich.«
(Randeria 1996: 15)

Das Feld der Gender-Analyse hat sich im Laufe der 90er Jahre ausdifferenziert. Nach Kabeer (1994) und Razavi/Miller (2000) können zunächst drei verschiedene Hauptansätze von Gender-Analysen unterschieden werden:

- der *Gender Role Framework* (GRF) von Overholt u.a. (1985),

- der *Triple Role Framework* (TRF) von Moser (1989, 1993) und
- der *Social Relations Framework* (SRF) von Kabeer (1994: 264f.).

Daneben gibt es andere Ansätze, die in verschiedenen institutionellen und thematischen Kontexten entwickelt wurden. March u.a. (1999) führen drei davon an:

- die *Gender Analysis Matrix* (GAM) nach Parker (1993),
- den *Capacities and Vulnerabilities Analysis Framework* (CVA), der aus einem Forschungsprojekt an der Harvard Universität entstanden ist,
- den *Women's Empowerment Framework* nach Longwe.

Ansätze bzw. Elemente dieser Ansätze finden sich auch in den Trainingshandbüchern wieder, insbesondere der GRF und der TRF wird in den Anleitungen zur Gender-Analyse im Rahmen der Trainings vermittelt. In letzter Zeit sind zudem Ansätze, die auf eine Institutionalisierung von Gender innerhalb von Organisationen und Institutionen abzielen, dazugekommen (vgl. Miller/Razavi 2000). Unter dem Dach von *Gender Assessment Studies* sind zum Beispiel Methoden des *Gender-Audit* oder der *Gender-Budget-Analyse* zu nennen (vgl. Lingen u.a. 1997). Allerdings flossen diese Ansätze bisher kaum in Gender Trainings ein.

Um nunmehr zu eruieren, welche Gender-Konzepte im Rahmen der verschiedenen Gender-Analyse-Methoden zum Tragen kommen, werde ich auf fünf dieser sechs Analyse-*Frameworks* eingehen.[98]

3.1 Arbeit, Zugang und Kontrolle, Entscheidungen: Gender-Roles-Ansatz (1985)

Die Arbeit von Overholt u.a. »Women in Development: A Framework for Project Analysis« erschien 1985 und stellt den ersten Gender-Analyse-Ansatz dar – zu einer Zeit, in der WID der dominante Diskursstrang war. Sie enthält in einem ersten Teil vier »Technical papers«: zunächst die Beschreibung des Analyserahmens und dann drei Kapitel, welche die Methode exemplarisch für die Bereiche Landwirtschaftssysteme, Technologietransfer und Kleingewerbe anwenden. Der zweite und größere Teil besteht aus sieben Fallbeispielen aus Asien, Afrika und Lateinamerika. 1991 wurde das »Case Book« unter dem Titel »Gender Analysis in Development Planning« wieder aufgelegt (Rao u.a. 1991), mit einer neuen Einführung und sechs neuen Fallbeispielen von Projekten aus Asien, die das Kernstück des Buches bilden. Der Analyserahmen blieb unverändert. Dabei wird ohne inhaltliche Veränderung der Titel von »Women and Development« zu »Gender Analysis Framework« verändert, was von einer gewissen Kontinuität von WID und GAD zeugt: Dieser unter dem Label *Gender-Role-Framework* (GRF) bekannte Analyserahmen lieferte die Grundelemente einer Gender-Analyse, die in so gut wie allen Ansätzen, die folgen sollten, einen wesentlichen Bestandteil bilden. Aus ihnen, bzw. auch teilweise aus der Kritik an diesen Analyseinstrumenten, entstanden neue Gender-Analyse-Ansätze (z.B. Kabeer 1994, s. u.) im Rahmen des GAD-Diskursstranges.

Die einleitenden Ausführungen des GRF-Analyserahmens bewegen sich innerhalb der Grundprämissen von WID:

> »Entwicklungsplanung hat es versäumt, den Beitrag von Frauen zum Entwicklungsprozess, oder umgekehrt die Auswirkungen dieses Prozesses auf Frauen, voll oder systematisch zu erkennen. Dieses Versäumnis hat begrenzte Entwicklungsbemühungen und –auswirkungen zur Folge. Ökonomisches Wachstum, die Effizienz von Projekten, und soziale Gerechtigkeit erfordern einen neuen Ansatz hinsichtlich Entwicklung, der Frauen systematisch mit *einbezieht*« (Overholt u.a. 1985: 9, Hervorhebung R.F.).

Die Autorinnen beziehen sich zur Begründung ihres Ansatzes vor allem auf Boserups Arbeit (s.o.); erklärtes Ziel ist »die Integration von Frauen in den Entwicklungsprozess« (ebd.: 10) – bisher habe es an einem »angemessenen analytischen Rahmen, der Frauen in Projektanalyse einbezieht« (ebd.) gefehlt. Dies solle mit dem vorliegenden Papier erleichtert werden, vor allem dadurch, dass eine »angemessene Datensammlung, die berücksichtigt, was Frauen machen und warum« (ebd.) zur Verfügung gestellt werde. Hierzu benutzt der Analyserahmen vier zusammenhängende Komponenten:

a) Das Aktivitätenprofil

Dieses Profil dient dazu, die geschlechtsspezifische Arbeit zu erheben und besteht aus einer Tabelle, die alle Tätigkeiten im produktiven wie im reproduktiven Bereich sowie die Dauer der jeweiligen Tätigkeit festhält. Laut Overholt u.a. stellt dieses Profil »(...) die ökonomischen Aktivitäten der Bevölkerung in dem Projekt-Bereich als erstes nach Alter und Gender, und anschliessend nach Ethnizität, sozialer Klasse oder anderer wichtiger Entscheidungsmerkmale« (ebd.: 10f.) dar. Es erfasst zudem die Zeit, die für die jeweilige Aktivität benötigt wird. Unterschieden wird dabei zwischen »Produktion von Gütern und Dienstleistungen« und »Reproduktion und Erhaltung von menschlichen Resourcen« (ebd.: 11f.). Besonders detailliert sollen Daten in den Feldern, in denen ein Projekt tätig ist, erhoben werden. Zusätzlich soll differenziert werden zwischen Alter (drei Altersstufen), Dauer der Aktivität und ob diese täglich oder saisonal ausgeführt wird. Schließlich soll noch der Ort der Verrichtung der Aktivität erfasst werden (vgl. Abb. unten: »Aktivitätenprofil«). Die Autorinnen betonen dabei die Notwendigkeit, spezifische Aussagen über den jeweiligen Kontext zu machen und kritisieren an dieser Stelle Boserups Arbeit aufgrund ihrer verallgemeinernden Aussagen.

Beispielmatrix für ein Aktivitätenprofil:

Sozioökonomische Aktivität:	Gender/Alter[1]							
	WE	ME	WK	MK	WÄ	MÄ	ZEIT[2]	ORT[3]
1. Produktion von Waren und Dienstleistungen a) Produkt/Dienstleistung 1. Funktionale Aktivität 2. Funktionale Aktivität 3. Funktionale Aktivität b) Produkt/Dienstleistung 1. Funktionale Aktivität 2. Funktionale Aktivität 3. Funktionale Aktivität								
2. Reproduktion und Erhalt der Humanressourcen a) Produkt/Dienstleistung 1. Funktionale Aktivität 2. Funktionale Aktivität 3. Funktionale Aktivität b) Produkt/Dienstleistung 1. Funktionale Aktivität 2. Funktionale Aktivität 3. Funktionale Aktivität								

Erklärung: 1) WE = Weibliche Erwachsene; ME = Männlicher Erwachsener; WK = Weibliches Kind; MK = Männliches Kind; WÄ = Weibliche ältere Person; MÄ = Männliche ältere Person
2) Prozentsatz der Zeit, die für jede Aktivität benötigt wird, saisonal; täglich
3) Innerhalb des Heims, der Familie, auf dem Feld oder im Geschäft, innerhalb der Gemeinde, außerhalb der Gemeinde.
Quelle: Overholt/Anderson/Cloud/Austin (1984: 12) (Grafische Anpassung und Übersetzung: R.F.)

b) Das Profil über Zugang und Kontrolle

Eine weitere Analysekomponente bezieht sich auf die Ressourcen, die den sozialen Gruppen zu Verfügung stehen. Die Autorinnen betonen die Wichtigkeit der Unterscheidung zwischen Zugang und Kontrolle, der Zugang könne von anderen bestimmt werden, Kontrolle bedeute, dass jemand die bestimmende Macht ausübe. Ebenso betonen sie den Unterschied zwischen der Nutzung von Ressourcen und dem Nutzen, der sich aus dem Gebrauch der jeweiligen Ressource ergibt, hier unterscheiden sie zwischen »Ressourcen« und »Nutzen« (vgl. ebd.: 13).

Beispielmatrix für ein Profil über Zugang und Kontrolle:

	Zugang		Kontrolle	
	Männer	Frauen	Männer	Frauen
Ressourcen				
• Land • Werkzeuge • Arbeit Produktion Reproduktion • Kapital • Erziehung/ Fortbildung				
Nutzen				
• Einkommen von aussen • persönlicher Besitz • Sachwerte (Nahrung, Kleidung, Unterkunft, etc.) • Bildung • Politische Macht/ Prestige • Anderes				

Quelle: Overholt/Anderson/Cloud/Austin (1984: 12) (Grafische Anpassung und Übersetzung: R.F.)

c) Die Analyse der Einflussfaktoren für Aktivitäten, Zugang und Kontrolle
Eine weitere Analysekomponente bezieht sich auf die Rahmenbedingungen, die den Kontext eines Projektes bilden. Sie seien zu analysieren, um das jeweilige Projekt auch in seinem Kontext besser zu verstehen. Die Autorinnen schlagen vor, hier acht Einflussbereiche zu berücksichtigen: Allgemeine ökonomische Bedingungen, institutionelle Strukturen, demographische Faktoren, soziokulturelle Faktoren, Normen der Gemeinschaft, rechtliche Parameter, Bildung und Ausbildung, interne und externe politische Vorgänge (vgl. ebd.: 13f.). Sie betonen an dieser Stelle, dass das Projekt die meisten

Faktoren nicht verändern könne, vielmehr würden diese Faktoren Projektziele fördern oder behindern; insbesondere auf Frauen hätten sie Auswirkungen.

d) Die Projektzyklusanalyse

Die letzte Analysekomponente des GRF verlässt die Ebene der »Zielgruppen« und stellt Schlüsselfragen zur Verfügung, mit deren Hilfe das Projekt in verschiedenen Phasen (Projektidentifizierung, Projekt Design, Umsetzung des Projekts und Projektevaluierung) analysiert werden kann. Hierzu werden die Ergebnisse aus den bisher beschriebenen Analyseinstrumenten herangezogen. Auffallend ist, dass die meisten der vorgeschlagenen Fragen sich auf Frauen beziehen, der Fragenkatalog, der über zwei Seiten füllt, dreht sich um die Bedürfnisse von Frauen, um Zugang und Kontrolle von Frauen und dergleichen. Die letzte Frage lautet: »Wurden Schlüsselbereiche für WID-Forschung identifiziert?« (ebd.: 20). Auch dies zeigt, wie klar sich der GRF im Rahmen des WID-Diskursstranges bewegt – dies ist kaum verwunderlich, bedenkt man, dass der Ansatz in den frühen 80er Jahren entstanden ist. Seine Leistung besteht vor allem darin, eine Perspektive einzuführen, die die Relationalität sozialer Beziehungen zwischen Männern und Frauen zur Kenntnis nimmt und die sozialen Rollen von Frauen (insbesondere bezüglich des Bereichs produktiver und reproduktiver Arbeit) sichtbar werden lässt. Eine solche Perspektive ermöglicht auch einen nüchternen Blick auf die Vor- und Nachteile des Instruments Frauenprojekt, wenn es zum Beispiel zu einer erhöhten Arbeitsbelastung beiträgt. Dies stellt, wie oben ausgeführt, einen wesentlichen Kritikpunkt am WID-Diskussionsstrang dar.

Allerdings bestehen auch eine Reihe an Kritikpunkten am GRF: Er ermöglicht kaum eine Kritik am bestehenden Entwicklungsmodell, sondern fügt sich reibungslos in die Planungslogik konventioneller Entwicklungsprojekte ein. Miller und Razavi (1998) kritisieren dreizehn Jahre nach Erscheinen des GRF, er sei:

> »(...) mehr ›integrierend‹ als ›transformierend‹; Entwicklung wird als Prozess betrachtet, von dem jeder profitieren kann, und damit das auch für Frauen gilt, argumentiert er, müssen Projekte Frauen- und Gender-Themen in angemessenerer Weise in den Entwicklungsplan aufnehmen« (ebd.: ohne Seitenangabe).

Zwar werden im Rahmen der Methode strukturelle Faktoren auf der Ebene von Organisationen, staatlichen Einrichtungen und ökonomischen Strukturen analysiert bzw. zur Kenntnis genommen, ohne allerdings die Möglichkeit zu bieten, diese anzugehen, es sei denn auf der Ebene des klassischen Entwicklungsprojektes. Ein Kritikpunkt, den sowohl Kabeer (1994) als auch Razavi und Miller (1998: o. S.) in den Vordergrund stellen, ist, dass Frauen im GRF zu einer homogenen Kategorie gemacht werden, was eine

Ausblendung von Differenzen zwischen Frauen mit sich zieht. Diese Kritik ist jedoch nur teilweise berechtigt, da die Autorinnen des Harvard-Ansatzes durchaus eine Analyse nach anderen sozialen Kategorien wie Alter, ethnische Zugehörigkeit u.a. im Sinne eines offenen Gender-Konzeptes vorsehen. Hier kommt jedoch eine andere Schwierigkeit zum Tragen: Der GRF stellt eine sehr umfassende Datenerhebung dar, die im Projektplanungskontext kaum zu leisten sein wird – erst recht, wenn Sozialstruktur nicht nur nach der Analysekategorie Gender, sondern auch nach weiteren Kategorien erfasst werden soll. Planer/innen werden somit vor das Problem gestellt, eine große Menge an gewonnener Information verwerten zu müssen. Dies wiederum verweist auf das grundsätzliche Problem klassischer Projektpolitik mit der Rollenaufteilung »Expert/innen–Zielgruppen«. Der GRF stellt diese Machtbeziehung keineswegs in Frage, die Beteiligung von »Zielgruppen« an Planungsentscheidungen ist nicht vorgesehen, die Expert/innen entscheiden aufgrund einer möglichst detaillierten Datenbasis am grünen Tisch über eine Intervention (die aber möglichst gerecht zu gestalten ist).

Insbesondere Kabeer kritisiert den starken Fokus des GRF auf Aktivitäten, anstatt auf Personen, und deren soziale Rollen innerhalb von Produktionsprozessen. Diese Herangehensweise übersehe die Beziehungen und Netzwerke zwischen Männern und Frauen, welche auch Machtbeziehungen seien. Als Beispiel führt sie ein Fischräucherprojekt in Konakry an, das scheiterte, da zwar eine verbesserte Technologie für Frauen zur Verfügung gestellt wurde, jedoch männliche Fischer, die den Fisch an bestimmte Frauen vermarkteten, daraufhin die Preise für Fisch drastisch erhöhten. Eine Intervention hätte sich folglich auch an (in spezifischen sozialen Beziehungen zu den Fisch verarbeitenden Frauen stehenden) Männer adressieren müssen (vgl. Goetz 1989, zit. in Kabeer 1994: 273f.). Ein zweiter Irrtum, den Kabeer hier anführt, lässt sich auf die Annahme von Frauen als homogene Kategorie zurückführen. Das Projekt richtete sich zwar an alle Frauen der Region, nur ganz bestimmte Frauen hatten jedoch die Ressourcen und Kenntnisse, Fisch effektiv zu verarbeiten und zu vermarkten (vgl. ebd.). March u.a. (1999) kritisieren den GRF (bei ihnen: *Harvard Framework*) als vereinfachend, was Zugang und Kontrolle angeht: Er übersehe die Verhandlungsprozesse, die hinter Entscheidungen über Zugang und Kontrolle sozialer Gruppen stehen (ebd.: 52).

Was das Gender-Konzept des GRF angeht, so ist zunächst festzustellen, dass der Begriff Gender nicht erklärt oder auch nur problematisiert wird und keine der Autorinnen, die Gender theoretisieren oder einführen, zitiert wird. Es liegt hier also ein implizites Gender-Konzept vor. Dies zeigt sich auch im synonymen Gebrauch der Begriffe Gender und Frauen. Da Männer und Frauen stark als jeweils homogene Gruppe thematisiert werden, kommt Gender als duales Konzept zum Tragen, was jedoch durch die Hereinnahme der Kategorie Alter im Aktivitätenprofil abgeschwächt wird. Durch die

Exponiertheit des Aktivitätenprofils nimmt die geschlechtsspezifische Arbeitsteilung einen besonderen Stellenwert ein, Gender manifestiert sich insbesondere in zu verrichtender Arbeit. March u.a. (1999) kritisieren so auch, dass der GRF zu materialistisch sei, da er auf Dynamiken der Gemeinschaft und kulturelle Werte nicht eingehe. Symbolische und nicht-materielle Faktoren finden allerdings beim GRF Berücksichtigung im Rahmen der Analyse der Einflussfaktoren. Offen ist das zugrundeliegende Gender-Konzept auch deswegen, weil andere Ausgrenzungskategorien durchaus eine Rolle spielen (s. o.). Was die Prozesshaftigkeit von Gender angeht, so bewegt sich der zeitliche Rahmen der Analyse lediglich im Projektrahmen durch die Analyse des Projektzyklus. Historische oder biographische Analysen sind dagegen nicht vorgesehen, so dass Gender nicht als historische Kategorie fungiert (vgl. auch March u.a. 1999: 52).

3.2 Praktische und strategische Bedürfnisse: Der Triple-Roles-Ansatz (1989/1993)

Caroline O. Moser hat 1989 einen Beitrag in der Zeitschrift *World Development* vorgelegt, der ihren *Triple-Role-Framework* (TRF) einführte, 1993 erschien dann die Monographie »Gender Planning in Development« (vgl. auch Kap. III.2). Diese stellt zwar kein Handbuch im engeren Sinne dar, dadurch, dass Tabellen im Anhang den Ansatz veranschaulichen, gibt »Gender Planning in Development« jedoch konkrete Instruktionen für Projektplanung und Analyse, die in vielen Handbüchern aufgegriffen wurden (vgl. Kap. III.4). Die Hauptbotschaft dieser Arbeiten Mosers ist »die Notwendigkeit, Entwicklungsinterventionen dazu zu benutzen, ungleiche Gender-Beziehungen zu verändern« (Razavi/Miller 1998[99]).

Drei Komponenten zeichnen den TRF aus: a) eine Klassifizierung der Ansätze für Frauen in Entwicklungspolitik, denen im Planungsprozess die jeweilige Projektpolitik zugeordnet werden soll, b) die Betonung der dreifachen Rolle von Frauen und c) die Unterscheidung zwischen praktischen und strategischen Gender-Bedürfnissen (*practical/strategic gender needs*). Ich gehe im Folgenden auf b) und c) ein, da Mosers Klassifizierung der »Policy Approaches to Third World Women« (1993: 56) oben bereits vorgestellt wurde (vgl. Fußnote 80), (vgl. auch Miller/Razavi 1998).

Der TRF erweitert das Aktivitätenprofil des GRF, das Produktion und Reproduktion umfasst, um eine dritte Rolle: den *Community Work*. Moser argumentiert, dass insbesondere Frauen im Süden einen wesentlichen Beitrag an »community work« leisteten und somit nicht nur eine zweifache, sondern eine dreifache Rolle bewältigen müssten. Dies würde von Planer/innen oft vergessen, da vor allem produktive Arbeit anerkannt würde. Die dreifache Rolle von Frauen mache auch »integrative übersektorale Planungsstrategien« (ebd.: 48) notwendig, da das Nichtberücksichtigen der Rollen sogar eine Verschlechterung der Position von Frauen mit sich bringen könne. Kabeer (1994: 270) sieht in diesem Fokus auf eine gemeinschaftliche Rolle von Frauen den Vorteil, dass er über den individualistischen Ansatz des GRF hinausgehe. Gleichzeitig übt sie Kritik am Konzept der »Rolle«, da hier eine analytische mit einer deskriptiven Kategorie zusammenfalle (ebd.).

Der zweite große Baustein einer Gender-Analyse nach Moser ist die Unterscheidung zwischen praktischen und strategischen Interessen bzw. Bedürfnissen, laut Moser eines der wichtigsten Planungsinstrumente innerhalb des *Gender Planning* (ebd.: 38).[100] Dabei fasst sie Interesse (*interest*) als »priorisiertes Anliegen« (*»prioritized concern«*) (ebd.: 37), das sich in einem Planungskontext in einen Bedarf (*need*) übersetzen lässt, nämlich als »Mittel, mit denen Anliegen befriedigt werden« (ebd.). Eine nächste Unterscheidung nimmt sie mit Molyneux (1985) zwischen Fraueninteressen (*women's needs*) und Gender Interessen (*gender interests*) vor (ebd.: 38), wobei der Begriff »Gender-Interessen« vorzuziehen sei, um eine falsche Homogenisierung von Frauen zu vermeiden (vgl. ebd.) und »Fraueninteressen« auf der biologischen Ähnlichkeit von Frauen basiere. »In Wirklichkeit beruht die Position von Frauen in der Gesellschaft auf einer Reihe verschiedener Kriterien wie Klasse und Ethnizität, als auch Gender« (ebd.).

Den Hauptaugenmerk legt Moser auf die Unterscheidung zwischen praktisch einerseits und strategisch andererseits, die sie jeweils ausführlich definiert.

> »Strategische Gender-Bedürfnisse sind die Bedürfnisse, die Frauen aus ihrer untergeordneten Position Männern gegenüber in ihrer jeweiligen Gesellschaft benennen. Strategische Gender-Bedürfnisse variieren nach den jeweiligen Zusammenhängen. Sie beziehen sich auf Gender-spezifische Arbeitsteilung, Macht und Kontrolle, und können solche Themen wie Rechte, häusliche Gewalt, gleiche Bezahlung und das Recht von Frauen über ihren eigenen Körper beinhalten. Diese strategischen Gender-Bedürfnisse zu befriedigen hilft Frauen, größere Gleichberechtigung zu erreichen. Es verändert auch die bestehenden Rollenverhältnisse und fordert somit die Unterdrückung von Frauen heraus.« (ebd.: 39).

Hier geht es also um strukturelle Ursachen von Unterdrückungsverhältnissen; strategische Bedürfnisse könnten insofern auch als feministisch bezeichnet werden. Im Gegensatz dazu haben die praktischen Bedürfnisse kaum transformatives Potential und können laut Moser nicht als feministisch bezeichnet werden (vgl. ebd.: 41):

> »Praktische Gender–Bedürfnisse sind die Bedürfnisse, die Frauen innerhalb ihrer sozial akzeptierten Rollen in der Gesellschaft benennen. Praktische Gender-Bedürfnisse stellen die Gender-spezifische Arbeitsteilung oder die Unterdrückung der Frau nicht in Frage, obwohl sie aus diesen entstehen. Praktische Gender-Bedürfnisse sind eine Antwort auf die direkt erfahrene Notwendigkeit, wie sie in

einem bestimmten Kontext identifiziert wird. Sie sind praktischer Natur und haben oft mit Unzulänglichkeiten in den Lebensverhältnissen, wie Wasser, Gesundheitsversorgung und Beschäftigung zu tun.« (ebd.: 40).

Moser stellt die Frage nach dem politischen Artikulationsraum für diese Gender-Bedürfnisse auf der Ebene der Familie, der Zivilgesellschaft und des Staates (ebd.: 41). An dieser Stelle verlässt Moser den Rahmen der Projektplanung und bezieht Stellung zu genuin feministischen Themen, wobei sie auch eine Reihe feministischer Autorinnen zitiert (z.B. Jagger, Barrett und Hartmann). Moser kritisiert die Restriktionen, die Frauen auf der Ebene der Familie und des Staates bzw. durch staatliche Interventionen in die »Privatsphäre« Familie erfahren, wobei sie Themen an der Schnittstelle von Staat und Familie aufgreift (reproduktive Gesundheit und Kontrolle über den weiblichen Körper, Konflikte im modernen und traditionalen Recht sowie Sozialpolitik) (vgl. ebd.: 41f.). Sie stützt ihre Argumentation dabei durch Südfeministinnen wie Afshar und Yuval-Davis (ebd.: 45f.). Auf diese Problemanalyse wendet sie nun ihre Unterscheidung zwischen praktischen und strategischen Bedürfnissen an, wobei sie konstatiert, dass praktische Bedürfnisse als »entry point« für strategische Bedürfnisse fungieren können (ebd.: 48f.). Dies wird anhand von Beispielen aus verschiedenen Bereichen entwicklungspolitischer Intervention, wie Beschäftigung und landwirtschaftlicher Produktion, ausgeführt. Hier schafft Moser eine Verbindung zur Unterscheidung zwischen den Konzepten des Zugangs und der Kontrolle des GRF, indem sie erstere der Sphäre der praktischen, letztere der Sphäre der strategischen Bedürfnisse zuordnet (ebd.: 52f.).

Betrachtet man das Gender-Konzept bei Moser, so fällt zunächst auf, dass Gender-Bedürfnisse und -Interessen hier ausschließlich Bedürfnisse und Interessen von Frauen sind – suggeriert wird, dass Männer (oder andere soziale Gruppen) keine strategischen oder praktischen Bedürfnisse und Interessen haben. Obwohl also Moser die Unterscheidung zwischen Fraueninteressen und Gender-Interessen einführt (s. o.), wird in der Anwendung von PGN/SGN Gender wieder mit Frauen gleichgesetzt und somit eine Errungenschaft des GAD-Diskursstranges, der Gender vor allem als relationale Kategorie herausstellt, konterkariert.

Wie in Kapitel III.2 verdeutlicht wurde, geht Moser von Gender als »sozialer Beziehung *zwischen Männern und Frauen*, in der Frauen systematisch untergeordnet worden sind« (ebd.: 3, Hervorhebung R.F.) aus. Auf das Problem der Homogenisierung kommt Moser zwar zu sprechen, ihre Beispiele gehen jedoch nicht darauf ein, wie mögliche unterschiedliche Bedürfnisse verschiedener Gruppen von Frauen oder auch einzelner Frauen zu fassen sein könnten. Es wird nicht nach Gruppen differenziert, die je nach Kontext heterogene – strategische wie praktische – Interessen je nach Alter, ethnischer Zugehörigkeit etc. haben können. Hierzu meint Wieringa: »(...) es gibt keine einfache, abstrakte Kategorie von ›Bedürfnissen und Interessen der Frauen‹. Die Gender-Interessen von Frauen können nur in einem bestimmten sozio-historischen Kontext diskutiert werden, und verschiedene Gruppen von Akteur/innen werden sie verschieden benennen« (1994: 836). Die Gleichsetzung von Gender mit der Kategorie »Frauen« zeugt von einem separativen Gender-Konzept und führt zugleich zu einer Homogenisierung von unterschiedlichen Interessen von Frauen. Zwar konturiert Moser Gender als Kategorie neben anderen, was für ein offenes Gender-Konzept sprechen würde. Wenn diese anderen Kategorien bei der konkreten Identifizierung praktischer/strategischer Bedürfnisse jedoch keine explizite Rolle spielen, kann das Mosersche Gender-Konzept als rhetorisch offen, jedoch praktisch geschlossen erachtet werden.

Des Weiteren berücksichtigt Mosers Konzeption der PGN/SGN die Entstehung und Geschichte von Gender im jeweiligen Kontext nicht, ihre Gender-Analyse ist eine Bestandsaufnahme zu einem bestimmten Zeitpunkt. Ihr Gender-Konzept kann deswegen als eher statisch bezeichnet werden. Entsprechend fordert Wieringa ein, dass eine Eruierung von Bedürfnissen und Interessen als Prozess gestaltet werden sollte (vgl. Wieringa 1994: 836).

Ein weiterer Kritikpunkt ergibt sich daraus, dass Moser das Machtverhältnis zwischen Planer/innen als Expert/innen und Zielgruppen sowie die entwicklungspolitischen Machtkonstellationen nicht hinterfragt. Neben der oben erwähnten Homogenisierung von Frauen auf der »Zielgruppenebene« stellt die Ausblendung unterschiedlicher Interessen und Bedingungen von Planer/innen und denjenigen, für die die geplante Intervention positive Effekte zeitigen soll, eine weitere Homogenisierung dar. So meint Wieringa: »Anstatt die Gender-Interessen von Frauen von vorneherein zu kategorisieren, ist es entscheidend zu fragen, wer diese benennt« (ebd.). Zwar spielt das Thema Partizipation (vgl. Exkurs S. 115f.) bei Moser durchaus eine Rolle: Sie sei zunächst Ziel in sich selbst, dann ein Mittel, um die Effizienz von Projekten zu erhöhen und zuletzt ein Mittel zur Stärkung von Selbstvertrauen und Motivation, um in anderen Bereichen aktiv zu werden (vgl. ebd.: 101f.). Obwohl Moser diese Zielvorgaben macht, gibt sie jedoch kaum Hinweise, wie partizipative Prozesse gestaltet werden könnten, sie bewegt sich immer in der Logik geplanter Intervention durch Expert/innen auf Projektebene. So kritisieren Miller und Razavi Moser hier:

> »Es gibt hier keine Diskussion über Rollen, Ressourcen, Praktiken, Befehlshierarchien und Kontrolle, die Haushalte, Märkte und Entwicklungsorganisationen als soziale Institutionen konstituieren, durch welche soziale Ungleichheiten konstruiert und reproduziert werden.« (ebd.: 1998).

Vor dem Hintergrund dieser Problematik der Definitionsmacht von Planer/innen übt Wieringa (1994) scharfe Kritik an der Unterscheidung zwischen strategischen und praktischen Interessen – sie sei »theoretisch unbegründet und empirisch unhaltbar« (ebd.: 829).

Ein oft bemängeltes Defizit an »Gender Planning« ist, dass Moser die Ebene von Institutionen nicht anspricht und die »›gegenderte‹ Natur des Staates« sowie der »Entwicklungsinstitutionen selbst« (Miller und Razavi 1998) außen vor lässt – ein Strang der Kritik, aus dem heraus sich Gender Mainstreaming und die Institutionalisierung von Gender entwickelte (siehe Kap. III.3.6). Moser ihrerseits macht dies von Anfang an klar. Sie bewegt sich auf der Ebene von Projektplanungsprozessen und ihr selbst postuliertes Anliegen ist Komplexitätsreduktion zum Zwecke der Planbarkeit entwicklungspolitischer Intervention. Sie sieht es als Problem an, dass feministische Forscherinnen vor allem die Komplexität von Gender-Beziehungen und Arbeitsteilungen in unterschiedlichen Kontexten herausgestellt haben.

> »(...) das Anliegen von feministischer akademischer Forschung ist naturgemäß gewesen, die Komplexität von Gender-Beziehungen und Arbeitsteilungen in spezifischen ökonomischen Zusammenhängen herauszustellen. Sie war nicht daran interessiert, herauszufinden, wie solche Komplexheiten in methodologische Werkzeuge umgewandelt und vereinfacht werden könnten, die Praktiker/innen dabei helfen könnten, Gender-Bewusstsein in Praxis umzusetzen.« (Moser 1993: 5).

Auch spricht Moser von: »(...) dem Versäumnis, die Ergebnisse von Forschung in Praxis zu übersetzen (...)« (ebd.), denn, so betont sie: »Planer/innen brauchen vereinfachte Werkzeuge, die ihnen erlauben, die speziellen Komplexitäten spezifischer Kontexte in den Planungsprozess einzubringen« (ebd.). Allerdings ist eine solche Reduktion von Komplexität problematisch, da sie immer zu Ein- und Ausschlüssen führt, diese müssten in einem Planungsprozess dann zumindest sichtbar und kommunizierbar gemacht werden. Ein Gender-Konzept, das Gender als sozial konstruierte Kategorie begreift, müsste mehr leisten als Unterschiede zwischen Männern und Frauen zu erfassen, da dies die Gefahr der Reproduktion der dominierenden Gender-Struktur mit sich bringt. Eine schematische Erfassung vermeintlich abbildbarer sozialer Strukturen impliziert Stereotypisierung, denn »Doing Gender« findet ja auch bzw. gerade in Gender-Analysen statt. Diese Gefahr einer »Restaurierung« von Gender wird von Moser nicht erkannt (oder strategisch ausgeblendet).

3.3 Women's Empowerment Framework nach Longwe (1992)

Das Ziel des Ansatzes der sambischen Beraterin Sara Hlupekile Longwe ist es, durch Projekte Empowerment von Frauen zu erreichen.[101] Ihr geht es dabei in erster Linie um »Women's Development« und »Equality« (ebd.: 1). Hierzu unterscheidet sie zunächst die Projekttypen *Welfare-Project, Economic Self-Reliance-Project, Efficiency-Project, Equality-Project* sowie als letzte Stufe *Empowerment-Project* (vgl. ebd.: 3f.). Gender kommt bei ihr allerdings erst bei Equality-Projekten ins Spiel:

> »Mit der Anerkennung struktureller Ungleichheit als Thema verlagert sich das beschreibende Vokabular wieder ein wenig, um das Wort ›Gender‹ aufzugreifen als ein Mittel, das Entwicklungsproblem zu benennen, das aus der Ungleichheit zwischen verschiedenen Gender-Rollen entsteht. Dies deutet auch darauf hin, dass Gender-Rollen sozial konstruiert sind (während sexuelle Rollen das nicht sind!), und daher Ungleichheiten zwischen Gender-Rollen durch den Prozess des ›gender planning‹ und ›gender training‹ ausgeglichen werden können.« (Longwe: 1992: 7)

Auch hier finden wir also die Sex/Gender-Unterscheidung, wobei die Vorstellung einer »Sex-Role« den Anspruch der sozialen Konstruktion von Gender unterminiert, eine deterministische Komponente hat und ein separatives Gender-Konzept beinhaltet.

In Longwes Konzeption kann nur Empowerment zu einer Transformation von Geschlechterverhältnissen führen, dieses muss gegen den Widerstand des Patriarchats erkämpft werden – in diesem Widerstand findet dann die Entwicklung von Frauen statt. Dabei spricht Longwe von fünf Entwicklungsstufen: Wohlfahrt, Zugang, Bewusstseinsbildung, Partizipation und Kontrolle (ebd.: 8). Ziel bleibt hier jedoch Gender-Equality: »Der Sinn des Empowerment von Frauen ist nicht, Patriarchat in Matriarchat umzuwandeln, sondern Gender-Gerechtigkeit in den Entwicklungsprozess einzubringen.« (ebd.: 11).

Das eigentliche Instrument dabei ist die Analyse von entwicklungspolitischen Interventionen auf die Frage hin, ob sie das Empowerment und die »Equality« von Frauen erhöhen. Dies wird anhand der fünf oben genannten Stufen eruiert. Interventionen/Projekte verhalten sich in jeder Stufe negativ, neutral oder positiv bezüglich ihres Empowerments von Frauen (vgl. March u.a. 1999: 95).

Beispielmatrix für ein Empowermentprofil
Projekttitel: ______________________________

Grad der Gleichstellung Grad der Anerkennung	Negativ	Neutral	Positiv
Kontrolle			
Partizipation			
Bewußtseinsbildung			
Zugang			
Wohlfahrt			

Quelle: Williams (1994: 302) und March u.a. (1999: 95), (Grafische Anpassung und Übersetzung: R.F.)

March u.a. betonen, dass der Longwe Framework über die schematische Unterscheidung zwischen praktisch und strategisch hinausgeht (ebd.: 99), allerdings sei er weniger ein kompletter Analyse-Ansatz, sondern eher ein Instrument neben anderen (ebd.: 100). Auch problematisieren sie den alleinigen Fokus auf Frauen (ebd.). Dazu kommt, dass es bei Longwe Unterschiede zwischen Frauen nicht zu geben scheint – andere Ausgrenzungsachsen, die Frauen als Gruppe trennen, werden nicht benannt: ein klar geschlossenes Gender-Konzept. Was die Dynamik des hinter dem Empowerment-Framework liegenden Gender-Verständnisses angeht, so gilt es, Empowerment als Begriff zu sehen, der einen Prozess markiert, der wiederum Gender transformiert. Diese Dynamik kann bei Longwe aber offensichtlich nur von (bestimmten) Frauen getragen werden – alle anderen treten als diejenigen auf, die gegen das Empowerment agieren und somit vermeintlich Gender nicht gestalten. Hier geht die Idee verloren, dass Gender in jeder sozialen Beziehung trägt und gleichzeitig durch soziale Beziehungen (auch durch Männer und auch innerhalb einer Geschlechtergruppe) immer wieder geformt wird. Kaum Vorgaben macht Longwe hingegen in der Frage, durch welche Themen sich Gender konstitutiert. Deswegen kann bezüglich dieser Bedeutungsdimension hier keine Aussage getroffen werden.

3.4 Die Gender-Analyse-Matrix (GAM) nach Parker (1993)

Die Gender-Analyse-Matrix wurde in einem NRO-Kontext entwickelt und bewegt sich vor allem auf einer Grassroot-Ebene. Das dazugehörige Trainingshandbuch, das von Rani Parker verfasst wurde (Paker 1993), erschien im UNIFEM-Kontext und adressiert explizit *Grassroot Workers*. Ein Unterschied zu anderen Gender-Analyse-Ansätzen ist, dass eine Dorf- (oder sonstige) Gemeinschaft diesen Ansatz möglichst selbst und auf partizipative Weise anwenden soll; entsprechend ist die auszufüllende Matrix (s. u.) möglichst einfach gehalten. Die GAM verfolgt zwei Ziele: Zum einen ist sie ein Erhebungsinstrument zur Gewinnung von Informationen zur Planung und Evaluierung von Projekten, zum anderen ist sie ein Mittel zur Sensibilisierung, dient also dazu, einen Prozess anzustoßen, der Annahmen über Gender-Rollen innerhalb der jeweiligen Gemeinschaft herausfordern soll (vgl. ebd.: vi). Hier wird deutlich, dass die GAM einem dynamischen Gender-Konzept Rechnung trägt, da eine Analyse als einmaliges Schlaglicht als nicht ausreichend angesehen wird (vgl. ebd.: vii). Zum anderen ist Grundlage des Ansatzes, dass das gesamte Wissen, das für die Analyse notwendig ist, innerhalb der Zielgruppe vorhanden ist. Das Wissen von Außenstehenden soll also nicht herangezogen werden, es sei denn sie begleiten den Prozess (als so genannte *Facilitators*). Des Weiteren geht der Ansatz davon aus, dass eine Gender-Analyse nur transformativ sein kann, wenn sie von der

Zielgruppe selbst vollzogen wird (vgl. ebd.: vii). Hier wird also die Vorstellung der/des (Gender-)Experten/in problematisiert und die Kontextualität von Gender betont. Dies deutet auf ein offenes Gender-Konzept hin, da die Möglichkeit besteht, andere Ausgrenzungskategorien und wie sie in Gender wirken, zu thematisieren, wenn der jeweilige Zusammenhang thematisiert wird. Parkers Vorstellung von Gender bleibt allerdings ebenfalls separativ: Wenn eine Analyse von Männern und Frauen zusammen nicht möglich sei, empfiehlt sie ein Vorgehen mit den folgenden Worten: »(...) *beide Genders* sollten immer noch in getrennten Gruppen konsultiert werden« (ebd.: viii, Hervorhebung R.F:). Dieses Gender-Verständnis kommt auch in untenstehender Beispielmatrix zutage, in der Männer und Frauen jeweils separate und homogenisierte soziale Gruppen bilden. Allerdings wird dies dadurch relativiert, dass Männer und Frauen nicht die einzigen sozialen Einheiten darstellen: Die GAM wird auf vier Ebenen (Frauen, Männer, Haushalt und Gemeinschaft) angewandt und hat vier Analysekategorien (Arbeit, Zeit, Ressourcen und kulturelle Faktoren):

Beispielmatrix für eine Gender-Analyse nach Parker:
Projektziele: ______________________________

	Arbeit	Zeit	Ressourcen	Kultur
Frauen				
Männer				
Haushalt				
Gemeinschaft				

Quelle: Parker (1993: 24), (Grafische Anpassung und Übersetzung: R.F.)

Gender wird hier nicht nur im Kontext von Arbeitsteilung, sondern auch in der Frage Zeit und Kultur, also im Hinblick auf nicht-materielle Faktoren gefasst. Der Analyserahmen ist insofern offen, als dass Parker eine Veränderung/Erweiterung der Matrix je nach thematischem Zusammenhang anregt (vgl. ebd.: 50). Die Tabelle wird zunächst ausgefüllt, indem das Projektziel als Maßstab dient: ein Plus (+) und eine kurze Erklärung, wenn dem Projektziel entgegengekommen wurde und ein Minus (-), wenn dies nicht der Fall ist, ebenfalls mit einer kurzen Erklärung. Schließlich gilt es noch, durch Gruppendiskussion drei Fragen zu klären:
»1. Sind die Effekte, die oben aufgelistet werden, wünschenswert? Sind sie mit den Programmzielen vereinbar?
2. Wie wird diese Aktivität diejenigen beeinträchtigen, die nicht teilnehmen?
3. Unerwartete Ergebnisse – zu identifizieren im Laufe der Durchführung.« (ebd.: 38)

Dies lässt jedoch Fragen offen: Wer hat die Projekt- und Programmziele im Vorfeld definiert? Was geschieht, wenn die Erfüllung dieser Ziele unweigerlich dazu führt, dass bestimmte soziale Gruppen schlechter gestellt werden? Die unthematisierten Fragen konterkarieren zumindest den partizipativen Anspruch der GAM. Weiter unten wird im Rahmen eines Exkurses auf das Spannungsverhältnis zwischen Gender und Partizipation eingegangen werden, unter anderem auch auf die Problematik der Vorstellung von »Gemeinschaft«, die die GAM leider nicht anspricht.

Es bleibt festzuhalten, dass die GAM im Vergleich zu anderen Ansätzen auf ein eher dynamisches Gender-Konzept hinweist und Gender über verschiedene Themen konzeptualisiert wird. Dennoch bleibt Gender hier separativ, Geschlechterdifferenz scheint nur zwischen den Kategorien Mann und Frau zu existieren. Des Weiteren bleibt die GAM hinsichtlich der Thematisierung anderer Ausgrenzungskategorien geschlossen, da andere soziale Gruppen ausser Männer/Frauen nicht vorkommen. Auch hat die GAM Grenzen, da sie nicht über die Ebene von »Zielgruppen« hinausgeht und so Gender als in Institutionen eingelagerte Ordnung nicht thematisieren kann (vgl. March u.a. 1999: 75).

3.5 Der Social-Relations-Ansatz nach Kabeer (1994)

Der *Social Relations Framework* (SRF) wurde im Kontext des Brightoner *Institute for Development Studies* von Naila Kabeer entwickelt, die dort lehrt. Der Ansatz steht in der Tradition der Brightoner SOW-Gruppe (vgl. Kapitel II.4.2, Ausführungen zu Kate Young und Fußnote 94). Das Papier »Triple Roles, Gender Roles, Social Relations: The Political Sub-Text of Gender-Training« (Kabeer 1992b) entwickelt (zum Teil) aus der Kritik an den beiden bisher beschriebenen Ansätzen den SRF. Der Beitrag, der bereits 1992 in Form eines *Dicussion Papers* vorlag, erschien im Rahmen von Kabeers Aufsatzsammlung »*Reversed Realities*« (1994) in leicht geänderter Form als abschließendes Kapitel. Dabei hat Reversed Realities nicht den Charakter eines Handbuches, da hier konkrete Instrumente (z.B. Tabellen oder Planungsschritte) nicht enthalten sind. Lediglich einige Schaubilder im Anhang veranschaulichen Grundelemente des SRF und schlagen Bausteine einer Analyse auf verschiedenen Interventionsebenen vor (vgl. ebd.: 307-311). Diese geringe Standardisierung erklärt sich aus dem Ansatz selbst, der schematische Kategorisierungen, wie sie der GRF und der TRF beinhalten, problematisiert. Der SRF wurde – offensichtlich aufgrund eben dieser geringen Instruktivität und Standardisierbarkeit – nicht im gleichen Maß in Handbücher für Gender Training aufgenommen, wie der GRF und der TRF.

Während sich insbesondere der Band von Overholt u.a. (GRF), aber auch Mosers »Gender Planning« (TRF) stark auf den Kontext der Projektimplementierung beziehen, hat Kabeers Band den Charakter einer Aufsatzsammlung, indem sie aus einer kritischen Reflexion von WID sowie thematischen Bezügen (z.B. Haushalt, Armut, Bevölkerungspolitik) einen neuen Analyserahmen erarbeitet. Unter den Aspekten »Division of Labour« (ebd.: 271f.) sowie »Equity and Empowerment« (ebd.: 290f.) diskutiert Kabeer jeweils den GRF und den TRF (siehe die beiden vorherigen Kapitel) und stellt ihnen den SRF gegenüber. In Anlehnung an Nancy Frasers »gender sub-text« (Fraser 1989: 149, zit. nach Kabeer 1994: 267) weist Kabeer auf den »Political Subtext« von Gender Training bzw. Gender-Analyse hin und fordert damit eine Reflexion der Prämissen, die zu entwicklungspolitischem Handeln führen.

Ihr Gender-Konzept entwickelt Kabeer vor allem im dritten Kapitel durch eine »Strukturalistische Perspektive auf Frauen und Entwicklung« (ebd.: 40f.). Marxistische Theorieansätze und deren Weiterentwicklung bilden dabei die Grundlage für die Analyse sozialer Beziehungen. Dabei werden einige der Dimensionen deutlich, die Gender auszeichnen; Kabeer betont den Nutzen von Gender als Analysekategorie, stellt aber auch (nach Whitehead 1979, s. o.) fest: »Während ›Gender niemals abwesend‹ ist, ist es auch nie in reiner Form anwesend« (ebd.: 65) – sie fasst an dieser Stelle Gender als wichtige gesellschaftliche Ungerechtigkeitsstruktur. Die Offenheit des Kabeerschen Gender-Konzepts zeigt sich an dieser sowie an vielen anderen Textstellen:

> »[Gender] ist immer mit anderen sozialen Ungleichheiten, so wie Klasse und Rasse, verwoben, und muss in einem holistischen Rahmen analysiert werden, wenn die konkreten Lebensbedingungen von verschiedenen Gruppen von Frauen und Männern verstanden werden sollen.« (ebd.)

Während oben diskutierte Analyserahmen andere Ausgrenzungsstrukturen nur thematisieren, setzt der SRF diese Erkenntnis zudem um: ein explizit offenes Gender-Konzept ist Bestandteil der Analyse. Gender wird als eine Achse der Ungleichheit gefasst, neben anderen, die je nach Kontext ebenso wichtig – und sogar wichtiger – sein können. Hiervon ausgehend kritisiert Kabeer: »(...) Trainingsansätze wollen Grenzen um komplexe empirische Gegebenheiten ziehen, um dadurch die Aufmerksamkeit auf Themen zu lenken, welche als wichtig angesehen werden« (Kabeer 1994: 266)[102]. Dem GRF und dem TRF wirft sie entsprechend vor, spezifische Ausgrenzungsmomente vorzuziehen, andere dagegen zu vernachlässigen (ebd.). Dabei geht sie an dieser Stelle nicht darauf ein, welche Ausgrenzungsmomente dies sind, aus ihren Ausführungen wird allerdings deutlich, dass auch dies ein Plädoyer für ein offenes Gender Konzept ist: nicht nur Gender soll thematisiert werden, sondern *jede* Art von sozialen Beziehungen. Die Betonung der

Beziehungshaftigkeit von Gesellschaft impliziert gleichzeitig eine Abgrenzung vom GRF, da dieser Sozialstruktur in erster Linie als eine Struktur der Unterschiede und Trennungen fasst, wenn er zum Beispiel auf Arbeits*teilung* als wichtiges Element rekurriert (Kabeer 1994: 272f., siehe oben). Kabeer betont dagegen die »sozialen Verflechtungen innerhalb verschiedener Produktionsprozesse« (ebd.: 272) bei geschlechtsspezifischer Arbeitsteilung, die eine Analyse der Kooperationsbeziehungen zwischen sozialen Gruppen notwendig machen.[103] Auch weist sie auf die unterschiedlichen Zugangsmöglichkeiten verschiedener Gruppen von Frauen zu Projektförderung hin, was einer Dehomogenisierung der Kategorie Frau entspricht (ebd.: 274, 279).

Kabeer würdigt Mosers TRF als wichtigen Beitrag, die verschiedenen Rollen von Frauen zu beleuchten. Sie kritisiert jedoch, dass Moser materielle Ressourcen und soziale Beziehungen nicht klar voneinander unterscheidet, sondern produktive und reproduktive Rollen alleine daran festgemacht würden, welche Ressourcen sie hervorbringen. Damit entwerfe Moser ein Konzept von Rollen, das verhindert, die Komplexität sozialer Beziehungen zu verstehen:

> »Das sich verlassen auf Rollen als *analytisches* Konzept taucht vor allem in Hinsicht auf Gender (statt auf Rasse und Klasse) auf und zeugt von einer Tendenz innerhalb planungspolitischer Kreise, Gender in Isolation der strukturellen Perspektiven zu behandeln, die die Analyse dieser anderer Formen sozialer Ungleichheit ausmachen.« (Kabeer 1994: 279, Hervorhebung im Orig.).

Hier spricht Kabeer die verschiedenen Dimensionen von Gender an bzw. das Spannungsverhältnis, das sich daraus ergibt, dass Gender ein Begriff ist, der sowohl als Analyseinstrument im Sinne der »Gender Analysis« eingesetzt werden kann als auch soziale Differenzen im Sinne einer »Gender Ideology« (Kabeer 1994: 281) zum Ausdruck bringt.

In Bezug auf die geschlechtsspezifische Arbeitsteilung legt der SRF Wert auf einen weiteren Kontext: nicht alleine *was* produziert wird, sondern *wer* und *wie* produziert wird, steht im Vordergrund, wobei es auch darum geht, inwieweit eine *Zusammenarbeit* zwischen sozialen Gruppen (also auch Männern und Frauen) die Beziehungen stärken kann. Dies böte die Möglichkeit, soziale Beziehungen mit ihren vielfältigen Machtstrukturen besser zu erkennen. Dabei legt Kabeer ein Verständnis von Gender zugrunde, das über Gender als ein Konzept auf individueller Ebene hinausgeht:

> »Gender-Bewusstsein in Politik und Planung benötigt eine vorausgehende Analyse der sozialen Beziehungen von Produktion innerhalb relevanter Institutionen wie der Familie, des Marktes, des Staates und der Gemeinschaft, um zu verstehen, wie Gender und andere Ungleichheiten durch ihre separaten und kombinierten Interaktionen verursacht und reproduziert werden.« (ebd.: 280f.) .

Für die konkrete »Analyse der sozialen Ungleichheit im Allgemeinen und Gender-Ungleichheit im Besonderen« (Kabeer 1994: 281) seien die folgenden Dimensionen sozialer Beziehungen zu berücksichtigen: Regeln, Aktivitäten, Ressourcen, Menschen und Macht (vgl. ebd.: 281f.), wobei der Haushalt als Ausgangspunkt der Analyse fungieren könne. Da er jedoch nur eine Institution neben der Gemeinschaft (»Community«), dem Markt und dem Staat sei, müsse die Analyse auch diese Ebenen miteinbeziehen: sie hätten jeweils eigene Regeln und Verfahren in der Gestaltung sozialer Beziehungen (vgl. ebd.: 283).

Eine weitere Analyseachse bezieht sich auf die Frage, wie Gender-Beziehungen in ein jeweiliges institutionelles Gefüge eingelassen sind. Dabei stellt Kabeer Fragen nach den kulturell konstruierten Regeln, die Geschlechterverhältnisse bestimmen, nach Aufgaben, die Männern und Frauen jeweils zukommen, nach der Verteilung der Ressourcen zwischen Männern und Frauen, nach der Verteilung von Fertigkeiten und Fähigkeiten, nach der jeweiligen Ansammlung von Autorität und Kontrolle sowie nach der Verteilung von Ansprüchen auf die Outputs der jeweiligen Institutionen (ebd.: 284f.).

Kabeer betont dabei die Notwendigkeit, die hieraus gewonnenen Analyseergebnisse auch in Planung und Evaluierung umzusetzen (vgl. ebd.: 285). Allerdings ist anzunehmen, dass die Gender-Analyse nach Kabeer an institutionelle Grenzen planerischer Intervention stoßen wird, da hier eine Vielzahl an Analyseebenen (z.B. »Zielgruppen«, einheimische Organisationen, staatliche Strukturen etc.) und hierin jeweils bestehende Machtachsen zu berücksichtigen wären. Es ist fraglich, ob Entwicklungsbürokratien diesem holistischen Anspruch Kabeers entsprechen können. So sind die Analysebeispiele, die Kabeer für die Ebenen a) Einführung technischer Innovation, b) Reproduktion menschlicher Ressourcen sowie c) die Rolle nichtmaterieller Ressourcen gibt, alle an den Machtachsen Gender und Klasse ausgerichtet. Sie zeigt hier auf, welche positiven und negativen Effekte, bei Interventionen und Veränderungen für unterschiedliche soziale Gruppen von Frauen jeweils entstehen. Das heißt, dass auch Kabeers offenes Gender-Konzept sich in ihrem eigenen Beispiel auf lediglich zwei von vielen möglichen Kategorien beschränkt. Wie allerdings sähe eine Gender-Analyse und eine darauf aufbauende planerische Intervention aus, wenn weitere Ausgrenzungskategorien wie Alter, Familienstand, ethnische Zugehörigkeit mit in Betracht gezogen würden?

Für die vorliegende Arbeit besonders aufschlussreich sind Kabeers Ausführungen zum »Political Subtext of Gender Training« (ebd.: 289f.), in dessen Rahmen sie den GRF und den TRF hinsichtlich ihrer Auffassung zu Gleichheit und Empowerment diskutiert. Dabei thematisiert Kabeer die Rolle von Planer/innen, wie sie im GRF und im TRF implizit oder explizit zum Tragen kommt. Eine solche Diskussion wird notwendig, nimmt man die Kritik der »Anderen« ernst: Gender kann dann nicht mehr als vermeintlich neutrale Analysekategorie angewandt werden. Gender umfasst Machtverhältnisse zwischen Frauen, die eben auch in einem »Geschlechterverhältnis« zueinander stehen.

In diesem Sinne wirft Kabeer dem GRF eine ökonomistische Effizienzlogik vor, die »Gleichheit« nur innerhalb eines bestehenden Regelwerks denken kann und somit nicht zu einer gesellschaftlichen Transformation im Sinne einer Stärkung benachteiligter Gruppen beitragen kann und will (vgl. ebd.: 290f.) – eine Argumentation, die gegen den liberalfeministischen Subtext des GRF zielt. Das Argument der Einmischung in eine andere Kultur durch »neoimperialistische« Intervention, das im GRF als Grund für ein nur wenig anwaltschaftliches Interventionsmodell genannt wird (vgl. Cloud 1985: 18, zit. nach Kabeer 1994: 290), weist sie zum einen zurück, indem sie von der Vielfalt der Entwicklungsorganisationen und deren jeweiliger Ansätze spricht und zum anderen, indem sie hinterfragt, warum eben dieses Argument nicht schon bei den Interventionen gebraucht werde, die seit langem zu einer Benachteiligung von Schwächeren, eben durch entwicklungspolitische Intervention, geführt haben (ebd.: 292).

Den TRF schätzt Kabeer als weniger technokratisch als den GRF ein. Vor allem aufgrund der Konzeption der praktischen und strategischen Interessen/Bedürfnisse sei er mehr einer Gender-Politik zugeneigt. Allerdings problematisiert Kabeer den rhetorischen Wechsel von Interessen (wie er noch bei Molyneux zu finden war) zu Bedürfnissen, da der Begriff auf eine »top-down«-Problemdefinition durch Planer/innen verweist, während Interessen ein Konzept darstelle, das durch die jeweiligen sozialen Gruppen und Individuen selbst artikuliert werde (ebd.: 296 f., s.o.). Durch die Ersetzung von Interessen durch Bedürfnisse werde verdeckt, dass es sich bei Planungsprozessen um politische Aushandlungsprozesse handele, wobei auch Männer strategische Gender-Interessen hätten und entwicklungspolitische Organisationen selbst eingelagerte »Gender-Biase« aufwiesen (ebd: 297). Kabeer formuliert hier sieben Fragen, die ein so genanntes Gender-Audit anleiten können, um diese »Biases« zu analysieren (vgl. ebd.: 302f.). Dies wurde in der Diskussion, die sich im Laufe der 90er Jahre entspann, weiter aufgegriffen und resultierte in einer Strategie der Institutionalisierung von Gender, die in Kapitel III.3.6 näher behandelt werden wird.

Zusammenfassend kann der SRF als ein Ansatz gesehen werden, der sich explizit mit Gender als Konzept befasst und der versucht, ein möglichst offenes Konzept umzusetzen. Durch eine entsprechende Betonung auf die Kontextgebundenheit von Gender wird das Gender-Konzept bei Kabeer auch weniger statisch als bei den vorher diskutierten Ansätzen. Mit der Frage nicht nur nach materiellen Gütern als Ergebnis von geschlechtsspezifischer Arbeitsteilung, sondern auch nach den nicht-materiellen Faktoren, die eine entsprechende Arbeitsteilung konstituieren, rückt Kabeer zudem von einer Sichtweise ab, die auf ökonomische Faktoren im engeren Sinne fokussiert. Sie verbindet diese Faktoren mit Formen der symbolischen Herstellung von Gender. Allerdings geht Kabeer nicht soweit, eine Vorstellung von Gender zu hinterfragen, die auf einem separativen Gender-Konzept beruht. Ein Schritt in diese Richtung ist zwar die Betonung der Beziehungshaftigkeit von Gender-Rollen und Kabeers Appell, sich nicht auf Trennungen, sondern auf diese Beziehungen zu konzentrieren, dennoch stellt Kabeer eine dualistische und separative Gender-Konstellation nicht in Frage. Der Gedanke, dass die zu problematisierende Machtstruktur Gender ihren Ursprung in einer Mann-Frau-Dichotomie haben könnte, kommt bei Kabeer nicht vor, was in dieser Textstelle zum Ausdruck kommt:

> »Gender als eine Machtbeziehung ergibt sich aus institutionellen Arrangements, die Männern einer bestimmten sozialen Gruppe größere Möglichkeiten als Frauen aus eben dieser Gruppe gibt, um die institutionellen Regeln und Ressourcen zu mobilisieren, damit sie ihre eigenen Interessen fördern und verteidigen kann.« (ebd.: 299).

Gleichzeitig bezeichnet sie Frauen als »Gender category« (ebd.: 299). Auch hier wäre aus der Sicht eines transitiven Gender-Konzepts zu fragen, wie klar abgrenzbar diese Kategorie ist und ob sich Gender – wie in diesem Zitat suggeriert – aus den zwei Kategorien Mann und Frau zusammensetzt.

Exkurs: Gender und Partizipation

Die bisher diskutierten Analyse-Ansätze haben gemeinsam, dass sie sich auf der Ebene der klassischen Projektplanung für »Zielgruppen« an der Basis bewegen. Innerhalb dieses Kontextes entwickelte sich in den späten 80er bzw. den 90er Jahren eine Debatte um die Beteiligung der »Zielgruppen« an entwicklungspolitischer Projektplanung, die Analogien zum Gender-Diskurs aufweist. Auch im entwicklungspolitischen Gender-Diskurs spielt das Schlagwort Partizipation eine wichtige Rolle. Gender und Partizipation erzielen als Schlagworte beide eine hohe Legitimationswirkung, innerhalb beider Diskurse spielt zudem *Empowerment* als Strategie und Ziel eine wichtige Rolle.

Der emanzipatorische Impetus, der diesen drei Konzepten zu eigen ist, geht jedoch nicht selten im Zuge bürokratischer Planungsverfahren verloren. So beklagt Robert Chambers, Vordenker des PRA-Diskurses (Participatory Rural Appraisal), dass Partizipation oft nur noch als »kosmetisches Label« diene (Chambers 1995: 30). Sara Longwe (1997) bedient hier die Metapher einer »Verdampfung von Gender-Politik im patriarchalen Kochtopf« (ebd.: 148). Auch wenn die Konzepte Partizipation und Gender zusammen gedacht werden müssen, so bestehen durchaus Spannungsverhältnisse zwischen partizipativen Methoden und Gender-Ansätzen. Dies kann an zwei Beispielen verdeutlicht werden (vgl. auch Engelhardt 1995, Frey 1997).

Die Anwendung so genannter partizipativer Verfahren innerhalb der Entwicklungszusammenarbeit wird in der Regel als ein Versuch dargestellt, Handlungsspielräume von »Zielgruppen« zu erweitern, also ein Empowerment dieser Gruppen herbeizuführen. Wenn von Partizipation in der Entwicklungszusammenarbeit gesprochen wird, gilt es jedoch zu unterscheiden: Einerseits gibt es partizipative Ansätze und Konzepte, die eine Beteiligung der »Zielgruppen« bei Planungsentscheidungen vorsehen (Participatory Rural Appraisal, PRA) und andererseits die Anwendung von Methoden zur Informationsgewinnung, die zum Teil Elemente der Gruppendynamik und der Visualisierung beinhalten (Rapid Rural Appraisal, RRA)[104]. Letzteres hat mit Empowerment zunächst wenig zu tun (obwohl dies nicht selten so dargestellt wird). Interessant ist, dass der entwicklungspolitische Gender-Diskurs Parallelen zum Partizipationsdiskurs aufweist: Für beide ist »Empowerment« ein Schlüsselbegriff und eine Zielgröße (vgl. Engelhardt 1995: 64f.). Sind es jedoch bei Gender-Konzepten Frauen, die »empowert« werden sollen, ist es bei Partizipation einmal jeder/jede einzelne, dann wieder die gesamte Gemeinschaft oder auch lediglich benachteiligte Gruppen. Das Prinzip der Partizipation steht und fällt jedoch mit der Annahme der Möglichkeit einer Konsensbildung der unterschiedlichen Gruppen bzw. der Herstellung einer »Win-Win«-Situation. Diese wird in vielen Fällen nicht erreicht werden können. Im Handbuch für Gender Training der GTZ (Kerstan 1995) wird das Problem benannt:

> »Die Anwendung von Gender-sensitiven partizipativen Methoden könnte Konflikte mit der regierenden Mehrheit, der sozialen Elite, den Wohlhabenden, den Männern, den lokalen Autoritäten provozieren. Ein Projekt, das darauf abzielt, die Unterpriviligierten dadurch zu ermächtigen, dass man ihnen ermöglicht, ihre eigenen Interessen zu erkennen, auszudrücken und zu verfolgen, muss sich der Konsequenzen eines solchen Ansatzes bewusst sein und mit ihnen umgehen können.« (Kerstan 1995: Topic 4.2, Handout 1, ohne Seitenangabe)

Guijt (1998: 54) weist darauf hin, dass ohne eine genaue Reflexion möglicher Konflikte »der gesamte Prozess kontraproduktiv sein könnte und diejenigen ›disempowern‹, die eigentlich von diesem Prozess Vorteile haben sollten«. Aber nicht nur die Wahrnehmung von Konfliktpotentialen, sondern auch ein entsprechendes Handeln in Konfliktsituationen, respektive die Entwicklung und das Training von Konfliktlösungsmechanismen wären für einheimische und ausländische Fachkräfte, die einen solchen Prozess anleiten und begleiten sollen, notwendig. Diese Instrumente befinden sich jedoch nicht mehr in der »Toolbox«, die partizipative Methoden zur Verfügung stellt. Beckmann (1997: 122f.) macht deutlich, dass Verantwortung, die sich aus Widersprüchen und Gefahren von partizipativen Methoden ergibt, auf individuelle Projektmitarbeiter/innen abgewälzt wird. Linda Mayoux schließlich sieht in der Annahme, es bestehe immer eine Möglichkeit des Konsens, eine dem Partizipationsdiskurs inhärente Spannung: »(...) es ist wahrscheinlich, dass verschiedene Teilnehmer/innen verschiedene Prioritäten setzen, und es könnte sein, dass Konsens nicht möglich ist« (Mayoux 1995: 241).

Ein zweites Spannungsverhältnis zwischen Partizipation und Gender ergibt sich in der Anwendung partizipativer Methoden. Deren Kernstück ist die Gruppendiskussion und deren Visualisierung: Verschiedene Gruppen von Dorfbewohner/innen besprechen zunächst unter sich Probleme und zeichnen daraus Karten, Diagramme und Tabellen, um den Gruppenprozess und die Ergebnisse festzuhalten und ihre Perspektive in ein Dorfplenum einfließen zu lassen, das schließlich Entscheidungen über Projektmaßnahmen beschließt. So zumindest kann idealtypisch ein partizipativer Prozess aussehen. Die gruppenorientierten Methoden mit Visualisierungen (RRA) werden in der Literatur überwiegend als ›angepasste‹ Methoden dargestellt, mit denen Dorfbewohner/innen leicht umgehen können:

> »Die erste Entdeckung ist, dass Dorfbewohner/innen eine größere Fähigkeit haben, zu kartieren, modellieren, quantifizieren, abzuschätzen, klassifizieren, punktieren und graphisch darzustellen, als es Außenstehende generell für möglich gehalten hätten.« (Chambers 1992: 20).

Dies suggeriert, dass es für »die Dorfbewohner« einfach sei, mit abstrakten Modellen von RRA-Instrumenten (Karten, Diagramme, Tabellen) umzugehen. Zwar wird bei der Anwendung von RRA-Instrumenten der Heterogenität einer sozialen Dorfstruktur dadurch Rechnung getragen, dass Gruppen nach Geschlecht und Alter gebildet werden. Dies kann jedoch kaum verhindern, dass einige Gruppen besser mit einem Instrument umgehen können als andere. Dies zeigt ein Beispiel aus dem südlichen Mali: Im Rahmen einer Studie zur Nutzung und zum Schutz natürlicher Ressourcen (SLE 1995) stellte sich heraus, dass der Umgang mit dem Instrument »Ressourcenkarte« nach Geschlecht und nach Alter sehr unterschiedlich war. Während insbesondere junge Männer mit großer Begeisterung Karten bis in das kleinste Detail zeichneten, hatten insbesondere ältere Frauen in einigen Dörfern eine weitaus größere Hemmschwelle mit »partizipativen« Methoden zu arbeiten und beispielsweise ein Abbild ihrer Umgebung auf den Boden zu zeichnen.[105] Wenn Unterschiede dieser Art nicht ausreichend berücksichtigt werden, birgt dies die Gefahr der Verzerrung. Wenn Männern und Jüngeren der Umgang mit partizipativen Instrumenten leichter fällt, so heißt das, dass sie sich auch leichter durch diese Instrumente artikulieren können. Für den Fall, dass die Dorfgemeinschaft im Konsensverfahren wichtige Entscheidungen zu fällen hat, kann das bedeuten, dass die Ideen und Vorschläge der in der Regel bereits privilegierteren Gruppe den Entscheidungsprozess dominieren.

Aus den Beispielen lässt sich schließen, dass die Rede von Partizipation häufig eine ganze Reihe an Fragen und Problemen verdeckt, die partizipativen Methoden inhärent sind. Die hohe Legitimationswirkung, die vom Partizipationsbegriff ausgeht, kann nicht darüber hinweg täuschen, dass auch oder *gerade* ein »partizipatives« Vorgehen eine Intervention darstellt, deren Folgen nur unzureichend thematisiert und reflektiert werden. Die selbst gesteckten Ziele partizipativer Ansätze können durch ihre Anwendung gar konterkariert werden, bleiben Unterschiede entlang verschiedener Strukturkategorien wie Gender unberücksichtigt. Dies fordert einen kritisch reflektierenden Umgang mit Methoden der Projektplanung, um Potenziale partizipativer Ansätze nicht zu verspielen.

Die hier aufgezeigten Fallstricke verweisen zudem auf Grenzen klassischer Entwicklungsprojekte-Politik, die den Anspruch auf Partizipation zwar für andere proklamiert, ihn jedoch innerhalb vieler Durchführungsorganisationen (auch im Norden) kaum einlöst. Im Partizipationsdiskurs entwickelte sich aus diesem Grunde eine Diskussion darüber, wie Partizipation auch in den verantwortlichen Organisationen als tragendes Prinzip installiert werden kann. Die Forderung, die sich hieraus ergibt, ist eine Organisationskultur, in der transparente und einschließende Verfahren und Entscheidungsprozesse Normalität sind (vgl. Thompson u.a. 1996). Dies weist durchaus Parallelen zu neuen Entwicklungen innerhalb des Gender-Diskurses auf. Auch hier ging es im Verlauf der 90er Jahre zunehmend um Fragen der Institutionalisierung von Gender und um die Veränderungen von Organisationsstrukturen. Um diese Fokuserweiterung von der Zielgruppen- auf die Organisationsebene wird es im folgenden Kapitel gehen.

3.6 Analysen zur Institutionalisierung von Gender

Laut Goetz (1997a: 3) ist dem GAD-Paradigma immanent, dass auch die institutionellen Regeln der involvierten entwicklungspolitischen Organisationen geändert werden müssen. Allerdings ist die Rede von einer Institutionalisierung von Gender erst in späteren Dokumenten des GAD-Diskurses zu finden: Die bisher diskutierten Gender-Ansätze beinhalten vor allem eine Gender-Analyse auf der Ebene von Projekten und Gender Trainings für entwicklungspolitisches Personal auf verschiedenen Interventionsebenen.[106] Grenzen wurden jedoch dort deutlich, wo Bemühungen der Umsetzung auf in den verantwortlichen Organisationen eingelagerte Geschlechterverhältnisse und institutionelle Widerstände stießen. So stellt Goetz fest:

> »Der Trainings-Ansatz identifiziert das Problem implizit als einstellungsbedingt; er geht davon aus, dass der Widerstand verschwindet, sobald sexistische Einstellungen

verändert werden. Die Suche nach einfachen Formeln und Werkzeugen, um Gender-sensitive Daten und Praktiken in Projekte und politische Maßnahmen zu integrieren, geht von dem Glauben aus, dass sich Technik darüber hinwegsetzen kann, dass Formen von Vorurteilen in organisatorischen kognitiven Systemen und Arbeitskulturen eingelagert sind. Beide Ansätze unterschätzen die Rolle, die die diskriminatorischen Gender-spezifischen Muster in Anreizsystemen, Verantwortlichkeitsstrukturen und bürokratischen Verfahren dabei spielen, die GAD-Bemühungen entgleisen zu lassen.« (Goetz 1997a: 4).

Infolge dieser Einsicht gab es ab Mitte der 90er Jahre innerhalb des GAD-Diskursstranges eine Debatte um die Frage der Grenzen von GAD, die sich durch Entwicklungsbürokratien und deren eingelagerte Gender-Struktur ergeben (z.B. MacDonald 1994, Goetz 1997, Rao u.a. 1991). Als neue Herausforderung im GAD-Kontext kommt damit die Transformation der Entwicklungsdienste selbst hinzu. Diese neue Dimension ist auch deswegen für die vorliegende Arbeit interessant, da sie eine selbstreflexive Wende impliziert und die Anforderung der »Gender-Gerechtigkeit«, die bisher an die »Partner« im Süden herangetragen wurde, nunmehr in den Norden rückwirkt. Eine solche Umkehrung bisheriger Entwicklungsverhältnisse (im Sinne Nord entwickelt Süd) wird deutlich, wenn der simbabwische Gender-Trainer Jonah Gokova[107] fordert:

»Während deutsche Organisationen schnell Druck auf ihre Partner im Süden ausüben können, wird von den gleichen Organisationen überhaupt kein Druck innerhalb ihrer Organisationen ausgeübt, Grundsätze für Gendergleichheit bei sich durchzusetzen. Deutsche Organisationen müssen mehr für ihre eigenen Strukturen, ihre Kultur und Werte tun. « (Gokova 1998: 26)

Für die Umsetzung dieser Anforderung bedurfte es neuer Analyse-Ansätze, die auch im Verlauf der 90er Jahre auf den Markt kamen: Fragen nach der Ressourcenverteilung auf Makro- und Mesoebene, also zum Beispiel von Regierungen und Organisationen, können etwa mit einer *Gender-Budget-Analyse* beantwortet werden; das *Gender- Audit* untersucht Genderstrukturen innerhalb von Organisationen.

Im Kontext der Institutionalisierung von Gender haben sich vor allem drei Analyse-Ansätze als konkrete Instrumente etabliert, die ich hier vorstellen möchte:

a) Das »Netz der Institutionalisierung von Gender« von Caren Levy (1996) – sie hat ein umfassendes und flexibel einsetzbares Analyseinstrument zur Institutionalisierung geschaffen;
b) Gender-Budget-Analysen, die das Ziel haben, Gender als Analysekategorie im Bereich der Ressourcenverteilung zu etablieren (vgl. Reeves/Wach 1999);
c) Organisationsanalysen, die unter der Bezeichnung Gender-Audit gefasst werden können (vgl. z.B. Rao/Stuart/Kelleher 1991).

a) Das Netz der Institutionalisierung nach Levy

Der erste Ansatz, der über eine Projektebene hinausgeht und sich explizit auf Organisationen bezieht, ist das »Netz der Institutionalisierung von Gender« von Levy (1996). Levy begründet die Entwicklung ihres Instruments aus einer kritischen Beleuchtung der GAD-Praxis, es bedürfe: »(...) einer angemessenen Methodik, die eine Gender-Perspektive in Mainstream-Entwicklungspraktiken anstoßen und aufrechterhalten kann« (ebd.: 2). Levys Netz kann einerseits als Diagnoseinstrument und andererseits als handlungsanleitendes Instrument gebraucht werden. Es besteht aus dreizehn Elementen, die Gegenstand der Analyse sein müssen, um Genderstrukturen auf jeder Ebene und in jedem Verfahren einer Organisation zu verändern.[108] Das Netz ist dadurch charakterisiert, dass die Form der Elemente des Netzes kontextspezifisch ist. Obwohl jedes Element in den Aktivitäten jeder Gruppe und Akteure präsent ist, kann die Form des Elements für jede Gruppe unterschiedlich sein. Dabei sind die Sphären, in denen mit diesen Elementen umgegangen wird und in denen sie eingesetzt sowie geformt werden: Politik, Organisation, Technik und Forschung. Um die Elemente des Netzes in Gang zu setzen, erfordert es nach Levy gemeinsames Handeln durch Konfliktlösung, Kooperation, Konsultation und Verhandlung auf lokaler, nationaler und internationaler Ebene. Das Vorgehen, das dieses Instrument nahelegt, entspricht einem umfassenden Gender Mainstreaming, wenn es z.B. auf der Ebene einer Organisation angewandt wird. Levys Analyse kann sich jedoch auch auf größere Einheiten wie Staaten beziehen. Auch Levys Gender-Konzept ist vor allem das einer Analysekategorie im Sinne der »Gender-Brille«: Sie stellt ihren Ansatz vor als »(...) einen spezifischen diagnostischen und operativen Rahmen für die Institutionalisierung einer Gender-Perspektive in Entwicklungspolitik, -praxis und -planung« (Levy 1996: 1). Zwar definiert sie dabei den Begriff Institutionalisierung, auf Gender als solches geht sie jedoch lediglich implizit ein.[109] Ihr Gender-Konzept ist insofern offen, als sie auf den »Schnittpunkt von Gender-Beziehungen mit anderen Beziehungen« (ebd.: 3) verweist. Auch ist Ausgangspunkt und erstes Element der Analyse »die Erfahrung von Frauen und von Männern und die Interpretation ihrer Wirklichkeit« (ebd.: 5) – diese sehr offene Formulierung kann jede Art von Ausgrenzungserfahrung meinen sowie auch die Erfahrung von geschlechtlicher Zuschreibung als Zwangsmoment. Bei den Schlüsselfragen, die erklärend für diesen Baustein gestellt werden, werden andere Kategorien jedoch wiederum nicht erwähnt, vielmehr wird auf oben beschriebene Ansätze des GRF, TRF und SRF verwiesen.[110] Dies deutet auf ein geschlossenes Gender-Konzept hin. Die Stärke des Ansatzes liegt dennoch vor allem in der Vielfalt der Analysethemen und -ebenen, die es ermöglicht, Gender mit Inhalten und Prioritäten zu füllen und dem jeweiligen Kontext anzupassen. Das heißt, dass dieser Analyse-

Ansatz durchaus das Potenzial hat, verschiedene Gender-Konzepte zu integrieren.

b) Gender-Budgeting

Eine Gender-Budget-Analyse kann als Element des Gender Mainstreaming gesehen werden (vgl. auch Taylor 1999: 21), jedoch hat Gender-Budgeting eine eigene Geschichte und entsprechend einen eigenen Diskurs. Vor allem auf der Ebene nationaler Staatshaushalte haben sich gegen Ende der 90er Jahre eine Vielzahl an Gender-Budget-Initiativen gebildet, so zum Beispiel in Australien, Südafrika, Kanada und Tansania (vgl. Reeves/Wach 1999). Heute bestehen in über 40 Ländern weltweit Budgeting-Initiativen in unterschiedlicher Form (vgl. Budlender 2002). In Deutschland steckt eine Umsetzung von Gender-Budgeting – im Gegensatz zu Gender Mainstreaming – noch in den Kinderschuhen (vgl. Schratzenstaller 2002).[111]

Ein Diskussionsstrang, der hier am Anfang stand und der wesentlich dazu beitrug, dass Gender auf Meso- und Makroebene thematisiert und analysiert wurde, war die feministische Kritik an Strukturanpassungsmaßnahmen. Die Ökonomin Diane Elson zeigte, wie durch Einsparungsmaßnahmen Kosten dadurch externalisiert werden, dass Regierungen Arbeit und damit Kosten in die Sphäre des Privaten, der »Care-Ökonomie« abwälzen, was sie dann als Einsparung innerhalb des Staatshaushaltes verbuchen (vgl. Elson 1991). Diese ›Kosten‹ sichtbar zu machen, ist vorrangiges Ziel von Gender-Budget-Analysen.

Dabei gibt es hier keine Standardinstrumente: Die Analyse kann innerhalb verschiedener Ressorts und Themenfelder sowie auf verschiedenen Politikebenen (lokal, regional, national) durchgeführt werden, auch sind in verschiedenen Kontexten unterschiedliche Akteur/innen (zivilgesellschaftliche und/oder parlamentarische Gruppen, Regierungsstrukturen) jeweils Motor der Analyse (vgl. Lowe Morna 2000).

Aus einer gender-theoretischen Sicht besteht bei Gender-Budgets vor allem die Gefahr, dass Frauen im Allgemeinen der »Care-Ökonomie« zugeordnet werden und damit erneut Zuschreibungen manifestiert werden. In einigen Dokumenten taucht das Instrument unter der Bezeichnung »Women's Budget« auf, ohne dass eine inhaltliche Unterscheidung zu Gender-Budget deutlich gemacht wird (vgl. z.B. Women's International Leage for Peace and Freedom, ohne Datum).[112] Um eben diese Care-Ansätze gibt es seit den 80er Jahren erhebliche Auseinandersetzungen (vgl. Kapitel II, vor allem die Ausführungen zu Chodorow und Gilligan), die zu einem Care-Konzept führen sollen, das eben nicht ohne weiteres mit der Kategorie ›Frauen‹ in Verbindung gebracht wird. Die vorausgesetzte Deckungsgleichheit der Care-Ökonomie und der Frauenarbeit, wie sie in Veröffentlichungen zu Gender-Budgets zu finden ist, wird problematisiert.[113] Eine aus theoretischer Sicht interessante Entwicklung ist allerdings, dass Gender-Budgets zunehmend in eine Debatte um Demokratisierung und Transparenz von Ressourcenverteilung eingebettet werden. So sprechen Cağatay u.a. (2000) von »People-Centred Budgets« (ebd.: 11f.), hier werden das Gender-Budgeting in Australien, den Philippinen und Südafrika als erfolgreiche Beispiele vorgestellt: »(...) solche Initiativen können auch die allgemeine menschliche Entwicklung und den effektiven Gebrauch von Ressourcen fördern und dabei helfen, Armut zu reduzieren« (ebd.: 36). Ein solches In-Beziehung-Setzen von Gender zu anderen sozialen Kategorien zeugt von einem eher offenen Gender-Konzept, das eine Koalitionsstrategie verschiedener sozialer Gruppen nach sich ziehen kann.

c) Gender-Auditing

Wie oben erwähnt, hatte Naila Kabeer (1994) bereits Leitfragen für ein Gender-Audit in Organisationen formuliert, diese bezogen sich allerdings vor allem auf entwicklungspolitische Interventionen. Der Ansatz des Gender-Audit steht heute hingegen im Zusammenhang mit der Forderung nach Transformation von Organisationen, wobei es nicht nur um die Struktur im Sinne einer inklusiven Personalpolitik, sondern darüber hinaus um eine neue »Organisationskultur« und einen »Wertewandel« innerhalb der jeweiligen Organisation gehen soll. Dabei handelt es sich nach Watson und Bolzan (1999) schlicht darum, die Rolle von Gender in einer Organisation zu untersuchen (vgl. ebd.: 1). De Beuk (2000) stellt ihren computergestützten »Gender and Diversity Audit« vor als

> »(...) Instrument mit dem Ihre Organisation sich selbst in zwei Aspekten – wie mit einer Art Röntgenaufnahme – analysieren kann:
>
> – das Maß, nach dem Gender und Diversity tatsächlich in der Organisation umgesetzt wurde, sowohl in den politischen Maßnahmen als auch Praktiken (das so genannte Thermometer, das die tatsächliche Durchführung feststellt)
>
> – das Maß, nach dem die Organisation das Potenzial hat, erfolgreiche Gender- und Diversity-Politik und -Praktiken umzusetzen (das so genannte Potenzial, das die zugrundeliegenden Faktoren für Erfolg misst). « (ebd.)

Wie bei einer Gender-Budget-Analyse kann ein Gender-Audit kaum nach einem standardisierten Verfahren durchgeführt werden, da es der jeweiligen Organisation angepasst werden muss. In der Regel werden dabei klassische sozialwissenschaftliche Erhebungsinstrumente wie Fragebögen und (Gruppen-)Interviews eingesetzt (vgl. z.B. Watson/Bolzan 1999). Gegenstände der Untersuchung sind zum Beispiel die Personalstruktur der Organisation (wie viele Männer/Frauen haben jeweils welchen Posten inne?), Kommunikations- und Entscheidungsstrukturen (z.B. welche informellen Netzwerke bestehen innerhalb der Organisation? Wer trifft welche Entscheidungen?), der Grad der Sensibilisierung der Mitarbeiter/innen in Gender-Fragen sowie Inhalte der Arbeit der jeweiligen Organisation (vgl. z.B. Watson/Bolzan 1999, De Beuk 2000).

Was das Gender-Konzept bei Gender-Audits betrifft, so kann an dieser Stelle nur eine begrenzte Aussage gemacht werden, da auch hier derzeit noch keine Grundlagen- oder Einführungsliteratur vorliegt. Vielmehr geben verschiedene Organisationen Berichte über durchgeführte Gender-Audits heraus, die lediglich halb öffentlich und nicht wissenschaftlich abgefasst sind. Dennoch sind Unterschiede bei einzelnen vorliegenden Papieren auszumachen. So finden wir bei Watson und Bolzan (1999), die eine Gender-Audit-Methodologie für die australische Sektion von *amnesty international* erarbeitet haben, ein ausdifferenziertes Gender-Konzept, bei dessen Erklärung auf Theoriequellen zurückgegriffen wird: Gender könne als Konzept nur schwer gefasst werden und sei:

> »(...) nicht eine festgelegte Reihe von Merkmalen, die Menschen routinemässig in jeder Situation mitbringen, (*sondern*) eine Eigenschaft von Interaktionen anstatt von Individuen oder sozialen Strukturen. Es handelt sich um eine Reihe von Möglichkeiten anstatt um feststehende Tatsachen.« (Morgan 1996: 93, zit nach Watson/Bolzan 1999: 3)

Watson und Bolzan gehen zudem auf die Ambivalenz von Gender ein, indem sie Gender explizit als Analysekategorie für ihre Zwecke ausweisen und von der Kategorie Frauen abgrenzen:

> »Im Entwurf und in der Durchführung eines Gender Audit benutzen wir die Gender-Idee nicht als beschreibende Kategorie, als einen Ersatz für die Kategorie ›Frau‹, sondern in analytischer Weise, als konzeptuelles Werkzeug, das es uns ermöglicht, Dinge zu sehen und Fragen zu stellen und Themen für Diskussion und Handeln zu erschliessen, bei denen wir ansonsten Schwierigkeiten hätten, sie wahrzunehmen. Aus diesem Grund ist das, was wir hier vorstellen, nicht nur eine begrenzte Übung, oder eine, die alleine für Frauen in der Organisation Konsequenzen hätte.« (Watson 1999: 5).

Zwar lässt dieses Zitat mehrere erkenntnistheoretische Möglichkeiten von Gender zu und verweist somit auf die Ambivalenz des Konzepts, allerdings konterkariert die Abgrenzung zur Kategorie »Frauen« ein Verständnis von Gender, das eine Problematisierung (und sogar eine Überwindung) eben dieser Kategorie nach sich ziehen würde.

Im Kontext des Ansatzes Gender-Audit ist neben eben genannter theoretischer Anreicherung eine Erweiterung im Sinne eines offenen Gender-Konzepts festzustellen: So fragt zum Beispiel oben genannte Software für ein *Gender and Diversity Audit* (De Beuk 2000) verschiedene Ungleichheitsverhältnisse ab, genannt werden »Gender, ethnischer Hintergrund, Alter, Religion, sexuelle Orientierung, physische Möglichkeiten, sozialer Hintergrund« (vgl. De Beuk 2000). Ergebnisse erhalten die Anwender/innen erst, wenn sie mindestens zwei Ungleichheitskategorien bearbeitet haben (vgl. ebd.).

Weitere Möglichkeiten ergeben sich im Kontext eines Gender-Audits durch einen Fokus auf Kommunikationsstrukturen und Organisationskultur. Dies verweist darauf, dass Gender auch auf symbolischer Ebene verankert ist – ein Gedanke der tiefer geht als die Verortung von Gender in materiellen Bezügen wie Arbeitsteilung oder Ressourcenkontrolle.

Im Hinblick auf die drei neueren Ansätze der Institutionalisierung, die ich beschrieben habe, ist festzustellen, dass die Ambivalenz von Gender hier sehr deutlich zum Tragen kommt. Gender wird als in Organisationen eingeschrieben gefasst, es ist die Rede von der »gendered organization« (Rao u.a. 1991: xi). Gender wird hier selbst zu einer Institution, die innerhalb einer Organisation/eines Staates wirkt. Beikommen möchte man dieser Ausschlüsse produzierenden Institution wiederum mit Hilfe der Analysekategorie Gender. Dabei wir deutlich, dass sich gerade Gender-Budgets klar an der »Mann-Frau«-Differenz orientieren: Ressourcen werden daraufhin überprüft, ob sie an Männer oder Frauen verteilt werden. Auf der anderen Seite scheinen neuere Vorschläge der Instrumentalisierung von Gender für eine Gender-Analyse durchaus aktuelle Theorieimpulse aufzugreifen, insbesondere scheint es hier einen Trend zu einem offeneren Gender-Konzept zu geben.

3.7 Gender mit Gender analysieren?

Die Ausdifferenzierung von Gender-Analyse-Ansätzen hat, wie gezeigt, zu einer Erweiterung von Gender als Konzept im Entwicklungsdiskurs geführt: Zielte in den ersten Ansätzen, wie dem Harvard-Framework, die Analyse vor allem auf Frauen, mit einem Fokus auf geschlechtsspezifische Arbeitsteilung auf der »Zielgruppen«-Ebene, so weisen jüngere Ansätze wie der SRF mehr theoretische Reflexion und Offenheit auf.

Der Grad an erkenntnistheoretischer Reflexion geht jedoch nicht so weit, dass die Frage gestellt wird, wie die »Gender-Brille« – mit deren Hilfe Gender-Analyse ja erst möglich wird – beschaffen ist, das heißt die Frage nach den erkenntnistheoretischen Prämissen des Analyseinstruments, das ja Einfluss auf Analyseergebnisse haben muss, bleibt aus, vielmehr wird Gender als Analysekategorie einfach angenommen, ohne die Ambivalenz von Gender zu thematisieren: Gender ist eben nicht nur Analysekategorie (Erkenntnismittel), sondern auch eine Zuweisungen erst herstellende Strukturkategorie (und damit Erkenntnisgegenstand). In den analysierten Texten findet sich der Begriff Gender jedoch durchaus auch in letzterem Sinne. Dies weist darauf hin, dass zumindest ein Teil der Gender-Analysen den nicht intendierten »Nebeneffekt« haben kann, dass Gender als Struktur verstärkt wird. Aus einer Perspektive, die aus besagten Gründen ein offenes und transitives Verständnis von Gender fordert, könnte eine schematische Erhebung von Daten entlang der »Mann-Frau«-Differenzierung, wie sie in Gender-Analysen im Rahmen von Projektplanung oft angelegt ist, somit zur Determinierung von Gender-Strukturen beitragen.

4. Gender in Gender Trainings

Im Folgenden geht es um die Analyse und Verortung von entwicklungspolitischen Fortbildungsmaßnahmen, so genannten Gender Trainings. Diese bilden einen wichtigen Bestandteil von Gender Mainstreamings bzw. von »Gender and Development« neben oben aufgezeigten Instrumenten der Gender-Analyse. Allerdings muss betont werden, dass Ansätze des Gender Training älter sind als Gender Mainstreaming und schon alleine deswegen nicht lediglich als ein Instrument dieser politischen Strategie gesehen werden können.

Eine Diskursanalyse kann nur begrenzt Aussagen darüber machen, in welcher Form letztlich verschiedene Trainingsansätze in der Praxis zum Zuge kommen, denn Handbücher können und sollen nur eine Orientierung zur Gestaltung von Trainings geben.[114] Doch Handbücher stellen durchaus Handlungsanleitungen dar und sind nicht lediglich »Texte«. Dies bestätigte sich bei der Teilnahme der Verfasserin an vier Gender Trainings im deutschsprachigen Kontext.[115] In all diesen Trainings wurde eine spezifische Vorstellung von Gender vermittelt, wie sie in nahezu allen Handbüchern vorkommt.

Das vorliegende Kapitel behandelt also die Frage, wie Gender als Konzept im Rahmen von Gender Trainings vermittelt wird. Zu diesem Zweck wird zunächst beschrieben, was unter dem Feld Gender Training zu verstehen ist: Behandelt werden unterschiedliche Formen von Trainings sowie die Frage, welcher Stellenwert diesen Trainings in der Literatur zugeschrieben wird. Dann werde ich auf Ergebnisse einer Befragung unter Gendertrainer/innen eingehen, sie gaben eine Einschätzung über Trainingshandbücher, über Gender als Konzept und über Elemente ihrer Trainingspraxis.[116] Ein nächster Schritt wird die Analyse ausgewählter Trainingshandbücher sein.

Die Gender Trainings bedienen sich in der Regel eines zweistufigen Aufbaus: Es geht hier einerseits um Sensibilisierung, also um eine Steigerung des Bewusstseins der Teilnehmenden für geschlechtsspezifische Sozialisation, Stereotypen und Rollenmuster. Zu diesem Zweck bieten die Handbücher Materialien und Vorschläge für gruppendynamische Übungen an. Die entsprechenden Instruktionen für Gender-Trainer/innen befassen sich teilweise direkt mit Gender als einem Konzept und eignen sich deswegen für eine Analyse des theoretischen Subtextes von Gender im Entwicklungsdiskurs.

4.1 Gender Training als Instrument

Gender Training existiert seit Ende der 80er Jahre und hat sich in einem internationalen Kontext sowie aufgrund des Engagements und politischen Drucks von Akteur/innen verschiedener politischer Ebenen etabliert.[117] Heute besteht ein Gender Training-Markt, auf dem verschiedenste Institutionen und Akteur/innen mit unterschiedlichen Ansätzen für verschiedene Zwecke und Zielgruppen konkurrieren.[118]

Im entwicklungspolitischen Kontext ist das Aufkommen von Gender Trainings noch innerhalb des WID-Paradigmas zu verorten. Es diente zunächst dazu, Mitarbeiter/innen der Organisationen, die Gender-Analysen durchführten (zum Beispiel den »Harvard-Ansatz« vgl. Overholt u.a. 1985)[119], die hierzu notwendigen Fähigkeiten zu vermitteln. Eine weitere Komponente steht vor allem bei Handbüchern im Vordergrund, die Anfang der 90er Jahre erschienen: Der Aspekt der Sensibilisierung und Bewusstseinsbildung, d. h. die (Selbst-) Reflexion von Gender-Mustern mit den Teilnehmenden rückt stärker in den Vordergrund. In diesem Sinne beschreibt MacDonald Gender Training als:

> »(...) ein Werkzeug, eine Strategie, ein Raum für Reflexion, ein Ort der Diskussion oder möglicherweise für Auseinandersetzung. Training ist ein transformativer Prozess: es zielt darauf ab, Wissen zu erweitern und Verstehen zu entwickeln, um Verhaltensweisen zu verändern und neue Fähigkeiten anzubieten, mit denen dies getan wird« (ebd.: 1994: 32).

Das heißt, Gender Trainings verfolgen in der Regel das doppelte Ziel der Sensibilisierung in Gender-Fragen (reflexive Komponente) und der Befähigung, Gender als Analysekategorie anzuwenden (instrumentelle Komponente). Gender kommt also auch im Rahmen von Gender Trainings in einem doppelten (und ambivalenten) erkenntnistheoretischen Sinn vor, als Strukturkategorie und als Analysekategorie. Innerhalb der reflexiven Komponente wird Gender als Struktur eher problematisiert, bei der instrumentellen Komponente wird Gender als Instrument gebraucht. Je nach Ausrichtung und Zielsetzung von Handbüchern werden hier jeweils unterschiedliche Schwerpunkte gesetzt.

Obwohl das Feld Gender Training in sich heterogen ist, gibt es ein gemeinsames Merkmal: Das genuine Ziel von Gender Training ist laut Maitrayee Mukhopadhyay und Margérite Appel (1998):

> »(...) Gender bewusst als Analysekategorie (im Gegensatz zu Beschreibung) einzubringen, um die unterschiedlichen Bedürfnisse und Interessen von Frauen und Männern und deren ungleiche Repräsentation aufzuzeigen, und Bewusstsein zu erweitern sowie Gender-Stereotypen abzubauen, die das Handeln von Individuen und Institutionen beeinflussen« (ebd.: 16).

Braidotti u.a. führen des Weiteren das Ziel der »Gender-Alphabetisierung«, die bei Teilnehmenden hergestellt werden soll, als eine wichtige Strategie von GAD an. Diese definieren sie als:

> »(...) den Interessen von Frauen auf jeder Ebene und in jedem Bereich der Arbeit der Organisationen Rechnung zu tragen. Das beinhaltet die Überprüfung von Policy-Dokumenten, Beschäftigungspolitik, Projektplanung, nach Geschlecht getrennte Datenerhebung, Monitoring- und Evaluierungsverfahren, und so weiter« (Braidotti u.a. 1994: 82).

Bereits diese Zitate machen deutlich, dass im Rahmen von Gender Training-Praxis die Kategorie Gender eingeführt und multipliziert wird, dabei werden unterschiedliche Vorstellungen von Gender in den jeweiligen Trainings stark gemacht. Gendertrainer/innen tragen zudem zur Gender-Theoriebildung bei, indem sie Gender als Konzept explizit diskutieren. So zum Beispiel im Rahmen eines internationalen Treffens von Gendertrainer/innen in Amsterdam 1993, dessen Dokumentation in einem Unterkapitel zu »Gender-Konzepte« verschiedene Trainings- und Planungsperspektiven diskutiert (Rao u.a. 1991: 19ff.). Ranjani Krishnamurthy kritisiert hier gängige Ansätze (den *Gender Role Framework*, den *Triple Role Framework* sowie die *Gender Analysis Matrix*, vgl. Kapitel III.3.1, III.3.2 und III.3.4) aus einer asiatisch-feministischen Perspektive als nicht weitreichend genug und westlich-universalistisch (ebd.: 21ff.).

Neben diesen selbstreflexiven Tendenzen stellen Veröffentlichungen zu Gender Trainings auch deren Grenzen heraus: Bewusstseinswandel und spezifische Fähigkeiten auf individueller Ebene reichten eben nicht aus, um die in Institutionen eingelagerten Gender-Arrangements zu durchbrechen (vgl. MacDonald 1994; Goetz 1995; MacDonald/Sprenger/Dubel 1997; Porter/Smyth 1999). Aus diesem Grunde wurde Gender Training zunehmend eingebettet in die weitere Strategie des Gender Mainstreamings (siehe oben, Kapitel III.3.6). Gender Training stellt sich innerhalb dieser Strategie als (nur) ein Instrument von mehreren zur Erreichung von Mainstreaming dar (vgl. Levy 1996, Porter/Smyth 1999).

Die Diversität des Feldes Gender Training wird deutlich, vergegenwärtigt man sich eine Reihe an Unterscheidungskriterien:

Typen von Gender Trainings

Dauer	Minimum: Zwei Tage... ...bis mehrere Wochen... ...übergehend zu fortlaufend (Training on the Job)
Zielgruppen	• Teilnehmer/innen, die freiwilig/nicht freiwillig teilnehmen • Mitarbeitende auf unterer/mittlerer/hoher Ebene • Teilnehmer/innen, die kontinuierlich in einem Arbeitszusammenhang stehen oder Teilnehmer/innen aus unterschiedlichen Arbeitskontexten. • Organisationen, die Projekte im Ausland durchführen/ nicht durchführen • ausreisende »Expert/innen« und Rückkehrende • Angehörige von Nichtregierungsorganisationen/ staatlichen Organisationen/Universitäten/Stiftungen ... • Entscheidungsträger, Verwaltungen, Umsetzer/innen • Training of Trainers
Ziele	• Sensibilisierung, Überdenken des eigenen Verhaltens, Verhaltensänderung • Vermittlung von Inhalten der Theorie und Praxis von Gender Mainstreaming bzw. Gender and Development • Anleitung zur Gender-Analyse auf verschiedenen Ebenen z.B. Zielgruppenanalyse, Institutionenanalyse, Budgetanalyse, u.a. • Themen- bzw. sektorbezogenes Training oder nicht themen-/sektorbezogenes Training
Methode	• Lehrende Methode, überwiegend mit Inputs und Folien arbeitend • Teilnehmer/innenorientierte und offene Methoden, eher mit Arbeitsgruppen und Diskussionen arbeitend
Ebenen	• individuelle, persönliche Ebene • Zielgruppenebene • Organisationsebene
Einbettung	• spezielle Ausbildungseinrichtung zu Gender • Training, das von Mitarbeiter/innen der jeweiligen Institution geleitet wird • Training, das durch externe Trainer/innen geleitet wird

Das Material, das Gender Trainings zugrunde liegt, wird in der Regel von den Trainer/innen für den jeweiligen thematischen und institutionellen Kontext zusammengestellt. Größere Organisationen wie Oxfam und die GTZ haben eigene Trainingshandbücher herausgegeben (vgl. Williams 1994,

Kerstan 1995 und Augustin 1996), andere Handbücher entstanden für einen regionalen oder auch nationalen Kontext (vgl. Kannabiran 1996), wiederum andere wurden für einen thematischen Fokus, wie zum Beispiel Gender und Ökologie ausgearbeitet (vgl. Thomas-Slayter u.a. 1993). Daneben gibt es Handbücher, die in einem speziellen Projektekontext verfasst wurden und sowohl Handbuch als auch Dokumentation eines bestimmten Trainings sind (vgl. Ekwoge u.a. 1998). Aus dieser Vielzahl an Publikationen wurden diejenigen ausgewählt, die die befragten Gender-Trainer/innen als für ihre Arbeit wichtig einschätzten, bzw. die sie als Grundlage für ihre Trainings benutzen. Ich stelle also zunächst die Ergebnisse der Umfrage vor, die ich mit deutschen Gender-Trainer/innen durchgeführt habe, um auf dieser Grundlage zu analysieren, wie Gender als Konzept im Rahmen der Gender-Sensibilisierung in diesen Handbüchern vermittelt wird.

4.2 Gender-Trainer/innen zu Gender Training

Die Umfrage bei Gendertrainer/innen wurde zwischen 1998 und 2000 durchgeführt. Dabei ist die Zahl der Gendertrainer/innen, die im entwicklungspolitischen Kontext in Deutschland arbeiten, überschaubar. Die weiblichen Trainerinnen sind im *Netzwerk Gender Training* organisiert, dem die Verfasserin angehört und das den Hauptzugang zu den Befragten darstellte. Insgesamt wurden acht Trainer/innen (davon ein Mann) befragt, sieben der Fragebögen flossen in die Auswertung ein, da eine Trainerin nicht im entwicklungspolitischen Bereich arbeitet. Die Trainerinnen hatten bis zum Zeitpunkt der Befragung zusammen etwa 110 Trainings im entwicklungspolitischen Bereich (im In- und Ausland) durchgeführt, und zwar sowohl im Bereich von NRO als auch für Regierungsorganisationen und Universitäten.[120] Die Ergebnisse der Umfrage, die ich im Folgenden darstelle und interpretiere, möchte ich vor dem Hintergrund dieser geringen Anzahl von Befragten verstanden wissen. Zwar werde ich mit Durchschnittswerten arbeiten, wenn jedoch zum Beispiel Bewertungen sehr polarisiert ausfallen, mache ich dies aufgrund der kleinen Fallzahl kenntlich.

Um das Feld abzustecken, habe ich zunächst drei Expert/inneninterviews geführt: mit der Trainerin Eva Engelhardt, mit dem Trainer Daniel Orellana sowie mit dem simbabwischen Trainer Jonah Gokova. Allerdings wurden diese Interviews nicht detailliert ausgewertet, sie bildeten vielmehr einen hypothesengenerierenden Rahmen, der auf die Fragestellungen bzw. den Fragebogen hinführte.

Der Fragebogen ist in fünf Sektionen aufgeteilt: Es geht zunächst um die Bekanntheit und Bewertung von Gender Training-Handbüchern (1), dann um Gender als Konzept (2), dann um die Inhalte der von den Befragten durchgeführten Trainings (3). Es geht noch um die jeweiligen Trainingserfahrungen der Befragten (4) und den Schluss bildet eine offene Frage zum Thema (5).

Im Folgenden werde ich entsprechend der Struktur des Fragebogens die Antworten zusammenfassend beschreiben und bereits interpretieren. Der Bewertungsmaßstab für die vorliegende Arbeit ist vor allem die Frage, inwieweit Gender-Theorien in den Antworten der Trainerinnen berücksichtigt werden, entsprechend sind die verschiedenen Bedeutungsdimensionen von Gender (vgl. Kapitel II, 9.2) bewertungsrelevant.

4.2.1 Über Gender Training-Handbücher

Allen befragten Trainerinnen war zum Zeitpunkt der Befragung das im Kontext deutscher EZ verfasste Handbuch von Eva Engelhardt und Karin Oswald (1995) bekannt. Nur drei der Befragten gaben hier eine Bewertung ab, die im Schnitt bei »2,7« liegt, dies entspricht lediglich einem vierten Platz in der Rangliste. Das zweitbekannteste Handbuch (sechs Nennungen) ist das im Kontext der kanadischen Entwicklungsorganisation Canadian Council for International Co-operation entstandene Handbuch mit dem Titel »Two Halves Make a Whole« (CCIC: 1991). Dieses Handbuch wird von den Befragten als das Beste bewertet (»2,0« bei vier Bewertungen). Im Mittelfeld der Bekanntheit bewegen sich die GTZ-Handbücher (Kerstan 1995, Augustin 1996), das Handbuch des *Gender Role Frameworks* (Overholt u.a. 1985), das UNIFEM-Handbuch von Parker (1993) sowie das Oxfam-Handbuch (Williams 1994). Die Benotung ist dabei unterschiedlich: Die zweitbeste Bewertung bekamen Overholt u.a. (1985) und Williams (1994) (»2,25«, jeweils vier Bewertungen), auf Platz drei findet sich das GTZ-Handbuch von Augustin (1996) und auf Platz vier liegt (zusammen mit dem bekanntesten Handbuch von Engelhardt und Oswald) das GTZ-Handbuch von Kerstan. Allerdings sind die Bewertungen dieses Handbuchs sehr kontrovers: zwei von drei der Befragten gaben diesem Handbuch eine »1« und eine Befragte eine »6«[121]. Auf Platz fünf (Bewertung: »2,8« bei vier Nennungen) liegt das UNIFEM-Handbuch von Parker (1993). Ein wenig bekanntes Handbuch unter den Trainerinnen ist Thomas Slayter u.a. 1993, ein Handbuch, das ökologisch nachhaltige Entwicklung im Kontext mit Gender thematisiert: Zwei der Befragten kannten es, nur eine bewertete es mit einer »3«, so dass sich dieses Handbuch den letzten Platz in der Benotung teilt mit dem Handbuch von *Save the Children* (Parker 1995), das nur eine Nennung bei »bekannt« bekam. Dies gilt auch für die IDS-Module zu Gender Training (IDS 1992), sie sind nur einer Trainerin bekannt, die sie mit einer »3« bewertete. Für die Bewertung ist hier natürlich zu berücksichtigen, dass diese aufgrund der schmalen Basis auch nur weniger aussagekräftig sein kann. Ein zweites UNIFEM-Handbuch (»A Question of Access«) stellte sich als unter den Befragten weit weniger bekannt heraus als oben genanntes UNIFEM-Handbuch von Parker: nur eine Trainerin kannte es, es bekam dabei keine Bewertung.

Um im Fragebogen nicht benannte Handbücher nicht auszublenden, wurde nach weiteren Handbüchern, die den Trainings der Befragten zugrunde liegen, gefragt. Hier nannte eine Trainerin »Gender in der Programmarbeit der DSE« (mit der Bewertung »2«), eine andere ein Handbuch aus Südafrika (»On our feet« von Mackenzie) und einen Band von Kamla Bhasin (»What is patriarchy?«), eine Weitere nannte »Gender Planning« von Caroline Moser (1993), ein Fragebogen verwies auf ein Handbuch aus den Niederlanden: Das »Gender Assessment Study Manual« (Lingen u.a. 1997). Eine Analyse der sieben bestbewerteten Handbücher folgt in Kapitel III.4.3.

4.2.2 Über Gender

Zum Thema Gender wurde die Frage gestellt: »Welche Literatur zum Thema Gender erachten Sie als wichtig?« Damit verbunden war die Aufforderung, fünf oder mehr Titel in der Reihenfolge ihrer Wichtigkeit zu nennen. Die Frage wurde absichtlich sehr offen gestellt, um herauszufinden, welche Felder die Trainer/innen für das Thema Gender in Betracht ziehen. Die meisten Trainer/innen gaben vor allem Quellen aus dem entwicklungspolitischen Diskurs an (insgesamt 17)[122], dabei vier aus dem Süden. Eine Schwierigkeit bestand darin, dass viele der Befragten hier keine genauen Titel angaben, sondern Autorinnen. Aus dem Bereich feministische Theorie wurden genannt: Scott 1989, Connell 1987, Bennholdt-Thomsen, (Maria) Mies, Ilse Lenz. Des Weiteren wurden die folgenden Ansätze genannt: »fem. Wissenschaftskritik, Standpunkttheorie, feministische Theorie aus dem Konstruktivismus« oder auch Themen wie »Frauenrecht als Menschenrecht« (dazu: Loccumer Protokoll 1994, verschiedene Veröffentlichungen von *terre des femmes* sowie die Autorin Ruth Klingebiel).

Kaum wurde auf Titel verwiesen, die sich auf feministische Gender-Theorien beziehen – mit Ausnahme der Nennung von Scotts Aufsatz (1989) und Connell (1987). Diese Befragte nannte auch zwei Aufsätze von Wieringa (1994, 1997), die sich mit der Verbindung zwischen Gender-Theorie und Entwicklungsdiskurs auseinandersetzen. Eine der Befragten gab den Hinweis auf »wichtige Theoriebezüge im Bereich feministischer Wissenschaftskritik, Standpunkttheorie, feministische Theorie aus dem Konstruktivismus« sowie auf Kamla Bhasins »What is a Boy? What is a Girl?« (1995). Eine weitere nannte die Autorinnen Bennholdt-Thomsen, Maria Mies und Ilse Lenz und schreibt gleichzeitig: »bin hinsichtl. der Theorie-

Debatte eher auf dem Stand von vor 10 Jahren!« Die anderen genannten Publikationen bewegen sich im Bereich Umsetzung und Entwicklungspoltik. Eine Antwort lautete: »Gespräche mit Frauen (wichtiger als Literaturarbeit)«, eine weitere genannte Veröffentlichung ist: Tannen Deborah »Du kannst mich einfach nicht verstehen«. Für mich nicht einzuordnen sind zwei der genannten Publikationen, nämlich: »Domitilia: Wenn man mir erlaubt zu sprechen« sowie »Anne Fine: Bill's neues Kleid, Diogenes 1993«.

Ein Fazit, das zunächst aus den Antworten auf die Frage nach Gender-Literatur gezogen werden kann, ist, dass sich keine der Befragten explizit auf neuere Debatten der Gender-Theorie bezog, selten wurden erkenntnistheoretische Arbeiten herangezogen. Insbesondere Arbeiten im Bereich der Theoriekultur des Dekonstruktivismus, wo Debatten um Gender extensiv geführt wurden, waren den Befragten nicht bekannt oder sie wurden von ihnen als nicht relevant für die eigene Arbeit eingeschätzt. Gleichzeitig waren durchaus Unterschiede zwischen den Antworten der Trainer/innen festzustellen: Die meisten bezogen sich zwar auf »ihren« Diskurs der Entwicklungspolitik, einige nannten jedoch auch Autorinnen außerhalb bzw. ohne direkten Bezug zum entwicklungspolitischen Gender-Diskurs. Eine führte Arbeiten von Saskia Wieringa an, die explizit an der Schnittstelle zwischen Gender-Diskurs und entwicklungspolitischem Gender-Diskurs schreibt. Zwei der Befragten nannten Konzeptpapiere entwicklungspolitischer Organisationen.

Die dritte Frage lautete direkt: »Was verstehen Sie unter Gender?«. Dabei war keine der Antworten[123] an die Sex/Gender-Unterscheidung angelehnt.

Das Wort »sozial« kommt achtmal vor. Bei zwei Antworten steht die Analyse im Mittelpunkt, wobei Gender selbst als »Analysebegriff« oder als »Kategorie, die analysiert« fungiert. Diese beiden Antworten weisen Gender die erkenntnistheoretische Funktion einer Analysekategorie (im Sinne der Gender-Brille) zu, wobei eine der Antworten auch von der »strukturellen Rolle von Ideologie« spricht, hier kommt also die Ambivalenz von Gender zum Vorschein.

Zwei Antworten beinhalteten implizit ein aus der Perspektive von Gender-Theorien problematisches Gender-Verständnis: Die Aussage, Gender sei »die gesellschaftlich geprägte Ausformung der Geschlechtsrollen« lässt darauf schließen, dass davon ausgegangen wird, dass es auch eine *nicht*-gesellschaftliche Ausformung der Geschlechtsrollen geben kann – so kann die »Rolle« in einen vordiskursiven Raum manövriert werden, was einer essenzialistischen Vorstellung von Gender entspräche. Hier zeigt sich die »biologische Fundierung« (Nicholson) von Gender. Ähnlich verhält es sich mit der Aussage »Gender ist die soziale Geschlechteridentität« – kann Identität etwas sein, das sich außerhalb des Sozialen verorten lässt? Und wenn ja, was hieße das dann für die Begründung von Gender?

Die vierte Frage lautete: »Wie erklären Sie Gender anderen Personen? (ggf. in Stichworten)«, wobei es um die Vermittlung von Gender-Konzepten geht. Auch hier fielen die Antworten sehr unterschiedlich aus. Im Gegensatz zur letzten Frage wurde nunmehr dreimal die Unterscheidung zwischen Sex und Gender herangezogen. Mindestens zwei Antworten verwiesen auf Gender als eine Struktur, die auch Sanktionierung von Individuen zur Folge haben und ideologisch eingesetzt werden kann, was auf eine Problematisierung eines dualen Gender-Konzeptes hinweist. Auch legten drei der Befragten einen Schwerpunkt auf die Prozesshaftigkeit, was eher einem dynamischen Gender-Konzept entspricht. Andere Ausgrenzungskategorien wurden an keiner Stelle explizit erwähnt, dies deutet auf ein eher geschlossenes Gender-Konzept hin. Allerdings verwies die Mehrzahl der Antworten auf gesellschaftliche Interaktion oder den kulturellen und ideologischen Kontext, was die vorgefundene Geschlossenheit von Gender wieder abschwächt.

4.2.3 Über Trainings

Der nächste Abschnitt des Fragebogens behandelt die Elemente, die bei den von den Trainer/innen durchgeführten Seminaren relevant sind. Die fünfte Frage lautet dementsprechend: »Welche Elemente und Ansätze kommen in Ihren Trainings zum Tragen?« Es wurde gebeten, die ungefähre Häufigkeit anzukreuzen, wobei eine Auswahl getroffen werden konnte zwischen: 100%, 70%, 50%, 30% und 0%. Eine/r der Interviewten bemerkte zu dieser Fragestellung: »Wir machen verschiedene, auf Bedarf zugeschnittene Trainings. Bestimmte Grundeinführungen sind immer Bestandteil, diese sind mit x bezeichnet. Manche nur bei spezifischen Trainings je nach Thema und Zielgruppe (o)«.

Zunächst zur Frage, auf welchen Ebenen eine Sensibilisierung für Gender-Fragen in den Trainings vorkommt. Zur Kategorie »Sensibilisierung für Gender-Fragen auf gesellschaftlicher Ebene« gaben fünf der Trainer/innen 100% an, eine gab 30% an; eine »Sensibilisierung für Gender-Fragen auf individueller Ebene« kam bei vier Trainer/innen immer vor, bei einer zu 70% und bei einer zu 30%. Eine »Sensibilisierung für Gender-Fragen im Zusammenhang mit einem bestimmten Themenfeld« war bei drei Trainerinnen immer vorgesehen, bei einer je nach Kreis der Teilnehmenden und jeweils bei einer/m zu 70 und zu 50%. Das heißt, dass insgesamt betrachtet durchaus die Komponente der Sensibilisierung im Mittelpunkt der Trainings stand.

Die »technische« Seite, nämlich die Vermittlung von Techniken für die Durchführung von Gender-Analysen, war nicht immer zentral, jedoch häufig: Sie war bei vier von sechs Trainer/innen immer vorgesehen, bei jeweils einer/m bei 50% und 30 % der Trainings. Dabei kamen verschiedene Ansätze zum Zug: Der *Triple Role Framework* kam bei zwei Trainer/innen immer vor, bei einer/m zu 50% und bei weiteren zwei Trainer/innen zu 30%. Kabeers *Social Relations Framework* wurde weniger häufig genutzt und kam lediglich bei einer/m immer vor, bei einer/m anderen zu 30% und bei einer/m weiteren nie. Die Unterscheidung von praktischen und strategischen Gender-Bedürfnissen und Interessen kam bei zwei Trainer/innen immer vor und bei vier zu 30%. Partizipative Analyse-Ansätze (RRA/PRA) wurden bei zwei immer, bei einer/m je nach Zielgruppe und bei jeweils einem oder einer zu 70%, zu 30% und zu 0% in Betracht gezogen.

Im Rahmen der offenen Frage nach »anderen Elementen« wurden weitere Themen und Sektoren genannt, viele davon allerdings ohne Gewichtung: EZ, interkulturelle Kommunikation, psychologische Perspektive, Human Development, Definition WID/GAD, Patriarchat, Standpunkttheorie, Feminismus; Gender Planning nach Moser (30%), institutionelle Verankerung (50%), interkulturelle Übertragbarkeit (70%).

Die Vielzahl der genannten Themen und Ansätze zeigt, dass die Befragten die Trainings nur wenig standardisiert gestalten und dass sie vielmehr zielgruppenorientiert arbeiten.

Die sechste Frage, die ebenfalls unter dem Abschnitt »Trainingselemente« gestellt wurde, war: »Behandeln Sie Gender in Ihren Trainings zusammen mit anderen Themenfeldern? Welche und warum?« Diese Frage wurde offen gehalten, geantwortet wurde hier mit einer Vielzahl an Themen wie: Partnerdialog, interkulturelle Kommunikation, Organisationsentwicklung, sektorale Thematiken wie z.B. Landwirtschaft u.a.

Zusammenfassend ergibt sich folgendes Bild aus der Befragung der sechs Trainerinnen und des Trainers: Das Theoriewissen bezüglich Gender der Trainer/innen stammte vor allem aus dem Entwicklungsdiskurs und nur bei einigen wenigen aus dem feministischen Diskurs, nur in Ausnahmefällen wurde auf den Diskurs der Gender-Theorien Bezug genommen. Die Trainer/innen orientierten sich stark an der Sex/Gender-Unterscheidung, wenn es darum geht, Gender als Konzept zu vermitteln. Wurde dabei – wie bei vielen – ›Sex‹ als Kategorie nicht problematisiert, kann von einer biologischen Fundierung des Gender-Konzepts gesprochen werden, was ein separatives Verständnis von Gender impliziert. Sensibilisierung der Teilnehmenden stand im Rahmen der Trainings immer im Vordergrund, gleichzeitig ging es meistens auch um die Vermittlung von Erhebungsinstrumenten zur Durchführung einer Gender-Analyse. Die oben analysierten Grundbausteine einer Gender-Analyse kamen in den Trainings der meisten vor, allerdings schöpften Trainer/innen aus verschiedenen Handbüchern und setzten Gender in verschiedene sektorale und thematische Kontexte, auch legten die meisten Wert auf partizipative Ansätze. Allerdings kam der SRF von Kabeer, der unter gendertheoretischen Aspekten die größten Potenziale aufweist, nur bei wenigen zum Zug.

4.3 *Doing Gender: Zur Konstruktion von Gender in Trainingshandbüchern*

Ein weiterer Baustein für die Analyse des entwicklungspolitischen Gender-Diskurses sind Handbücher für Gender Trainings, die für den entwicklungspolitischen Bereich verfasst wurden. Die Auswahl der Handbücher erfolgte nach der Bewertung der Gendertrainer/innen, analysiert werden hier die sieben am besten bewerteten Handbücher, dabei korreliert die Bewertung nur teilweise mit dem Bekanntheitsgrad der Handbücher.

1. »Two Halves Make a Whole – Balancing Gender Relations in Development« (CCIC)

Dieses Handbuch wurde von den befragten Trainer/innen als das Beste bewertet. Es ist 175 Seiten stark und wurde von kanadischen Entwicklungsarbeiter/innen im Nichtregierungsspektrum verfasst, die aus einer feministischen Perspektive schreiben: Dabei war die Entstehung des Handbuches »sehr auf Kontakte mit Frauen in der Dritten Welt angewiesen« (ebd.: 6). Das Handbuch enthält im Vorfeld des Trainingsteils ein Oberkapitel zu Gender and Development (43 Seiten), in dem ausführlich auf Definitionen und Konzepte eingegangen ist, auch das zugrundeliegende Gender-Konzept wird in diesem Rahmen explizit gemacht.

Das Handbuch verortet sich klar im GAD-Diskurs, GAD wird als »(...) ein progressiver Entwicklungsansatz aus der Perspektive und der Erfahrung von Frauen« (ebd.: 12) bezeichnet. Dieser sei aus dem Bemühen von »Dritte-Welt-Frauen«, in den Mainstream der Entwicklung integriert zu werden sowie aus den Anstrengungen von Frauen aus dem Norden und dem Süden, einen alternativen Entwicklungsansatz zu entwerfen, entstanden (ebd.). GAD stehe »für ein Weltbild, das über eine ökonomistische Analyse hinausgeht, um Umwelt-, Nachhaltigkeits- und qualitative (persönliche, ethische, kulturelle) Aspekte in seine Definition von Entwicklung einzubeziehen« (ebd.).

2. Overholt u.a. 1985: »Gender Roles in Development Projects. A Case Book«

Das Buch »Gender Roles in Development Projects« von Overholt u.a. (1985) ist fünf von sieben Trainer/innen bekannt und wird von ihnen als gut bewertet (Rang 2, zusammen mit dem Oxfam-Handbuch). Es ist allerdings kein Handbuch im engeren Sinne, da es keinen Abschnitt für die Sensibilisierung der Teilnehmenden bietet, sondern lediglich Instruktionen zur

Gender-Analyse, die Betonung liegt dabei auf Projektbeispielen. Der Gender Roles-Ansatz wurde oben ausführlich beschrieben und diskutiert, deswegen sei an dieser Stelle auf Kapitel III.3.1 verwiesen.

3. Williams 1994: »The Oxfam Gender Training Manual«

Das Oxfam-Handbuch (Williams 1994) ist fünf Trainer/innen bekannt und teilt sich mit Overholt u.a. den zweiten Rang. Das Handbuch fällt zunächst durch seinen Umfang von 634 Seiten auf. Es enthält neben einer umfassenden Einleitung mit Ausführungen zu Schlüsselkonzepten eine Vielzahl an Vorschlägen für gruppendynamische Übungen, eine umfangreiche Sektion zu »Gender-Bewusstsein und Selbstbewusstsein« (ebd.: 81ff., s. u.), eine zu »Gender-Rollen und -Bedürfnisse« (165f.) sowie Daten und Fakten zum Thema »Frauen in der Welt« (ebd.: 197f.) und eine Sektion zu »Gender and Development« (ebd.: 213f.). Dieser Teil, der vor der Vermittlung der konkreten Analyseinstrumente steht, umfasst bereits 245 Seiten. Die Sektion zu »Gender-sensitiver Bewertung und Planung« (ebd.: 247f.) mit der Vorstellung der Instrumente nimmt 120 Seiten ein, gefolgt von einem Block, der auf Themen (Gender und Konflikt, Gender und Umwelt, Gender und die ökonomische Krise etc.) (ebd.: 369f.) fokussiert. Der Band beinhaltet eine Bibliographie und weitere Hinweise und Adressen, so dass er eher ein umfassendes Ressourcenbuch als ein Handbuch im engeren Sinne darstellt.

Diese Vielzahl an Themen und Zugängen hat den Vorteil, dass Trainer/innen sich für ihren jeweiligen Zweck die passenden Übungen und Inhalte heraussuchen können. Trainer/innen werden auch explizit dazu aufgefordert, die Gestaltung der Trainings an die jeweilige Zielgruppe anzupassen (Williams 1994: 3). Das Handbuch ist nach eigener Auskunft im multikulturellen Kontext der Oxfam-Struktur entstanden und richtet sich in erster Linie an Mitarbeiter/innen von NRO, die bereits Erfahrung mit Trainings gesammelt haben.

4. Augustin 1996: »Gender Training Manual for project staff at management level«; sowie Kerstan 1995: »Gender-sensitive Participatory Approaches in Technical Co-operation«; (GTZ)

Sehr bekannt unter den Trainer/innen sind auch die Handbücher, die im Kontext der größten deutschen Durchführungsorganisation GTZ geschrieben wurden (Kerstan 1995, Augustin 1996). Bewertet wurden sie im Mittelfeld (Rang 3), wobei das Handbuch von Kerstan äußerst kontrovers eingeschätzt wurde (s. o.). Die beiden Handbücher sind vom Erscheinungsbild, Aufbau und auch von den Inhalten her ähnlich, nur die Zielgruppen sind unterschiedlich, das von Kerstan richtet sich eher an Mitarbeiter/innen an der Basis, das von Augustin eher an die Management-Ebene. In beiden Handbüchern wird betont, dass die Trainings eine partizipative Methodologie benutzen, in der die Teilnehmenden involviert werden. Dies wird weiter unten im Rahmen der Analyse des Übungsteils noch genauer zu untersuchen sein.

5. *Engelhardt/Oswald 1995: »Tools for Gender-Sensitive Participatory Extension Approaches in TC-Projects – in the Phillipines and Elsewhere«*

Das 89 Seiten umfassende Handbuch von Oswald und Engelhardt ist allen Befragten bekannt, fällt allerdings lediglich auf Rang vier. Das »Toolbook« enthält im Vorfeld fünfeinhalb Seiten Ausführungen zu seiner Entstehung, aus denen hervorgeht, dass es vor allem im Kontext des Projektes »Women in Development Advisory Project (WIDAP)« situiert ist. Das Heft stellt 60 Instrumente für die Projektarbeit vor und ist in vier Kapitel gegliedert: »Rollen, Verantwortlichkeiten und Bedürfnisse«, »Gender-Bewusstsein«, »Werte, Machtstrukturen und Gruppenkommunikation« sowie »Quantitative und qualitative Partizipation«. Der Schwerpunkt liegt dabei auf dem ersten Kapitel, das die Hälfte des Umfangs einnimmt.

6. *Parker 1993: »Another Point of View. A Manual on Gender Analysis Training for Grassroot Workers«*

Das UNIFEM-Handbuch von Parker (1993) ist wie auch das von Overholt fünf von sieben Trainer/innen bekannt, bewertet wurde es aber insgesamt schlechter (Rang 5). Das Handbuch bzw. der Ansatz richtet sich an Grassroot-Worker und ist sehr einfach und überschaubar gehalten. Es wurde von Rani Parker verfasst, die zum Zeitpunkt des Erscheinens des Handbuches als freie Gutachterin arbeitete. Sie entwickelte das Handbuch, als sie für die *Save the Children Federation* arbeitete, es kam zuerst in Tunesien zur Anwendung (vgl. ebd.: iv). Verfasst wurde das Handbuch, als die Autorin bei der *Heilsarmee* (World Service Office) tätig war. Das 106 Seiten starke Heft vermittelt vor allem die in Kapitel III.3.4 beschriebene und diskutierte Gender-Analyse-Matrix (GAM), die Sensibilisierung der Teilnehmenden nimmt einen marginalen Stellenwert ein. Vorgesehen ist ein viertägiges Training, das Curriculum ist genau vorgegeben.

Die Handbücher selbst sagen freilich nur bedingt etwas über die Praxis von Gender Trainings sowie über die generelle Entwicklungsplanung und -implementierung aus. Trainer/innen setzen eigene Prioritäten, kombinieren Trainingsansätze und modifizieren die Instrumente je nach Kontext (vgl. Rao u.a.: 1991: 20) bzw. sie müssen die Gestaltung ihrer Seminare auch den Vorgaben der auftraggebenden Institution anpassen. Bisher gibt es keine Erkenntnisse darüber, welche Wirkungen durch Gender Trainings in der Frage der Sensibilisierung von Teilnehmenden erzielt werden, es ist aber davon auszugehen, dass hier je nach Trainingskontext, Teilnehmenden und Handlungsspielräumen große Unterschiede bestehen.

Obwohl es angebracht ist, diese Unterschiedlichkeiten hervorzuheben, müssen die Handbücher auch als Leitfäden für die Gestaltung von Gender Trainings gesehen werden, in denen Gender als spezifisches Konzept vermittelt wird. Im Rahmen der Trainings wird Gender erklärt und somit in spezifischer (hier zu analysierender) Weise multipliziert. Trainings instruieren die Teilnehmenden in ihrer Vorstellung über Gender und in den Handlungsweisen, die mit Gender-Analysen verbunden sind. Somit sind sie Orientierung für konkretes Handeln. Mit Kabeer gehe ich davon aus, dass Gender Trainings »Entwicklungspraxis« sind und dass die jeweiligen Ansätze, die in Gender Trainings vermittelt werden, einen »politischen Subtext« haben (Kabeer 1994: 264).

Die folgende Analyse ist entsprechend den ausgewählten Handbüchern gegliedert; von einer thematischen Strukturierung habe ich abgesehen, um auf die einzelnen Handbücher und ihren Entstehungskontext besser eingehen zu können. In den meisten Handbüchern finden sich als ein einführender Abschnitt Hintergrundinformationen, die exklusiv für die/den Trainer/in verfasst wurden. In einem zweiten Abschnitt werden dann in der Regel Übungen zur Sensibilisierung in Gender-Fragen vorgestellt. In beiden Abschnitten der Handbücher lassen sich eine Vielzahl an Aussagen über Gender finden, die es im vorliegenden Kapitel genauer zu analysieren gilt. Ich gehe hier entsprechend dieser Unterteilung der Handbücher in Einführungsteil (Kapitel III.4.3.1) und Übungsteil (Kapitel III.4.3.2) vor. Eine zusammenfassende thematische Analyse erfolgt im Schlussteil des jeweiligen Überkapitels.

4.3.1 Gender: Einführungen

Nicht alle Handbücher gehen im Rahmen der Einführung explizit darauf ein, was Gender bedeutet bzw. wie sie sich innerhalb des Gender-Diskurses verorten, nur die wenigsten nennen hier entsprechende Quellen. Die Mehrzahl der Handbücher setzt implizit ein Gender-Konzept voraus. Auch bestehen große Unterschiede, was die Ausführlichkeit angeht, mit der Gender einführend behandelt wird. Selbst wenn man davon ausgeht, dass Handbücher keine wissenschaftlichen Texte sind und sich somit an sie nicht dieselben Anforderungen stellen lassen, so ist dennoch festzuhalten, dass alle Handbücher mit wissenschaftlichen Konzepten, die in einem spezifischen Kontext entstanden sind, arbeiten (wie zum Beispiel die Sex/Gender-Unterscheidung). Diese Konzepte zu gebrauchen, ohne ihren Hintergrund transparent zu machen, ist in oben gezeigtem Sinne problematisch und kann unter Umständen das Ziel einer Veränderung bestehender Geschlechter-Verhältnisse konterkarieren. Wie nun anhand der einzelnen Handbücher zu zeigen sein wird, weisen einige von ihnen weitere problematische Elemente auf, die durch den Einbezug von Gender-Theorien hätten vermieden werden können.

»Two Halves Make a Whole«

An diesem Handbuch fällt auf, dass immer wieder die Notwendigkeit der Kontextbezogenheit hervorgehoben wird. Im Zuge der Problemanalyse zeigen die Autorinnen einerseits die subordinierte Position von Frauen in verschiedensten gesellschaftlichen Bereichen auf, fokussieren jedoch auch auf Verschiedenheit: »In jeder Gesellschaft und jeder Epoche varriiert enorm, was Frauen und Männer tun (und was als männliche und weibliche Merkmale angesehen wird)« (1991: 13). Es werden explizit feministische Debatten aufgegriffen und folgende Bereiche behandelt: »Gleichheit und Gerechtigkeit (im Original: *equality and equity*, Anm. R.F.), Gender als soziale Konstruktion, die Frage der Macht, und die Grenzen von Entwicklung« (ebd.: 14). Hier interessieren natürlich insbesondere die Ausführungen zu Gender als einem sozialen Konstrukt, zu dem die Autorinnen schreiben: »Über Jahrhunderte hinweg wurde geglaubt, dass die verschiedenen Merkmale, die Frauen und Männer ausmachen, natürlich und unabänderlich seien – festgelegt durch biologische Unterschiede oder von göttlicher Bestimmung« (ebd.: 15). Sie lehnen sich stark an die Sex/Gender-Unterscheidung an: »(...) wir benutzen das Wort *Gender*, um sozial festgelegte Merkmale zu beschreiben, und *Sex*, um auf jene Merkmale hinzuweisen, die biologisch bestimmt sind (vor allem die Fähigkeit von Männern zu schwängern und von Frauen Kinder auszutragen)« (ebd.: 15). In sozialkonstruktivistischer Manier betonen sie, dass es die Gesellschaft und die Menschen sind, die Merkmale wie maskulin und feminin sowie Normen konstruieren und betonen Gender als dynamisches Konzept: »Gender-Beziehungen und -Identitäten sind nicht universell, sondern variieren von Kultur zu Kultur, und manchmal von Gemeinschaft zu Gemeinschaft. Sie sind dynamisch und verändern sich mit der Zeit« (ebd.: 16). Zum Ausdruck kommt, wenn auch nur zurückhaltend, dass Gender mit Zwang zu tun haben kann: »Menschen machen sich oft lustig über oder ignorieren Beispiele, die alteingesessenen Gender-Rollen oder –beziehungen wiedersprechen« (ebd.). Einen Akzent legt dieser Abschnitt auf geschlechtsspezifische Arbeitsteilung, die als »*sexual* division of labour« (ebd.: Hervorhebung R.F.) bezeichnet wird – was der Unterscheidung von Sex und Gender allerdings widerspricht und problematisch deterministisch wirkt. An dieser Stelle kommt auch die Mosersche Dreiteilung in produktiv, reproduktiv und *community work* zum Tragen, die Ungleichgewichtung der Tätigkeiten wird betont sowie die Notwendigkeit zu deren Redefinition.

Im Zusammenhang mit dem Themenbereich »Macht« finden wir ein offenes Gender-Konzept: Betont werden »Variationen in der Erfahrung von Frauen mit Unterordung – die sich von Klasse, Rasse, sexueller Orientierung und dem Alter unterscheiden« (ebd.: 18). Hier geben die Autorinnen Beispiele, in denen andere Machtachsen Gender überlagern. Problematisiert wird zudem die Vorstellung von Frauen als homogene Gruppe: »Die Annahme, dass alle Frauen immer ein gemeinsames Interesse haben, ist falsch« (ebd.: 19). Dies führt zu einer Kritik an der Vorstellung der Repräsentation: »Man kann nicht notwendigerweise die Interessen der Anderen repräsentieren, und keine allein kann ihre Gemeinschaft vollständig repräsentieren« (ebd.). »Diversity« wird dabei als Stärke herausgestellt.

Das CCIC-Handbuch enthält des Weiteren eine umfassende Kritik an der konventionellen Auffassung von Entwicklung als Wachstum; die Autorinnen greifen hier auf die Kritik des Südfrauennetzwerkes DAWN zurück und stellen ihr eine Definition nach Kate Young gegenüber, die Entwicklung begreift als »(...) ein komplexer Vorgang, der die soziale, ökonomische, politische und kulturelle Verbesserung von Individuen und der Gesellschaft einbezieht. (...)«. Die Autorinenn favorisieren den Ansatz des »*People Centered Development*« (ebd.: 21), hinterfragen jedoch gleichzeitig das Konzept von *People*, indem sie wiederum auf soziale Differenzierung hinweisen: »Jede Gruppe – Frauen, Arme, Bauern/Bäuerinnen usw. – kann auf komplizierte Weise nach Gender, Klasse, Alter, sexuellen Präferenzen, Ethnizität oder Religion unterschiedlich sein. Mitglieder einer Gruppe können einmalige Bedingungen, Interessen und relative Vor- und Nachteile haben« (ebd.). Da entwicklungspolitische Interventionen verschiedene Gruppen unterschiedlich beeinflussen, sei dies zu berücksichtigen. An dieser Stelle greift das Handbuch in die Schublade des Partizipationsdiskurses, indem die verschiedensten Stimmen innerhalb einer Community in den Planungsprozess einfließen sollen. Interessant ist dabei vor allem, dass sexuelle Orientierung als Faktor für Gender genannt wird und somit zumindest ein Bezug zu Theorien hergestellt werden kann, die Gender als Struktur einer heterosexuellen Matrix problematisiert haben.

Zudem wird die Rolle der/des Expert/in hinterfragt: »Es ist nicht unsere Arbeit als Entwicklungsarbeiter/innen, das Problem – oder die Lösung – zu definieren« (ebd.). Um partizipative Prozesse zu bewerkstelligen sei GAD eine Lösung: »Die konzeptuellen Werkzeuge von GAD (...) können uns dabei helfen, mit der Dynamik auf eine Art und Weise zu arbeiten, dass Frauen und Arme effektiver empowert werden und profitieren« (ebd.).

Obwohl der Titel des Handbuchs »Zwei Hälften machen ein Ganzes« klar einem separativen Gender-Konzept entspricht, hat es Stärken: vor allem die theoretische Reflexion von Grundbegriffen und das – zumindest im Einführungsteil – sehr offene Gender-Konzept. An mehreren Textstellen wird auf verschiedenste Ausgrenzungsachsen (sexuelle Orientierung etc.) und auf die Notwendigkeit kultureller Kontextualisierung von »Maskulinität« und »Feminität« verwiesen. Das Handbuch nimmt also Gender als soziale Konstruktion ernst – allerdings nicht in dem Maße, dass dekonstruktivistische Anfragen an die Kategorien Mann und Frau vorkommen. Gender wird allerdings an einer Textstelle als Zwangsordnung benannt, indem auf die Sanktionierung von abweichendem Gender-Verhalten hingewiesen wird.

Der Einführungsteil des CCIC-Handbuches erweist sich auf der Theorieebene als informiert, es wird Raum gelassen, um entwicklungspolitische Grundkonzepte kritisch zu reflektieren. Die positive Gesamtwertung der Gendertrainer/innen ist also durchaus nachvollziehbar. Weiter unten wird zu untersuchen sein, ob der Umsetzungsteil für die Gestaltung der konkreten Trainings diesem einführenden Rahmen gerecht wird.

Overholt: Gender Roles in Development Projects

Da Kapitel III.3.1 ausführlich auf diesen Ansatz eingeht, ist an dieser Stelle nur noch einmal kurz die starke Verankerung des Gender Role Frameworks im WID-Diskurs hervorzuheben: Gender wird weder einführend noch an einer anderen Stelle des »Casebooks« erklärt und vollkommen synonym zu »Frauen« gebraucht. Entsprechend ist in den kurzen Vorworten zum Handbuch auch immer von »der Rolle der Frauen« die Rede (ebd.: xii). Das Kapitel, das den eigentlichen Ansatz vorstellt, ist überschrieben mit »Women in Development: A Framework for Project Analysis« (ebd.: vii). Hierdurch wird ein klar separatives Gender-Konzept vermittelt, da Frauen offensichtlich als ein Gender gefasst werden.

Wiederum sei an dieser Stelle auf die Diskursmächtigkeit dieses Ansatzes hingewiesen, dessen Instrumente in allen nachfolgenden Handbüchern und Gender-Policy-Papieren aufgegriffen wurden. Diesen Strang der Umsetzung werde ich in Kapitel III.5 weiter vertiefen.

Das Oxfam-Trainingshandbuch

Gender wird im Oxfam-Manual einmal einführend im Rahmen des Kapitels »Schlüsselkonzepte« für die Trainer/innen erläutert und später im Rahmen des Übungsteils. Für das vorliegende Kapitel sind vor allem die ersten Ausführungen ergiebig, da Gender als Schlüsselkonzept über drei Seiten behandelt wird. Grundlage ist auch hier der Ansatz von Oakley (1972), die Unterscheidung zwischen Sex und Gender hat hervorgehobene Bedeutung: »Diese Unterscheidung zwischen Sex und Gender hat wichtige Implikationen, die in diesem Handbuch weiter ausgeführt werden« (Williams 1994: 4). Das Handbuch geht im Gegensatz zu anderen sehr bewusst mit dem Konzept Gender um, es wird als in einem spezifischen Kontext entstanden und als nicht ohne weiteres übertragbar beschrieben:

> »Der Begriff *Gender* kann auf Widerstand stoßen, sowohl bei Sprecher/innen, deren Muttersprache Englisch ist wie bei Sprecher/innen anderer Sprachen. Sprache und Kultur prägen einander, und es sagt viel über unsere tief verwurzelten kulturellen Ansichten aus, dass ein Begriff, der die Möglichkeit von Veränderung und Variation in den Rollen der Männer und Frauen beschreibt, erst vor so kurzem eingeführt worden ist! Aber während der Begriff für viele Menschen fremd klingen mag, hat das Konzept starke Resonanz in der gelebten Erfahrung sowohl von Frauen als auch Männern« (ebd.: 4, Hervorhebung im Original).

Allerdings wird hier keine feststehende, sondern eine »Arbeitsdefinition« (ebd.) von Gender gegeben, sie lautet:

> »(...) Menschen werden weiblich oder männlich geboren, aber sie lernen, Mädchen und Jungen zu sein, die zu Frauen und Männern werden. Ihnen wird beigebracht, welche die angemessenen Verhaltensweisen und Einstellungen, Rollen und Aktivitäten für sie sind, und wie sie sich anderen Menschen gegenüber in Beziehung setzen sollen. Dieses erlernte Verhalten macht Gender-Identität aus und legt Gender-Rollen fest« (ebd.).[124]

Diese Definition ist stark an die sozialkonstruktivistische Idee angelehnt, es zeigen sich dabei Grenzen, wenn es um den Gedanken der Transitivität von Gender geht: geschlechtsspezifische Sozialisation wird hier nur beschrieben, aber nicht problematisiert. Es wird nicht darauf eingegangen, dass geschlechtsspezifische Sozialisation dazu führt, dass es ein duales Gender-System gibt. Dieses Gender-System wiederum kann auch als Zwangsordnung bezeichnet werden, da Nichteindeutigkeit oder Abweichung gesellschaftlich sanktioniert wird. Vor diesem Hintergrund müsste die Vorstellung einer eindeutigen »Gender-Identität« kritisiert oder zumindest als ambivalent diskutiert werden: Geschlechterrollen und -identitäten geben einerseits Orientierung, schaffen aber gleichzeitig Ausschlüsse. Wird diese Ambivalenz nicht berücksichtigt, verharren Erklärungen über Gender innerhalb der vergeschlechtlichten Logik, die – wie Gender-Theorien der 90er Jahre gezeigt haben – das Ausgangsproblem darstellt. Trotz vieler Vorzüge, die das Oxfam-Handbuch im Vergleich zu anderen hat, ist also festzustellen, dass das Gender-Konzept zumindest in seinem einführenden Teil bei den Definitionen und der Logik der feministischen Theorie der 1970er Jahre geblieben ist. Dies wird sich im weiter unten behandelten Übungsteil allerdings etwas relativieren.

Stärken hat der Einführungsteil in seiner Betonung des Gedankens der sozialen Konstruktion: Gender wird wörtlich als »dynamisches Konzept« (ebd.: 4) bezeichnet: »Gender-Rollen von Frauen und Männern variieren stark von Kultur zu Kultur, und von einer sozialen Gruppe zur nächsten innerhalb der gleichen Kultur. Herkunft, Klasse, ökonomische Verhältnisse, Alter – all dies beeinflusst, was als angemessen für Frauen und Männer gilt« (ebd.). In diesem Zusammenhang wird ebenfalls die zeitliche Dimension von Gender (als sich stets wandelndes Konzept) angesprochen. Auch kommt Gender als offenes Konzept zum Zuge, wenn konstatiert wird, dass über Gender andere Differenzen wie »Rasse, Kaste, Klasse, ethnischer Hintergrund und Alter« (ebd.: 5) erkannt werden können und wenn Frauen als in sich heterogene Gruppen beschrieben werden:

> »Unsere soziale Analyse wird feiner, unsere sozialen Interventionen angemessener, wenn wir uns der komplexen Weise bewusst sind, in welcher die Gesellschaft Menschen in verschiedene Kategorien und Rollen drängt, und wie diese Rollen zur Grundlage sowohl von Kooperation als auch Konflikt werden können.« (ebd.)

Gender-Differenzierung wird im Oxfam-Handbuch zudem unter Bezugnahme auf mehrere Themen exploriert: in Bezug auf Arbeit (ebd.: 5), in Bezug auf die Verteilung der Ressourcen und Güter in der Welt, in Bezug auf Menschenrechte sowie auf Kultur und Religion (ebd.: 6f). Dabei werden letztere als ambivalente Faktoren dargestellt, durch die Unterdrückung legitimiert würde, aber auch Hoffnung und Gemeinsamkeiten entstünden (vgl. ebd.: 7). Die Empfehlung hier: »Wir sollten niemals Vermutungen über Formen von Gender-Unterdrückung in Kulturen oder sozialen Gruppen anstellen, die wir nicht vollständig verstehen«. Gleichzeitig wird aber weibliche Unterdrückungserfahrung als »universell« bezeichnet (ebd.: 7).

Als weiteres Schlüsselkonzept diskutiert das Handbuch WID und GAD sowie einzelne GAD-Konzepte wie Mosers dreifache Rolle, praktische und strategische Bedürfnisse, den Harvard-Ansatz nach Overholt (s. o.), auch partizipative Erhebungsmethoden werden kurz angesprochen.

Im Anschluss an die ausführliche Diskussion von Gender als Konzept geht es im Oxfam-Handbuch auch um die Frage, was Training sei. Hier beziehen sich die Autorinnen auf Paulo Freire und die Idee des Lernens durch Erfahrung (*experiental learning*) (ebd.: 12). Damit unterscheidet sich das Oxfam-Handbuch von Ansätzen wie dem Overholts oder auch anderen Handbüchern wie dem von Kerstan und Augustin, bei denen vor allem die Vermittlung von Wissen und Inhalten im Vordergrund steht.

Zwei GTZ-Handbücher

Beide Handbücher haben einen kurzen einführenden Teil, der in erster Linie Fragen der Durchführung eines Gender Training-Workshops enthält, nicht aber auf Konzepte, Ideen oder Theorien bezüglich Gender eingeht. Gerade dieses Fehlen einer Gender-Konzeption sagt natürlich etwas aus über die Handbücher und deren Verortung im Gender-Diskurs. Da jedoch ein explizites Gender-Konzept nicht gegeben wird, kann erst in Kapitel III.4.3.2, im Rahmen des Übungsteils der Handbücher, genauer beleuchtet werden, welche Vorstellung von Gender hier vermittelt wird.

Das Toolbook von Oswald und Engelhardt

Zu Beginn dieses Handbuches steht ein kurzer Abschnitt über »Phillipine and German Understanding of *Gender Promotion* in Technical Cooperation« (ebd.: ohne Seitenangabe, Hervorhebung R.F.), in dem sich die Autorinnen auf die philippinische Verfassung beziehen. Hier wird das »Gesetz zur Förderng der Integration von Frauen als volle und gleichberechtigte Partner von Männern in der Entwicklung und im Aufbau des Landes sowie in anderen Zielsetzungen« (ebd.) herausgestellt und in »Gender Integration« (ebd.) umgemünzt. Weiter heißt es: »In der deutschen Entwicklungszusammenarbeit wurde die Förderung von Frauen/Gender zur dringlichen Angelegenheit ernannt (...)«. Hieraus wird dann ein gemeinsames Verständnis der philippinischen und der deutschen Regierungen »hinsichtlich der Frauen/Gender-Förderung« abgeleitet. Es ist davon auszugehen, dass mit diesen Ausführungen die Absicht verfolgt wurde, eventuellen Vorbehalten der phillipinischen Regierung gegen Gender als Konzept vorzubeugen, da eine solche Gleichsetzung von Gender mit Frauen innerhalb des Handbuches nicht erfolgt. In den einführenden Erläuterungen zum Handbuch führen die Autorinnen Gender so ein:

> »Der Verweis auf ›Gender‹ wird benutzt, um die spezifischen Rollen und Werte, die eine Gesellschaft ihren weiblichen und männlichen Mitgliedern zuordnet, zu illustrieren. Soziale Rollen und Positionen begünstigen oder begrenzen die Teilnahme von Individuen in wichtigen Diskussionen und Entscheidungsprozessen. In einer patriarchalen Gesellschaft werden öffentliche Positionen generell von Männern besetzt, deren Fähigkeit, ihre Meinung zu sagen und Forderungen auszudrücken, geschätzt wird, während das gleiche Verhalten von Frauen verächtlich abgetan, unterdrückt und sanktioniert wird« (ebd., ohne Seitenangabe).

Diese Definition spricht auch symbolische Dimensionen (›Werte‹) von Gender an, das Wort ›Sex‹ kommt nicht vor und Gender wird deutlich als gesellschaftliche Zuweisungspraxis herausgestellt. Allerdings kommt Gender nicht deutlich als dynamische Größe vor, vielmehr suggeriert der Begriff der »Rolle« ein eher statisches Gender-Konzept.

Die Stärke des Handbuches liegt klar in der Zusammenführung von partizipativen Methoden und Gender-Analyse-Instrumenten. Partizipative Ansätze werden als oft nicht gender-sensitiv kritisiert, da im Rahmen ihrer Anwendung Frauen und Minoritäten keine Stimme verleiht würde – hieraus resultiert dann auch ein offenes Gender-Konzept: »Es ist wichtig, die Prioritäten von Haushalten, von Gemeinschaften und anderen Zielgruppen je nach sozialen Faktoren wie ökonomische Schichtung, Alter, Gender und so weiter zu unterscheiden« (ebd.). Auch betonen die Autorinnen, dass es notwendig sei, die im Buch vorgestellten Methoden, auf denen der Schwerpunkt der Publikation liegt, dem jeweiligen kulturellen Kontext anzupassen (ebd.).

UNIFEM: Gender Training für Grassroot Workers

Auch dieses Handbuch enthält keine Erklärung von Gender oder zumindest einen Verweis auf das dem Handbuch zugrundeliegende Gender-Konzept, lediglich implizit ist ein Gender-Konzept enthalten, wenn es heißt, »(...) beide Genders sollten in getrennten Gruppen konsultiert werden« (1993: viii). Die Formulierung »beide« Geschlechter bildet unhinterfragt Zweigeschlechtlichkeit ab und legt nahe, dass Männer und Frauen jeweils ein Gender darstellen – auch hier wird Gender also wieder analog zu Sex konzeptualisiert und die biologische Fundierung kommt zum Vorschein. Diese Gender-Konzeptualisierung hat daher einen separativen Charakter und ist alleine schon deswegen problematisch, da erst später Gender als soziale Konstruktion erklärt wird (ebd.: 16 und 21).

Die Einleitung befasst sich überhaupt eher mit technischen Angelegenheiten wie der Struktur des Handbuches, potenziellen Teilnehmer/innen, Dauer des Workshops sowie Prinzipien des GAM-Ansatzes. Kurz werden Voraussetzungen, die der/die Trainer/innen mitbringen sollen, angesprochen. Ganze zwei Absätze finden wir über das Thema Kultur und Tradition, hier heißt es: »Eine partizipative Gender-Analyse kann die positiven Aspekte von Tradition und Kultur schützen und die schlechten beseitigen« (ebd.: viii).

Dieses Handbuch erweist sich also als vergleichsweise wenig reflektierend und anregend. In seinem Bemühen, für Grassroot Worker verständlich zu sein, produziert es m.E. unnötige Vereinfachungen, die nicht einem informierten Umgang mit Gender entsprechen und die zu problematischen Ausschlüssen führen können.

4.3.2 *Gender: Übungen*

Für die Umsetzung des entwicklungspolitischen Mainstreamings relevanter als die Einführungen der Handbücher sind die konkreten Übungen, die mit den Teilnehmenden von Trainings zum Thema Gender durchgeführt werden. Dabei enthalten viele der Handbücher konkrete Instruktionen zur Darstellung von Gender, in der Regel explizit unter der Überschrift »Was ist Gender?«. Durch eine Kombination von Gruppenübungen, Diskussionen und Inputs des/der TrainerIn, unter Zuhilfenahme von Materialien wie Handouts oder Overhead-Folien aus dem Handbuch, werden die Teilnehmenden mit dem Konzept Gender vertraut gemacht. Lediglich das bereits 1984 erschienene Handbuch von Overholt u.a. sieht von Übungen zum Gender-Konzept bzw. Übungen im Bereich der Bewusstseinsbildung ab und beinhaltet ausschließlich Instruktionen zu Gender-Analysen. Die Abschnitte in den Handbüchern, die solche Übungen vorsehen, unterscheiden sich wiederum stark voneinander. Handbücher, die spezifische Analyse-Ansätze vermitteln, wie zum Beispiel das von Parker (1993), sehen hier ein festgelegtes Curriculum vor, andere bieten eher eine Ressourcensammlung. Sie bieten eine Auswahl an Themen und Übungen, diese sind in den jeweiligen Trainingsablauf aufzunehmen und der Trainer/die Trainerin muss hier weit mehr gestaltend wirken (z.B. beim Oxfam-Trainingshandbuch).

Im Folgenden wird in erster Linie auf diejenigen der in den Handbüchern vorgeschlagenen Übungen eingegangen, die dezidiert Aussagen über Gender treffen und somit Gender-Konzepte direkt vermitteln. Dabei werde ich einige der Übungen genauer beschreiben, um eine intensive Bearbeitung dessen zu gewährleisten, was als theoretischer Subtext der jeweiligen Instruktionen bezeichnet werden kann. Auch hier geht es also wieder um die Frage, wie sich die Handbücher der Gratwanderung zwischen Struktur und Komplexität von Gender stellen: Wie klar dualistisch und homogen wird Gender als Konzept konturiert und (wie) kommt Differenz ins Spiel? Was deutet auf eine Aufweichung von Gender-Strukturen hin durch die Hereinnahme des Konstruktionsgedankens und durch die Kontextualisierung von Gender? Wird Gender im Kontext und als mit anderen Kategorien verwoben thematisiert? Wird die Eindeutigkeit von männlich und weiblich hinterfragt oder wird der Gedanke einer Durchlässigkeit von ›männlich‹ und ›weiblich‹ zugelassen?

Vorweggenommen sei an dieser Stelle, dass fast alle Handbücher in den Übungsteilen mit der Abgrenzung »Sex – Gender« arbeiten und diese auch grafisch darstellen.

Exemplarisch aus Kerstan, Thema 1.3, Folie 1, 1995: »sex versus gender«:

SEX	versus	GENDER
Biologisch		Kulturell
von Geburt an gegeben		durch Sozialisation erlernt
deswegen:		deswegen:
KANN NICHT GEÄNDERT WERDEN		KANN GEÄNDERT WERDEN
Beispiel		Beispiel
Nur Frauen können gebären		Frauen und Männer können als Lehrer, Ingenieure, Arbeiter arbeiten
Nur Männer können zeugen		Frauen und Männer können sich um Kinder und ältere Menschen kümmern

Quelle: Kerstan, Birgit, 1995: Gender-sensitive Participatory Approaches in Technical Co-operation; Trainer's Manual for Local Experts, Eschborn (Publikation der Deutschen Gesellschaft für Technische Zusammenarbeit). Topic 1.3, Overhead 1, ohne Seitenangabe. (Übersetzung: R. Frey)

Obwohl die Unterscheidung auf diese Weise hervorgehoben ist, werden Sex und Gender innerhalb einiger Handbücher jedoch wieder synonym gebraucht. So sprechen Ekwoge u.a. innerhalb einer Übungsinstruktion von »other gender« und »other sex« (ebd.: 1998: 13), bei Kerstan sollen sich die Teilnehmenden in zwei »gender-homogene Gruppen« aufteilen und dann über Eigenschaften des anderen Geschlechts (»the opposite sex«) nachdenken (Kerstan 1995: 16). Das UNIFEM-Handbuch spricht zunächst von einer »gender division of labour« und drei Seiten weiter ohne Erklärung eines Unterschiedes von einer »sexual division of labour« (UNIFEM 1995: 27/30). Dies widerspricht nicht nur der in den Handbüchern vermittelten Konzeption von Gender als sozialer Konstruktion. Durch die Analogisierung von Sex und Gender (nach der Einführung von Sex als biologisch bestimmte Kategorie) tritt eine biologisch vermittelte Zweigeschlechtlichkeit hervor, was ein eindeutig separatives Gender-Konzept bedeutet.

Im Folgenden gehe ich detailliert auf die Vermittlung von Gender in den einzelnen Handbüchern ein, wieder in der Reihung des Bekanntheitsgrades entsprechend der Umfrage.

»Two Halves Make a Whole»

Das CCIC-Handbuch »Two Halves Make a Whole« setzt erst auf Seite 49 mit Übungsinstruktionen ein, nachdem ausführlich Grundkonzepte und Themen besprochen wurden (s. o.). Die Autorinnen sprechen im Handbuch von »GAD training« (CCIC 1993: 49), dessen Ziele vor allem die Vermittlung von Wissen über GAD sowie der technischen Instrumente zur Durchführung einer Gender-Analyse sind, es geht um »Orientierung« bezüglich GAD und seiner Herkunft, der »Anwendung« sowie der »Integration« in die Arbeit der jeweiligen Organisation (ebd.). Sensibilisierung und Bewusstseinsbildung stehen hier zwar nicht im Vordergrund, gleichzeitig soll der jeweilige Workshop aber durchaus auch zu veränderten Ansichten führen. Betont wird, dass es je nach Zusammensetzung der Teilnehmenden eine Adaption der im Handbuch vorgeschlagenen Übungen geben kann.

Vier Übungen dienen einer Einführung in das Gender-Konzept, das zeitliche Budget für jede dieser Übungen ist lediglich bei 30 bis 60 Minuten angesetzt, die Instruktionen sind kurz gehalten (insgesamt weniger als zwei Seiten). Jede der vier Übungen dient der Sensibilisierung, ich stelle hier einige vor, die deutlich auf das im Handbuch vertretene Gender-Konzept hinweisen.

Die erste Übung heißt »Myth Exercise«, hier sollen zunächst Stereotypen gesammelt und diese dann diskutiert werden, wie z.B.: »Männer sind rationaler als Frauen, Frauen sind emotionaler« oder »Kinder leiden, wenn ihre Mütter außerhalb des Hauses arbeiten« (ebd.: 59). Die nächste Übung nennt sich »Die Werte- und Einstellungsbaum-Übung«, Ziel ist hier »das Bewusstsein von den *Gender-Strukturen* zu erhöhen, wie die Gesellschaft Gender-Beziehungen durchdringt, wie sie von Frauen und Männern erfahren werden, und wie sie verändert werden können« (ebd.: 59; Hervorhebung R.F.). Der Baum, der in Kleingruppen gezeichnet werden soll, stellt Werte und Einstellungen bezüglich Gender als Wurzeln dar, den Stamm und die Äste bilden Institutionen, die Gender-Strukturen perpetuieren und die Blätter bilden dann Gender-Praktiken. Verschiedene Bäume können verschiedene Kulturen abbilden. Anhand der in Arbeitsgruppen angefertigten Zeichnungen werden jeweils Veränderungsmöglichkeiten diskutiert. Diese Übung ist vor allem deswegen interessant, weil hierin Gender nicht in der Funktion der Analysekategorie, sondern vielmehr als ein die jeweilige Gesellschaft durchdringendes Wertegefüge zum Tragen kommt, das auch variabel ist je nach Erfahrungshintergrund derjenigen, die den Baum entwerfen. Dies verdeutlicht, dass Gender nicht (nur) eine schematisch anwendbare Analysekategorie darstellt, sondern dass Gender auch eine Strukturkategorie ist, da die Bäume der Arbeitsgruppen verschieden sein werden und im Rahmen der Kleingruppenarbeit verschiedene Erfahrungen in die Darstellung der Bäume einfließen können. Ein solches Gender-Konzept ist durchaus offen und dynamisch, es wird kein Mann-Frau-Dualismus vorgegeben.

»Die Beziehungsübung« (ebd.) zielt auf soziale Beziehungen in der derzeitigen Lebenssituation der/des jeweiligen TeilnehmerIn. Visualisiert wird, welche Personen in spezifischen sozialen Konstellationen (z.B. Familie) im Sinne eines Machtverhältnisses oberhalb oder unterhalb der eigenen Personen stehen. Auch hier kann Gender als spezifische Konstellation verdeutlicht werden, wobei gleichzeitig Strukturen erkennbar sind. Anzumerken ist hier allerdings, dass diese Art der personenbezogenen Gruppenübung auch die Gefahr birgt, an extreme Unterdrückungserfahrungen wie Gewalt und Missbrauch zu rühren, die im Rahmen eines Gender Trainings nicht aufzufangen sind. Zumindest ein Hinweis hierauf wäre wünschenswert.[125]

Das CCIC-Handbuch hat auch in seinem Übungsteil Stärken: Im Gegensatz zu anderen Handbüchern kommt hier »Sex« als Konzept nicht vor, es erübrigt sich also die Erklärung einer Sex-Gender-Dichotomie, die in anderen Handbüchern Teil der Übungen ist. Der Körper wird ganz im Sinne Nicholsons zu einer Variable innerhalb eines Webstückes (einer Struktur) von Gender. Alle Übungen rekurrieren stark auf die jeweiligen Erfahrungen der Teilnehmenden, sowohl auf persönlicher als auch auf institutioneller Ebene. Diese Basierung in der Erfahrung macht Gender zum offenen Konzept. Das Handbuch ist zudem didaktisch partizipativer als andere Handbücher, es überwiegt eine induktive Herangehensweise, bei der Gender als Konzept abgeleitet wird aus dem, was Teilnehmende einbringen.

Das Oxfam-Handbuch

Das Handbuch beinhaltet im Vergleich zu anderen Handbüchern eine große Bandbreite an Übungen, die sich direkt auf Gender als Konzept beziehen. Die Sektion »Gender-Bewusstsein und Selbst-Bewusstsein« nimmt im Oxfam Gender Training-Handbuch insgesamt 83 (von 634) Seiten ein, unter den Überschriften »building gender awareness« und »self awareness for women and men« werden insgesamt 19 Übungen angeboten (Williams 1994: 81ff.). Mindestens eine dieser Übungen soll im Rahmen eines Trainings vorgesehen werden (ebd.: 81). Es würde hier den Rahmen sprengen, jede einzelne der Übungen zu analysieren, es wird deswegen nur um diejenigen Übungen und Elemente gehen, die für die Gender-Konzeption des Handbuches besonders aussagekräftig sind.

Einführend lässt das Handbuch die Teilnehmenden ein gemeinsames Verständnis von Gender entwickeln, ohne vorgefertigte Konzepte abzugeben. Die Trainer/innen werden zum Beispiel folgendermaßen instruiert:

> »Es ist wichtig, Teilnehmenden zu erlauben, ihr Unbehagen über das Wort ›Gender‹ auszudrücken. Viele Menschen denken, dass es sich um ein englisches Wort handelt, das sich nicht übersetzen lässt. Es könnte Sinn machen, darauf hinzuweisen, dass Gender, im Unterschied zu ›Sex‹, ein relativ neues Wort ist, und von daher ein neues Konzept für alle.« (Williams 1994: 92)

Auch solle den Teilnehmenden Raum gegeben werden zu diskutieren, wie diese Themen Gruppen an der Basis vermittelt werden können. Das Oxfam-Handbuch weist zudem auf die Ambivalenz von Gender hin: »Menschen, die außerhalb ihrer Gender-Rollen agieren, können mit Missbilligung rechnen« (ebd.). Insofern trägt das Handbuch der Idee von Gender als (Zwangs-) Struktur eher Rechnung als andere; es wird deutlich, dass Gender auch als Zwangsordnung zu begreifen ist, der Individuen unterworfen werden. Das Handout, das nach der entsprechenden Sitzung verteilt werden soll, erläutert das Konzept in Anlehnung an Oakley (s. o.). Gender sei ein analytisches Instrument, um Ideen zu erklären und »(es) ist bis heute fast universell aufgegriffen worden« (ebd.: 94). Vor dem Hintergrund der oben dargestellten kontroversen Debatte um Gender ist die Konstatierung einer solchen ›Universalität‹ allerdings nicht unproblematisch. Auch die Übungen selbst beinhalten eine scharfe Trennung zwischen Sex und Gender, so zum Beispiel die Übung »Gender-Spiel«: Die Teilnehmenden sollen Aussagen zuordnen, je nachdem ob sie Sex oder Gender betreffen. Eine der Aussagen ist: »In einem konkreten Fall, als ein Kind, das als Mädchen aufgezogen wurde, herausfand, dass es in Wirklichkeit ein Junge war, verbesserten sich seine Schulnoten dramatisch« (ebd.: 89). Diese Aussage impliziert, dass es möglich ist, dass Sex und Gender auseinanderfallen – eine Vorstellung, die in anderen Handbüchern nicht vorkommt. Auf der anderen Seite liegt hier nicht unbedingt ein transitives Gender-Konzept vor, da es eigentlich um das »richtige« Geschlecht geht. Hier macht sich wieder das Grundverständnis von Oakley und auch Stoller (vgl. Kapitel II.1) bemerkbar, das nur bis zu einem gewissen Punkt konstruktivistisch ist und die Vorstellung von separativer Zweigeschlechtlichkeit eben nicht zum Problem macht.

Eine weitere Übung ist mit »Was ist Gender?« benannt, hierzu gibt es zwei Handouts. Sie soll dazu dienen, dass jede Person ihre/seine Vorstellungen über Gender artikulieren kann und dass die Teilnehmenden zu einem gemeinsamen Verständnis von Gender gelangen. Die Übung ist offen gestaltet, die Teilnehmenden sollen paarweise darüber diskutieren, was für sie Gender ist, dies soll dann in das anschließende Brainstorming einfließen. Was zunächst als beliebig durch die Teilnehmenden gestaltbar aussieht, wird allerdings durch die Hintertür dadurch beschränkt, dass in den *Facili-*

tator's Notes einige Punkte genannt werden, die durch den/die TrainerIn herausgestellt werden sollten. Zwar wird auch hier betont: »den Teilnehmern zu erlauben, ihr Unbehagen mit dem Wort ›Gender‹ auszudrücken« (ebd.: 92); allerdings wird immer wieder die Abgrenzung zu Biologie stark gemacht: »Gender unterscheidet sich von Geschlecht: es ist nicht biologisch determiniert« (ebd.).

Gender ist auch im Oxfam-Handbuch separativ, wenn es in Handout Vier heißt: »Jede Gesellschaft benutzt biologisches Geschlecht als ein Kriterium, um Gender zu beschreiben, aber über diesen einfachen Gesichtspunkt hinaus stimmen keine zwei Gesellschaften komplett darin überein, was *ein Gender von dem anderen* unterscheidet« (ebd.: 94, Hervorhebung R.F.). Diese Feststellung stellt zwar die kulturelle Variabilität von Gender heraus, sie verharrt aber dennoch in einem Subtext von ›das eine oder das andere Gender‹, da Gender als Kategorie hier schon vorausgesetzt wird: Es gibt hier »ein Gender« als offensichtlich klar abgrenzbare soziale Gruppe, was dem sozialkonstruktivistischen Gedanken von Gender als Prozess und Interaktion zuwider läuft.

Eines der Handouts im Handbuch ist eine fünfseitige Zusammenfassung eines Beitrages von April Brett »Why Gender is a Development Issue« (vgl. Kapitel III.1.4), der sich stark an Oakleys Gender-Konzept anlehnt, sie wird mehrfach zitiert. Das zweite Handout bezieht sich noch direkter auf Gender als Konzept und trägt den Titel »Unpacking Gender« (S. 99ff.). Hier wird wieder die Unterschiedung zwischen Sex und Gender stark gemacht, das Vokabular ähnelt stark dem der grafischen Gegenüberstellung der Folie von Kerstan (siehe oben).

> »Geschlecht ist eine Tatsache menschlicher Biologie, wir werden männlich oder weiblich geboren; es sind Männer, die schwängern, und Frauen, die schwanger werden und menschliche Babies gebären und stillen. Auf Grund dieser biologischen Unterschiede errichten wir ein Gebäude sozialer Ansichten und Vorstellungen, Verhaltensweisen und Aktivitäten: das sind unsere Gender-Rollen und -Identitäten.« (ebd.)

Und: »(...) im Gegensatz zu Geschlecht sind Gender-Rollen variabel«. Dies lässt stark an das oben beschriebene Mantelständer-Modell von Linda Nicholson denken, das diese aufgrund seiner biologischen Fundierung kritisiert hat (siehe Kapitel II.7.1).

Im Rahmen der nächsten Übung (»Ein Baby wird geboren«) steht Gender als offenes Konzept im Vordergrund, das heißt es wird in Beziehung gesetzt zu anderen gesellschaftlichen Ausgrenzungsformen. Gender wird als »Quelle sozialer Differenzierung in Beziehung zu anderen Faktoren so wie Ethnizität, Klasse, Kaste, Behinderung« (ebd.: 101) eingeführt. Ohne auf die einzelnen Übungsschritte einzugehen, kann zitiert werden, was den Teilnehmenden im Rahmen dieser Übung deutlich gemacht wird: »Gender...

muss in sozialen Kontexten und nicht als in einem sozialen Vakuum verstanden werden« (ebd.: 102).

Im Rahmen einer weiteren Übung geht es um die Stereotypen »männlich« – »weiblich«, diese werden als »Sex Stereotypes« (ebd.: 121) bezeichnet – innerhalb der Logik der Unterscheidung von Sex und Gender ein Widerspruch. Denn Stereotypisierung muss immer als gesellschaftliche Konstruktion gesehen werden und wäre somit alleine in der Sphäre von Gender zu verorten. Auch das Oxfam-Handbuch durchbricht also an dieser Stelle die zuerst selbst starkgemachte Trennung zwischen Sex und Gender, was für die Teilnehmenden zumindest irritierend sein dürfte. Allerdings ist die Behandlung von Stereotypisierung in diesem Rahmen von großer Bedeutung, da sie einen Schlüssel für die Herstellung von Gender-Ordnungen darstellt. Insofern hebt sich das Oxfam-Handbuch hier positiv ab.

Es kann nicht auf alle Übungen eingegangen werden, das Spektrum des Handbuches reicht von Phantasiereisen über die Diskussion biografischer Geschichten bis zur Arbeit mit verschiedenen Texten. Dabei kommen neben offen feministischen und auf Frauen bezogenen Übungen auch Übungen aus dem Spektrum der Männerarbeit, in denen es um eine kritische Hinterfragung von Maskulinität geht, zum Zug. Schwerpunkt des letzten Teils des Handbuches sind die Tabuthemen Gewalt gegen Frauen und Vergewaltigung.

Abschließend kann nur betont werden, dass das Oxfam-Handbuch durch seine Vielfalt an Übungen und Themen eine wertvolle Quelle für Trainer/innen bietet – ein Training nach einem vorgegebenen Schema lässt sich hiermit jedoch nicht durchführen, der/die Trainer/in muss das Handbuch kennen und die Auswahl der Übungen den Teilnehmenden anpassen. Wenn dabei allerdings das vorgegebene Minimum von nur einer Übung im Rahmen eines Trainings eingehalten wird, kann dieses Potenzial kaum ausgeschöpft werden, vielmehr besteht dann die Gefahr, dass Gender doch wieder als separatives, geschlossenes und statisches Konzept vermittelt wird.

Die GTZ-Handbücher

Im Handbuch von Birgit Kerstan (1995) wird an zwei Stellen genauer auf Gender als Konzept eingegangen. Der Abschnitt, der in den Workshop einführt, behandelt explizit die Frage »Was ist Gender?« (Kerstan 1995: viii), dabei ist auch eine Übung vorgesehen. Im Abschnitt zu Gender and Development geht es im ersten Unterkapitel um das Thema »Die Wahrnehmung von Teilnehmenden von Gender-Rollen«, auch hierzu soll eine Übung durchgeführt werden. Insgesamt besitzt das Handbuch 14 Abschnitte und umfasst einen insgesamt 18-tägigen Workshop (127,5 Stunden), inklusive Feldphase. Die Gender-Sensibilisierung steht also in der Gesamtschau nicht im Vordergrund und durch den recht stringenten Aufbau des Handbuches wird hier auch nicht viel Spielraum gegeben.

Die erste Übung, die Gender explizit erklärt, ist als zweite Übung des Workshops vorgesehen und hat zum Ziel, dass die Anwesenden sich besser kennen lernen sowie mit dem Unterschied zwischen Sex und Gender vertraut gemacht werden. In einer paarweisen Vorstellung sollen die Teilnehmenden persönliche Informationen austauschen und sich dann erzählen, was sie schon immer einmal machen wollten, jedoch nicht konnten, da sie ein Mann/eine Frau sind (ebd.: 4). Jeder dieser Wünsche wird dann auf eine Karte geschrieben, wobei Männer und Frauen farblich verschiedene Karten benutzen sollen. Diese Informationen werden dann in der Runde vorgestellt, die Karten werden getrennt nach Männern und Frauen und thematisch geordnet aufgehängt. Daraufhin werden die Teilnehmenden gebeten, den Unterschied zwischen Sex und Gender zu erklären, dies wird in jeweils einer Spalte zu Sex und Gender festgehalten. Anschließend soll die Overhead-Folie »Sex versus Gender« (s. o.) aufgelegt und mit den Erklärungen der Teilnehmenden verglichen werden. Dieses Vorgehen ist aus zweierlei Gründen problematisch: Erstens wird durch das Auflegen einer Folie die zunächst partizipative und induktive Methodik durchbrochen. Dies ist um so bedenklicher, als die Folie nicht dem Reflexionsstand der Theorie entspricht, sondern vielmehr eine inzwischen umstrittene Gender-Konzeption reproduziert, die das »biologische Geschlecht« im vordiskursiven Raum belässt und von der grafischen Aufarbeitung her »Sex« das gleiche Gewicht gibt wie Gender. Zweitens stützt die Feststellung einer Unabänderbarkeit von biologischem Geschlecht nicht nur eine statische und separative Auffassung von Geschlechtlichkeit, sie ist durch die Tatsache von Inter- und Transsexualität auch nicht haltbar.

Die hier herangezogene Overhead-Folie findet sich auch im Handbuch von Augustin (1996) und zwar unter der Überschrift: »Sex versus Gender als soziales Konstrukt« (ebd.: Topic 4.1.1, ohne Seitenangabe). Daneben ist ein Handout mit dem Titel: »Was ist Gender?« vorgesehen (ebd.). Hier finden sich Zitate aus dem Oxfam und dem CCIC-Handbuch.[126] Dabei ist die Rede von »sex roles« (hier mit »Geschlechterrolle« übersetzt):

> »Die Geschlechterrolle von Männern ist es, Frauen zu schwängern: die Geschlechterrolle von Frauen ist es, einen wachsenden kleinen Menschen während der Schwangerschaft zu hegen, zu gebären und das Kind zu stillen. Geschlechterrollen sind ausschließlich und unveränderlich«. (ebd.)

Eine solche Verengung von Sexualität auf Reproduktion hat normierende Effekte. Auch der Geschlechtsakt ist ein soziales Moment und wird nicht unbedingt nur zum Zwecke der Reproduktion durchgeführt; Geburt, Schwangerschaft und Stillen sind Rollen, die viele Frauen heute bewusst nicht wahrnehmen und Menschen mit gleichgeschlechtlicher sexueller Orientierung fallen aus diesen »Rollen« schlicht heraus. Die Konstatierung solcher »sex roles« hat daher eher normierende und ausschließende Effekte und trägt nicht zu einer emanzipativen Geschlechterpolitik im weiteren Sinne bei. Sehr deutlich wird hier die »biologische Fundierung« von Gender, die Nicholson kritisiert und die in einer klar separativen Gender-Konzeption verhaftet bleibt. Allerdings betont Augustin auch:

> »Gender-Beziehungen und -identitäten sind nicht universell, sondern variieren von Kultur zu Kultur und manchmal von Gemeinschaft zu Gemeinschaft. Gender-Beziehungen werden auch stark von sozialer Klasse, religiösen und Stammeszugehörigkeiten, Alter und Ethnizität beeinflusst. Sie sind dynamisch und verändern sich mit der Zeit.« (ebd.)

Hiermit spricht sie also durchaus Gender als offenes und dynamisches Konzept an.

Das Engelhardt/Oswald-Handbuch

Das Handbuch von Engelhardt und Oswald ist in vier Sektionen aufgeteilt, wobei die erste Sektion, in der es um die Vermittlung von Gender-Analyse-Instrumenten geht, den größten Raum einnimmt. Die zweite Sektion dreht sich um »Gender-Bewusstsein«, es werden 13 Übungen vorgestellt, die Autorinnen legen also vergleichsweise großen Wert auf diesen Bereich.

Auch in diesem Fall werde ich nur eine Auswahl an Übungen diskutieren, die deutliche Vorstellungen über Gender vermitteln. Auffallend ist zunächst, dass im vorliegenden Handbuch die Unterscheidung zwischen Sex und Gender nicht vorkommt – wie auch überhaupt das Wort Sex im ganzen Handbuch nicht zu finden ist. Gender wird den Teilnehmenden nicht explizit erklärt – dies ist einerseits problematisch, da Gender in den meisten Sprachen durchaus erklärungsbedürftig ist. Auf der anderen Seite lässt diese Nicht-Festlegung einen großen Spielraum, im Rahmen von Übungen das Konzept Gender zu füllen. Die Analyse des Sprachgebrauchs des Handbuches zeigt jedoch, dass Gender eher in einem sehr engen Sinne Anwendung findet: Es wird durchweg im Sinne einer Mann-Frau-Differenz gebraucht, so ist die Rede von »genderhomogenen Untergruppen« und »das andere Gender« (Engelhardt/Oswald 1995: 49). Diese Vorstellung der Homogenität von Gender führt dazu, dass Differenzen zwischen Frauen und Transgressionen zwischen Männern und Frauen kaum thematisiert werden.

Eine Übung, im Rahmen derer verschiedene Machtachsen diskutiert werden können, ist »Gender-spezifische Perspektiven und Entscheidungsfindung« (ebd.: 45). Hier soll mit Hilfe einer moderierten und visualisierten Gruppendiskussion eine Entscheidung über ein ausgewähltes Thema herbeigeführt werden. Dabei wird angenommen, dass Männer und Frauen zu verschiedenen Auffassungen kommen – es wird jedoch explizit klar gemacht, dass sich auch andere Meinungsgruppen bilden können. Gender kommt somit als offenes Konzept vor, das andere Ausgrenzungsformen in sich aufnehmen kann.

Eine Reihe von Übungen zielt auf die Aufdeckung von Stereotypen ab, so zum Beispiel »Stereotypen in der Wahrnehmung von weiblichen und männlichen Rollen« (ebd.: 46f.). Es werden stereotype Aussagen vorgestellt wie »Männer sind die Ernährer der Familie« (ebd.: 46), die Aussagen sollen dem jeweiligen Hintergrund der Gruppe angepasst werden. Die Teilnehmenden verorten sich dann je nach ihrer Meinung zur jeweiligen Aussage im Raum, es wird nach Geschlecht getrennt festgehalten, wer welche Meinung vertritt (Zustimmung/Unentschiedenheit/Ablehnung). Offensichtlich wird davon ausgegangen, dass Frauen und Männer hier dezidiert unterschiedliche Meinungen vertreten – warum sonst sollte man die jeweils vertretenen Standpunkte in zwei verschiedenen Kategorien festhalten. Meinungen über Normen und Muster bezüglich Gender bilden sich jedoch sicherlich nicht ausschließlich aufgrund der Geschlechtsidentität, sondern aufgrund von Faktoren wie Bildung, Herkunft und Alter sowie weiteren. Auch hier wird also wieder eine dualistische Geschlechter-Differenz betont und hervorgehoben, ohne dass dabei erklärt wird, was das Ziel dieses Vorgehens ist. Zwar wird angegeben, ein Ziel sei, gender-spezifische Vorurteile ans Tageslicht zu bringen (ebd.: 46). Die häufige Unterteilung von Standpunkten nach Frauen einerseits und Männern andererseits stellt jedoch für sich eine Reduktion von Gender dar, die durch Moderation zur Stereotypisierung beiträgt und klar eine Form des »Doing Gender« darstellt. Überhaupt werden Untergruppen in diesem Teil des Handbuches immer nach einem dualistischen »Mann–Frau«-Muster getrennt, Differenzen innerhalb dieser Gruppen sind nicht vorgesehen, vielmehr würde dies die Didaktik der Übungen durcheinanderbringen. Daneben thematisiert keine der Übungen explizit auch andere Ausgrenzungsformen und deren Verwobenheit mit Gender. Eine Ausnahme bildet nur die Übung zum Gebrauch von Sprichwörtern, in der den Teilnehmenden bekannte Sprichwörter auf ihre Bildlichkeit hin diskutiert werden, wobei auch kulturelle Differenzen in Betracht gezogen werden sollen (ebd.: 54).

Das UNIFEM-Handbuch

Im UNIFEM-Handbuch (Parker 1993) gibt vor allem die Übung »Die sozialen Ursprünge von Gender« (ebd.: 12ff.), die am ersten Tag als vierte Übung vorgesehen ist, Aufschluss über die Vermittlung von Gender. Es ist die einzige Übung des Handbuches mit gruppendynamischen Elementen, die die Selbstreflexion der Teilnehmenden zulässt und in welcher der Transfer von

Wissen nicht im Vordergrund steht. Als zeitlicher Rahmen ist 45 Min. bis eine Stunde angegeben (ebd.: 12) – dies im Rahmen eines viertägigen Seminars. Im Vordergrund steht hier das Handout »Sex and Gender« (ebd.: 16), das in ähnlicher Form auch im CCIC-Handbuch, bei Kerstan und Augustin verwendet wird (siehe oben). Ich gehe ausführlich auf diese Übung ein, da sie m. E. ein gutes Beispiel dafür ist, welche Fallen die Sex-Gender-Unterscheidung birgt und welche Probleme das für die im Training vermittelten Inhalte und Ideen mit sich bringt.

Einführend soll die/der TrainerIn erklären:

> »(...) männlich oder weiblich zu sein, kennzeichnet uns vom Moment unserer Geburt an – unsere erste Frage über ein Neugeborenes zielt normalerweise darauf ab, ob es ein Mädchen oder ein Junge ist. Unser biologisches Geschlecht bestimmt auch, was von uns erwartet wird. Von Jungen wird erwartet, dass sie Ingenieure werden. Mädchen werden Lehrerinnen oder gute Mütter. In dieser Übung werden wir auf die Quellen dieser Glaubensvorstellungen und Interpretationen eingehen, die mit Männlich- und Weiblichsein zusammenhängen.« (ebd.)

Dieser starke Fokus auf Biologie als Ausgangspunkt ist nicht unproblematisch, da er eine starke Auflösung im weiteren Verlauf der Übung verlangt.

Die Teilnehmenden sollen sich dann an ihre Kindheit erinnern, »(...) an die erste Erinnerung, die sie davon haben, wie sie entdeckten, dass sie (als männlich oder weiblich) anders als das andere Geschlecht waren« (ebd.: 13). Diese Situation sollen sie zeichnen und paarweise mit einer/m anderen Teilnehmenden dieses Bild besprechen. Sodann soll das Handout »Sex and Gender« ausgeteilt werden und folgende Fragen sollen diskutiert werden: »Welches sind einige der Botschaften, die wir darüber vermittelt bekamen, dass wir anders als das andere biologische Geschlecht (im Original: *the opposite sex*, Anm. R.F.) sind? Warum beschäftigen wir uns damit, was natürlich und was erlernt ist? Warum unterscheiden wir hier?« (ebd.).

Dieser erneute Bezug auf Sex, anstatt auf Gender, ist nicht nur deswegen problematisch, weil dies der zuvor eingeführten Unterscheidung zwischen Sex und Gender widerspricht, sondern weil eben *nicht* die Rede davon ist, dass auch Sex mehr oder weniger eine soziale Konstruktion darstellt. Die Vorgehensweise läuft also generell der Logik des Handbuches selbst entgegen.[127] Vor allem ist das wiederholte Rekurrieren auf Sex in diesem Kontext für das Anliegen von Gender Trainings kontraproduktiv, da es ein separatives Gender-Konzept beinhaltet. Die Polarisierung, die im Begriff »opposite« zum Ausdruck kommt, lässt wenig Spielraum für Überquerungen; auch wenn hier geschlechtsspezifische Sozialisation eine Rolle spielt, eine grundsätzliche Differenz bleibt. Dies verspielt nicht nur die Chancen, die Gender bietet, indem es nicht determiniert, wie jemand Geschlechtlichkeit lebt. Es kommt zudem eine Geschlossenheit von Gender zum Ausdruck, die Männer und Frauen als Gruppe jeweils homogenisiert und andere Formen der Differenz negiert – zumal Differenzen unter Männern sowie Differenzen unter Frauen sowie andere Machtachsen im Handbuch nicht vorkommen.

Dieser Eindruck bestätigt sich auch in dem Handout, das mit »Einige nützliche Definitionen« überschrieben ist (ebd.: 21) und in dem kurze Definitionen zu den Konzepten Gender, Gender Analysis, Gender Blind, WID, GAD und »Sex Differentiated Data« abgegeben werden. Bei Gender findet sich die Erklärung:

> »Dies bezieht sich auf die sozial determinierten Rollen und Verantwortlichkeiten von Frauen und Männern. Gender hängt damit zusammen, wie wir wahrgenommen werden und wie von uns erwartet wird, dass wir als Frauen und als Männer denken und handeln, auf Grund der Organisation der Gesellschaft und nicht auf Grund unserer biologischen Unterschiede.« (ebd.)

Wie im ganzen Handbuch wird auch hier kein Hinweis auf die Verwobenheit von Gender mit anderen Machtachsen gegeben, vielmehr fällt hier wiederum der Bezug zu einer »Frau – Mann«-Dichotomie auf.

Im weiteren Verlauf des Übungsteils des Handbuches steht vor allem die Vermittlung der *Gender Analysis Matrix* (GAM) im Vordergrund, sie wurde bereits ausführlich in Kapitel III.3.4 diskutiert.

Der genaue Blick auf das Gender-Konzept des UNIFEM-Handbuches zeigt also, dass es eine vergeschlechtlichte diskursive Struktur und eine biologische Fundierung aufweist, die sich an der Konstruktion von Dualismen eher beteiligt, als dass eben diese hinterfragt werden.

4.4 Gender Training – Training Gender?

Die hier analysierten Handbücher sind – mit Ausnahme von Overholt – in den 90er Jahren entstanden. Dennoch bewegen sie sich bezüglich des Standes der Theorie in erster Linie am Anfang der 70er Jahre. Dies machen einige Handbücher, wie zum Beispiel diejenigen von Oxfam und CCIC (*Two Halves Make a Whole*), durch die entsprechende Nennung von Quellen deutlich, andere nicht. Gender wird meistens in seiner Unterscheidung zu Sex erklärt, teilweise mit Visualisierungen, die zumindest grafisch der Idee von »Sex« einen gleichwertigen Stellenwert einräumen. Die Idee, dass Sex ein Produkt sozialer Konstruktion sein könnte, also eine »gendered category« ist, kommt hier nicht auf – im Gegenteil: Sex ist weiterhin Biologie und Fakt, im Raum des »Biologischen« scheint es keine unterschiedlichen Ausformungen, Varianten oder Kontinuitäten zu geben. Die Begriffswahl einiger Handbücher ist unüberlegt: Die Worte Sex und Gender werden hier ohne Unterschied verwendet, wobei ein Unterschied explizit vorher eingeführt worden ist. Eine Wortwahl wie zum Beispiel »Sex Stereotypes« wird zumindest Verwirrung zur Folge haben, da sie – wie insbesondere bei

Parker (1993) gezeigt – der eigenen Logik widerspricht. Darüber hinaus werden Gender-Vorstellungen transportiert und multipliziert, die dem Anliegen, das Gender Trainings haben, rigide Gender-Ordnungen aufzubrechen, zuwiderläuft. Die gebrauchten Gender Konzeptionen entsprechen teilweise stark der von Linda Nicholson kritisierten biologischen Fundierung, die sie als »Mantelständer-Modell« bezeichnet hat (vgl. Kapitel I.8.1).

Deutlich wird, dass die meisten Handbücher (Ausnahme Oxfam) bei den Teilnehmenden ein dual strukturiertes Gender-Grundverständnis *voraussetzen*. Die Möglichkeit, dass in bestimmten Kulturkreisen oder bei Individuen ein anderes ›Gender-Universum‹ vorgefunden werden könnte und Gender in seiner Grundstruktur eventuell *nicht* bipolar gedacht wird, fällt außen vor. Insofern kann die Einführung des Gender-Konzeptes über die Unterscheidung zwischen Sex und Gender, wenn dies in gezeigter Weise (separatistisch und dualistisch) erfolgt, zu einer Restaurierung der etablierten Gender-Ordnung führen.

Offensichtlich ist der Diskurs feministischer Gender-Theorien an den Handbüchern für Gender Trainings weitgehend vorbeigegangen. Dabei lässt sich zwar argumentieren, dass Theorie im Rahmen von Trainingspraxis nicht angemessen eingesetzt werden kann. Dem ist jedoch entgegenzuhalten, dass es nicht darum ginge, feministische postkoloniale oder dekonstruktivistische Ansätze im Rahmen von Gender Trainings zu behandeln. Es ginge aber durchaus darum, dass denjenigen, die Gender Trainings verantwortlich durchführen, durch die Handbücher auch der Stand der Diskussion um das Schlüsselkonzept Gender zugänglich gemacht wird. Denn die analysierten Handbücher waren noch nie ein »theoriefreier Raum«, sie beziehen sich auf eine Reihe von Theorieansätzen, und zwar solche, die seit geraumer Zeit problematisiert werden. Dabei gibt es – wie hier deutlich wurde – durchaus Unterschiede, betrachtet man die Vermittlung von Gender: Die Handbücher von Oxfam und CCIC reflektieren und problematisieren Gender als Konzept stärker als anderer Handbücher bzw. sie setzen Gender stark in den Zusammenhang der Erfahrung der Teilnehmenden oder in einen kulturellen Kontext. Andere haben hier Mängel, die nicht nur theoretische Anfragen an Gender Trainingspraxis erlauben, sondern die die Glaubwürdigkeit dieser Praxis unterminieren können. Dabei geht es nicht um ein formales Argument der Ausblendung neuerer Ansätze, sondern vielmehr um die Gefahr der Restaurierung von Gender als Struktur, also von gegenteiligen Effekten, *durch* Training. Wenn das Ziel von Gender Trainings die Überwindung von Diskriminierung insbesondere von Frauen sein soll, dann müssten die Handbücher mit Gender-Konzeptionen arbeiten, die jenseits biologischer Fundierungen sind und die transitiv und multipel sind. Insbesondere an diesem Punkt muss einigen Handbüchern jedoch ein gewisser Effekt der Restaurierung von Gender als Ordnungsstruktur nachgesagt werden. Würden sich Trainer/innen starr nach Handbüchern richten, könnte es sein, dass sie das Gegenteil von dem bewirken würden, was die Grundintention von Gender Training ist: Anstatt Gender-Strukturen aufzulösen und Gender-Grenzen zu überwinden, multiplizieren einige der Handbücher eben jene Konzepte, die von oben aufgezeigten Theorieansätzen für ihre ausschließende, homogenisierende und essenzialistische Wirkung kritisiert worden sind. In Kapitel IV werden deswegen Anregungen gegeben, wie neue Ansätze im Bereich der Queer-Theory bzw. der Kritik der Anderen in Gruppenübungen umgesetzt werden könnten.

5. Gender-Papiere bundesdeutscher entwicklungspolitischer Organisationen

Deutsche entwicklungspolitische Institutionen orientieren sich am internationalen Gender-Diskurs, wie er in Kapitel III.1 aufgezeigt wurde: Das Entwicklungsministerium BMZ hat mit dem 1997 vorgelegten und 2001 überarbeiteten »Gleichberechtigungskonzept« (s.u.) dem Paradigmenwechsel vom Frauen-Integrationsansatz (WID) zum Gender-Ansatz (GAD) Rechnung getragen (vgl. Bartels 2000). Die Durchführungsorganisationen hatten diesen bereits vollzogen (im Fall der GTZ) oder gaben sich entsprechende Papiere nach Erscheinen des BMZ-Gleichberechtigungskonzeptes. Der umsetzungsorientierte Diskurs, der sich in diesen Gender-Papieren einzelner bundesdeutscher Entwicklungsinstitutionen findet, ist Gegenstand des Kapitels.

Das BMZ und die entwicklungspolitischen Umsetzungsorganisationen werden hier als ›Institution‹ in engerem Sinn verstanden: Sie sind politische Institutionen in Abgrenzung zu sozialen Institutionen (vgl. Göhler 1994: 27f.). Politische Institutionen werden dabei nach Göhler als »Regelsysteme der Herstellung und Durchführung verbindlicher, gesamtgesellschaftlich relevanter Entscheidungen« (Göhler 1994: 22) gefasst. Politische Institutionen mit Akteur/innen sind nach Göhler immer auch Organisationen (vgl. ebd.: 27f.). Ostendorf (1999) weist darauf hin, dass politische Institutionen Geschlechterverhältnisse einerseits reproduzieren, gleichzeitig aber auch »orientieren« und »sozialisieren« (ebd.: 158). Politische Institutionen greifen auf Diskurse zurück und verstärken sie. Niederschlag findet dies am offensichtlichsten in den entsprechenden Veröffentlichungen der Organisationen. Diese sind zugleich Ergebnisse von innerinstitutionellen Aushandlungsprozessen der internen Akteur/innen, wobei die Befürworter/innen einer Gender-Policy (internal advocats) auf den Wissensmarkt des internationalen entwicklungspolitischen Diskurs, wie er bis hierher beschrieben ist, zurückgreifen können. Allerdings kann hier weder dieser Aushandlungsprozess noch die tatsächliche Umsetzung der Papiere genauer untersucht werden. Es sei aber darauf hingewiesen, dass die hier analysierten Papiere immer lediglich Ausdruck politischer Willensbekundungen sind und kaum Zeugnis dessen, was letzlich als *Policy* im Bereich der entwicklungspolitischen Geschlechterpolitik implementiert wird: Das Auseinanderfallen von Rhetorik und tatsächlicher Praxis ist Gegenstand vielfältiger Kritik (vgl. Braunmühl 2002, Callenius 2002). Insofern werden die Policy-Papiere hier allenfalls als Handlungsrahmen gesehen, die jeweils Möglichkeiten und Beschränkungen aufzeigen und Vorstellungen über ›richtiges‹ politisches Handeln bzw. über ›richtige‹ Gender-Konzepte wiedergeben.

Das Handbuch für Internationale Zusammenarbeit verzeichnet insgesamt 314 Institutionen der Entwicklungszusammenarbeit (vgl. ebd.: 2002: Registerband H.: 2). Dabei wird unterschieden zwischen »staatlichen, halbstaatlichen, nichtstaatlichen, kirchlichen, parteinahen und privaten« Einrichtungen. Hier werden lediglich staatliche und halbstaatliche Organisationen behandelt, und zwar diejenigen die als »Kernbereich der deutschen Entwicklungshilfe-Organisationen« (Weiss: 1989: 63) bezeichnet werden können (vgl. auch Nuscheler 1996: 401f.). Dies sind laut Weiss: Das Entwicklungsministerium BMZ, andere Bonner Ressorts, die Kreditanstalt für Wiederaufbau (KfW), die Gesellschaft für Technische Zusammenarbeit (GTZ), das Deutsche Institut für Entwicklungspolitik (DIE), die Deutsche Investitions- und Entwicklungsgesellschaft (DEG), die Deutsche Stiftung für Internationale Entwicklung (DSE) und der Deutsche Entwicklungsdienst (DED) (ebd.). Das Politikfeld wird zudem unterschieden in personelle, technische und finanzielle Zusammenarbeit (vgl. BMZ 2000: 119f.), wobei die beteiligten Institutionen hier jeweils ihre Schwerpunkte setzen bzw. arbeitsteilig organisiert sind: Den Regierungsauftrag für die Durchführung der *finanziellen Zusammenarbeit* hat die KfW, diese hat jedoch kein eigenes Gender-Papier, maßgeblich ist hier das BMZ-Konzept,[128] das in Kapitel III.5.1 behandelt wird. Die KfW ist zudem alleinige Gesellschafterin der DEG, auch hier ist also das BMZ-Papier maßgeblich. Dagegen hat die bundeseigene GmbH Gesellschaft für Technische Zusammenarbeit (GTZ), die einen Großteil der *technischen Zusammenarbeit* im Auftrag des Bundes abwickelt, eine Reihe an Gender-Papieren veröffentlicht (vgl. Gesellschaft für Technische Zusammenarbeit 2001). Auf das aktuellste von ihnen, das den Stand der Diskussion spiegelt, wird in Kapitel III.5.2 eingegangen.[129] Im Rahmen der *personellen Zusammenarbeit* sind es vor allem die seit kurzem fusionierten Organisationen CDG und DSE, die einen wesentlichen Beitrag leisten. Die CDG besitzt eine Gender-Handreichung, die allerdings intern ist und deswegen hier nicht herangezogen wird. Die DSE hat ein Handbuch vorgelegt, das in Kapitel III.5.3 analysiert wird. Auch der Deutsche Entwicklungsdienst DED, der mit der Entsendung von ›Entwicklungshelfern und -helferinnen‹ beauftragt ist, fällt in den Bereich der personellen Zusammenarbeit und wird aus Mitteln des Bundes bestritten. Auch der DED verfügt seit 1999 über eine Leitlinie zu Gender und Frauenförderung, auf sie wird in Kapitel III.5.4 eingegangen. Das DIE hat ebenfalls kein eigenes Gender-Papier, da es dem BMZ wissenschaftlich zuarbeitet und selbst nicht implementiert.[130]

Auch in diesem Analyseteil wird es gemäß den in Kapitel II herausgearbeiteten Gender-Dimensionen darum gehen, zu zeigen, was in den politischen Leitlinien und Konzepten der Organisationen als Gender gefasst wird, und auf welche Theorie(versatzstücke) hier zurückgegriffen wird.

5.1 Staatliche Gender-Politik: Das Gleichberechtigungskonzept des BMZ

Das »Konzept für die Förderung der gleichberechtigten Beteiligung von Frauen und Männern am Entwicklungsprozess – Gleichberechtigungskonzept« hat eine zentrale Steuerfunktion, denn die hierin enthaltenen Vorgaben sind für staatliche und halbstaatliche Umsetzungsorganisationen verbindlich, das Papier stellt einen »Orientierungsrahmen« für Nichtregierungsorganisationen dar. Mit ihm vollzog das BMZ den Paradigmenwechsel von WID zu GAD (vgl. Kapitel III.1), auf den das Papier auch explizit eingeht (BMZ 2001: 10f.). Das 24 Seiten umfassende Dokument integriert entsprechend bestimmte Elemente des GAD-Diskurses in die Strategien, Mechanismen und Ziele der deutschen bi- und mulitlateralen Entwicklungszusammenarbeit. Es löste 1997 das Frauenförderkonzept des Ministeriums von 1988 ab, im Jahr 2001 wurde eine überarbeitete Fassung vorgelegt. In dieser ist auch explizit und mehrmals Gender Mainstreaming aufgeführt (BMZ 2001: 1/11/18), während in der ersten Auflage nur implizit von der »Querschnittsaufgabe« einer »gleichberechtigte(n) Beteiligung von Männern und Frauen am Entwicklungsprozess« (BMZ 1997: 1) die Rede war.

Das Konzeptpapier definiert Gender als »die gesellschaftlich bestimmten Rechte und Pflichten von Frauen und Männern« (BMZ 2001: 6). Diese seien »im Gegensatz zu den biologisch festgelegten Geschlechterrollen veränderbar« und würden »einem ständigen Wandel unterliegen« (ebd.) – letzteres betont also Gender als dynamisches Konzept. Diese Konzeptualisierung von Gender lehnt sich gleichzeitig eng an die Unterscheidung zwischen Sex und Gender an. Dabei fällt insbesondere die Formulierung »biologisch bestimmte Geschlechterrollen« (ebd.) auf, mit der wieder durchbrochen wird, was gerade als Unterscheidung definiert wurde: Eine solche Übersetzung/Umschreibung der Kategorie »Sex« konterkariert die Idee der sozialen Konstruktion, da eine *Rolle* nur sozial konstruiert sein kann. Wenn aber »Biologie« in den Raum des Sozialen vordringt, stellt dies eine biologische Fundierung von Gender dar; das Konzept wird damit in der Tendenz separativ und statisch.

In der überarbeiteten Version von 2001 sind einige Änderungen zu finden, die ein noch im Papier von 1997 enthaltenes separatives und statisches Gender-Konzept abschwächen: So war in der ersten Version als Ziel formuliert, anhand der genannten Instrumente festzustellen, ob das jeweilige Vorhaben »die Kluft zwischen Frauen und Männern [verringert oder vergrößert]« (BMZ 1997: 15). Das Bild der *Kluft* war drastisch und brachte eine separative Vorstellung von Gender zum Ausdruck. Geschlechterverhältnisse waren damit nur als zweipoliges Konstrukt mit einer klaren Trennlinie zwischen »männlich« und »weiblich« vorstellbar. Die Konstatierung einer Kluft und die Einteilung von Gender in zwei Gruppen stellte darüber hinaus eine Homogenisierung innerhalb der Kategorien »Männer« und »Frauen« dar. Diese Formulierung findet sich in der Neuauflage des Gleichberechtigungskonzepts nicht mehr.

Als Ziel formuliert das Gleichberechtigungskonzept, »langfristig eine Verbesserung des Status der Frauen und deren Machtgleichstellung (engl.: empowerment) zu erreichen« (ebd.: 4). Interessant ist an diesem Zitat vor allem die Übersetzung des Konzeptes Empowerment, ein Begriff, den das Südfrauennetzwerk DAWN in den politischen Diskurs gebracht hat (siehe oben). Wie ausgeführt, ging es DAWN eben nicht um Gleichstellung von Frauen innerhalb einer vorgegebenen Vorstellung von »Entwicklung«, sondern um weitergehende gesellschaftliche Transformation. Die Übersetzung von Empowerment in »Macht*gleichstellung*« ist ein Beispiel für die Ausfilterung weitergehender sozialkritischer Einwürfe durch Interpretation, da hier auch andere Möglichkeiten der Übersetzung (siehe unten, DED) denkbar sind. Diese Übersetzung beinhaltet dagegen die eher liberalfeministische Forderung nach Gleichheit, ohne jedoch den weiteren Rahmen gesellschaftlicher Ordnung verändern zu wollen. Um eben diesen Rahmen zu problematisieren, müsste nicht nur Gender, sondern müssten auch andere Machtachsen angesprochen werden. »Machtgleichstellung« – als Gleichstellung ausschließlich zwischen Männern und Frauen – bringt daher ein geschlossenes Konzept von Gender zur Geltung. Dennoch beinhaltet die Neuauflage des Konzepts – im Gegensatz zur ersten Version – einen Hinweis darauf, dass Gender keine isolierte Kategorie darstellt, denn es »wendet sich an die gesamte Gesellschaft« und »lässt sich nicht auf eine bestimmte Zielgruppe oder auf Frauen alleine beschränken« (ebd.). Auch verweist das Papier auf das Partizipationskonzept (BMZ 1999), das geltend macht: »Frauen und Männern, besonders der armen Bevölkerungsgruppen, sollen Akteure und Träger der Entwicklung sein« (ebd.: 7).

Vor dem Hintergrund der Auseinandersetzung um WID und GAD (vgl. Kapitel III.1.) ist ein interessanter Aspekt des Papiers, dass es sowohl einen Gerechtigkeitsdiskurs bedient als auch einen Effizienzdiskurs (vgl. ebd.: 8).

Einerseits wird Gender mehrmals in Bezug gesetzt zu demokratischen Grundprinzipien, Menschenrechten und guter Regierungsführung. Andererseits wird auch konstatiert, dass Gleichberechtigung aus wirtschaftlichen Gründen wichtig ist und »zur Qualitätsverbesserung der Entwicklungszusammenarbeit bei(trägt)« (ebd.: 8).

Nicht eindeutig sind die Aussagen des Konzeptes bezüglich spezifischer Frauenfördermaßnahmen. Im Konzept von 1997 waren diese zunächst nur noch »in besonderen Fällen« (BMZ 1997: Zusammenfassung ohne Seitenangabe) vorgesehen. Dagegen werden in der Neufassung »zusätzlich frauenspezifische Maßnahmen oder eine Förderung mit dem vorrangigen Ziel der Gleichberechtigung von Frauen und Männern« zunächst als grundsätzlich wichtig angesehen (vgl. BMZ 2001: 4, 12). Dies wird aber wieder zurück genommen, wenn die Formulierung »in bestimmten Fällen« aufgegriffen wird (ebd.: 10).[131]

Das BMZ greift in seiner Wahl der Planungsinstrumente vor allem auf den Gender-Roles-Ansatz (vgl. Kapitel III.3.1) zurück. Für alle Sektoren sollen jene drei Fragen herangezogen werden, die auch im Gender-Roles-Ansatz (Overholt u.a. 1985) die tragenden Säulen bilden (Arbeitsteilung zwischen Männern und Frauen, Zugang und Kontrolle sowie Entscheidungsprozesse) (ebd.: 13). Dieser Ansatz wurde oben ausführlich diskutiert und kritisiert, es sei hier nur angemerkt, dass er vor allem im Kontext von klassischer Projektplanung entwickelt wurde und bei Erscheinen des BMZ-Konzeptes bereits 16 Jahre alt war. In Fachkreisen blieb – wie oben beschrieben – dieser Ansatz nicht unkritisiert, so zum Beispiel durch Naila Kabeer (vgl. Kapitel III.3.5).

Auch das Mosersche Konzept der praktischen und strategischen Bedürfnisse und Interessen (siehe Kapitel III.3.2) wird im Rahmen der Projektarbeit herangezogen (ebd.: 9, 17f.). Mosers Definition der praktischen und strategischen Bedürfnisse und Interessen wurde oben vorgestellt und diskutiert. Bemerkenswert ist, dass es bei Moser noch um einerseits strategische und praktische Bedürfnisse (*needs*) sowie andererseits strategische und praktische Interessen (*interests*) geht – eine Unterscheidung, die in der BMZ-Leitlinie wegfällt. Moser fasst Interesse als »prioritized concern« und Bedürfnis als »means by which concerns are satisfied« (Moser 1993: 37). Interessen von Beteiligten werden hiernach *im Zuge des Planungsprozesses* in Bedürfnisse übersetzt, denen dann durch Interventionen entgegengekommen werden kann. Das BMZ lehnt sich zwar an Moser an, filtert jedoch die Möglichkeit von praktischen Gender-Interessen und strategischen Gender-Bedürfnissen aus. Die vom BMZ vorgenommene Vereinfachung der Moserschen Unterscheidung kann als eine Vermeidung des Problems der Bestimmung von Bedürfnissen und Interessen angesehen werden, das insbesondere Wieringa (1997) hervorhebt: Sind es die Planenden, die bestimmen, welche Bedürfnisse und Interessen »Zielgruppen« haben oder sind es die Beteiligten selbst?[132]

Das Konzept sieht zudem eine Reihe von Umsetzungsinstrumenten vor, neben der »geschlechterorientierte(n) Zielgruppen- und Trägeranalyse« (ebd.: 13) sind dies geschlechterdifferenzierte Indikatoren in Planung, Monitoring und Evaluierung sowie »die Sensibilisierung aller Mitarbeiter/innen«[133] durch Gender Training. Gender Training wird als »Mittel für den Erfolg einer geschlechterorientierten Entwicklungszusammenarbeit« bezeichnet (ebd.). Die Verantwortlichkeit für die Umsetzung des Konzeptes wird bei allen Mitarbeiter/innen festgemacht, des Weiteren sind aber auch spezielle Arbeitseinheiten im BMZ und den Durchführungsorganisationen vorgesehen. Hinzu kommt die »geschlechterorientierte Träger- und Personalauswahl«, sowie die »Kennung von Vorhaben« (ebd.). Auf diese Kennung wird im Rahmen des nächsten Kapitels eingegangen werden.

Abschließend ist zu betonen, dass – wie aufgezeigt – die zweite Auflage des Papiers aus gendertheoretischer Sicht durchaus Verbesserungen enthält.[134] Während das Gleichberechtigungskonzept von 1997 noch Konzeptualisierungen von Gender aufweist, die klar separativ und geschlossen waren, zum Beispiel durch die Konstatierung einer »Kluft« zwischen Männern und Frauen, finden sich entsprechende Formulierungen in der Neuauflage nicht mehr. Allerdings enthält auch sie weiterhin separative Vorstellungen, die sich in der Rede von »biologischen Rollen« niederschlagen und weiterhin deterministische Effekte haben können. Darüber enthält das Papier weiterhin Elemente des Integrationsparadigmas des WID-Diskurses. So lehnt es sich stark an den Harvard-Ansatz (1985) an, der, wie oben gezeigt, eher eine WID-Strategie verfolgt und nicht unkritisiert blieb.

5.2 Gender in der GTZ

Die Deutsche Gesellschaft für Technische Zusammenarbeit (GTZ) verfolgt seit Mitte der 1990 Jahre eine Genderstrategie. Das Unternehmen hat oben analysierte Handbücher sowie eine Vielzahl an konzeptionellen Papieren im Themenbereich Gender veröffentlicht (vgl. GTZ 2001a), die aktuellsten sind: »Gender in der GTZ« (GTZ 2001b) und »Gender und Projektmanagement« (GTZ 1999), auf sie wird im Folgenden eingegangen.

In »Gender in der GTZ« (2001) wird die neue Genderstrategie der GTZ vorgestellt. Bereits 1996 hatte sich die Organisation einen innerinstitutionellen Genderplan gegeben, der mittels der Planungsmethodik »Zielorientierte Projektplanung« (ZOPP) erarbeitet wurde (GTZ, ohne Datum). Im Sinne von Gender Mainstreaming hat sich die GTZ im Februar 2001 erneut eine Gender-Planung für fünf Jahre gegeben, die in 2003 zwischenbilanziert werden soll. Sie beinhaltet drei konkrete (Ober-)Ziele, wobei auffällt, dass diese sowohl nach innen (z.B. 30% Frauenquote auf Führungsebene) als auch nach außen (gleicher Nutzen und gleiche Beteiligung von Männern und Frauen von/an Entwicklungsprojekten sowie Erhöhung der Nachfrage/Anerkennung der Genderexpertise der GTZ) (vgl. ebd.: 7) formuliert werden. Dabei werden auch jeweils Unterziele formuliert und Indikatoren benannt und teilweise konkrete Vereinbarungen vorgeschlagen, die durch die jeweiligen Fachabteilungen konkretisiert werden sollen und die Monitoring ermöglichen (ebd.: 17). Das Papier zeigt also, dass die GTZ Gender Mainstreaming als Organisationsentwicklungsprozess versteht, der konkreter Steuerung und ständiger Überprüfung bedarf. Nur wenige Hinweise gibt es hier auf die Konzeptualisierung von Gender, vielmehr bewegt sich das Papier wiederum stark im Rahmen des Gleichberechtigungskonzept des BMZ (vgl. ebd.: 3f.). Interessant ist in diesem Zusammenhang aber die selbstkritische Einschätzung, dass »nach wie vor eine Gleichsetzung von Gender mit Frauenförderung (besteht)« und »Chancengleichheit im Unternehmen noch nicht ausreichend gelebt wird« (ebd.: 5).

Ergiebiger, was Gender als Konzept angeht, ist »Gender und Projektmanagement« (GTZ 1999). Es ist das Nachfolgepapier von »Gender-Differenzierung im Projektzyklus« (GTZ 1995b) und stellt einen Überblick über den Stand der Gender-Policy der GTZ auf verschiedenen Interventionsebenen dar. Auch hier zeigt sich, dass die GTZ auf konzeptioneller Ebene in der Bundesrepublik als Vorreiterin in Sachen Genderpolitik betrachtet werden kann. Dennoch legt auch die GTZ ein Gender-Konzept zugrunde, das Ausblendungen aufweist.

Das Papier richtet sich in erster Linie an Personen, die in der GTZ oder deren Umfeld beschäftigt sind. Es trägt neueren Entwicklungen in der Projektplanung und -durchführung Rechnung und umfasst 35 Seiten. Schwerpunkte sind vor allem ein einführender Teil zur Legitimierung der Gender-Praxis innerhalb der GTZ, Informationen zum Umgang mit dem neuen Kennungssystem, den »G-Kennungen«, welche die F-Kriterien abgelöst haben, Gender im neuen »GTZ-Ländermanagement« (ebd.: 13) sowie Gender in Planung, Monitoring und Evaluierung von Projekten. Im Folgenden wird auf einige dieser Schwerpunkte eingegangen, insbesondere dort, wo eine Konzeptualisierung von Gender deutlich wird.

Als regierungsnahe GmbH muss sich die GTZ an das Gender-Papier des BMZ anlehnen, Grundelemente wie die Betonung des Zieles der Gleichberechtigung werden hier übernommen (ebd.: 3f.). Dabei fällt die Definition, die sich im Gender-Papier findet, differenzierter und ausführlicher als die des BMZ aus:

> »Der englische Begriff ›gender‹ bezeichnet die gesellschaftlich geprägten, individuell erlernten und in jeder Generation neu ausgehandelten weiblichen und männlichen Rollenzuschreibungen. Geschlechterrollen sind wesentlich bestimmt durch die soziale, kulturelle und wirtschaftliche Organisation einer Gesellschaft sowie die

jeweils vorherrschenden religiös-moralischen und rechtlichen Vorstellungen. Weibliche und männliche Rollen und Handlungsspielräume unterliegen einem steten Wandel. Sie können von einer Gesellschaft zur anderen stark variieren, und auch innerhalb einer Gesellschaft existieren bedeutsame Unterschiede je nach sozialer Schicht, Familienstatus, ethnischer oder Religionszugehörigkeit. Die Geschlechterrollen sind nicht neutral, sondern mit unterschiedlichen Wahlmöglichkeiten, Rechten und Entscheidungsmandaten verknüpft; in aller Regel zu Ungunsten von Frauen. Im Gegensatz zu den gesellschaftlich geprägten Geschlechterrollen ist das ›biologische Geschlecht‹ (engl. ›sex‹) angeboren und unveränderbar.« (GTZ 1999: 2)

Diese Definition greift eine Reihe von Dimensionen auf: Zunächst wird Gender als intergenerationeller Aushandlungsprozess sowie einem ständigen Wandel unterlegen dargestellt, er wird somit als variabel konturiert. Auch wird ein Spektrum an Bestimmungsfaktoren genannt, die auch symbolische Ordnungen (religiös-moralisch) beinhalten. Andere Ausgrenzungskategorien sind explizit genannt, zudem legt die Definition einen starken Fokus auf den jeweiligen gesellschaftlichen Kontext, sodass hier von einem offenen Konzept gesprochen werden kann. Interessant ist auch, dass die Definition die Idee von Geschlechterverhältnissen ernst nimmt, indem sie zwar Frauen als Benachteiligte nennt, dies jedoch nicht zum universellen Prinzip erhebt. Auch hier wird zwar die Sex/Gender-Unterscheidung in klassischer Form herangezogen, allerdings nimmt dies vergleichsweise wenig Raum ein. Diese Definition erweist sich hiermit näher an gendertheoretischen Diskursen als andere hier untersuchte.

Eine Abweichung zum BMZ-Konzept stellt der Umgang mit der Moserschen Unterscheidung zwischen praktisch und strategisch dar, die GTZ hat das Wort »Bedürfnisse« aus ihrem Wortschatz gestrichen und spricht nur noch von Interessen (ebd.: 4).

Die Einführung des DAC-Systems der »G-Kennungen« anstelle der F-Kriterien signalisiert den Paradigmenwechsel von WID zu GAD auch auf der Operationalisierungsebene, sie wird im GTZ-Papier ausführlich beschrieben. Dabei bezieht sich das »G« auf »Gender Equality« (ebd.: 5): »(...) die G-Kennungen beschreiben, zu welchem Grad ein Vorhaben darauf abzielt, die Gleichberechtigung von Frauen und Männern herbeizuführen« (ebd.). Vorgesehen sind hier drei Klassifizierungen, wobei G0 anzeigt, dass ein Vorhaben »(...) nicht auf Gleichberechtigung der Geschlechter ausgerichtet (ist)« (ebd.: 6). G1 zeigt »Gleichberechtigung als wichtiges ›Nebenziel‹« (ebd.) an und G2 bedeutet, dass »Gleichberechtigung (...) ein ›Hauptziel‹ des Vorhabens (ist)« (ebd.: 5). »Vorhaben, die sich vor allem an Frauen als Zielgruppe richten (...) (erhalten) generell die Kennung G2« (ebd.: 6). Dieses grobe Raster ist vor allem deswegen problematisch, weil »Gleichberechtigung« auch mit der Konzeptualisierung durch das BMZ-Konzept und andere Policy-Papiere eine relative Kategorie darstellt. Vor allem ist nicht nachvollziehbar, dass Frauenprojekte immer in G2 eingestuft werden sollen, da ja die Erfahrung mit WID gezeigt hat, dass diese Projekte nicht automatisch zur Veränderung von Geschlechterverhältnissen führen, sondern diese auch zementieren können (vgl. Kapitel III.1.1).

Auch in diesem neueren GTZ-Papier werden Elemente vor allem aus dem Ansatz von Moser (PGI/SGI) und dem Gender Roles Framework als *der* Gender-Ansatz bezeichnet, andere Konzepte, wie der SRF nach Kabeer spielen keine Rolle, obwohl gerade er einen ausdifferenzierten Gender-Ansatz darstellt. Einen Einfluss hat der SRF jedoch offensichtlich insofern, als das GTZ-Papier betont, »Zielgruppenanalysen« sollten nicht nur Gender, sondern auch andere soziale Kategorien in Betracht ziehen. Dies weist zunächst auf eine Öffnung des Gender-Konzeptes hin. Durch den Fokus auf Moser und Harvard ist jedoch weiterhin ein separatives Verständnis von Gender auch in diesem Papier vorherrschend. Die Konzeptualisierung bestimmter Denkschulen innerhalb des GAD-Diskurses zu »*dem*« Gender-Ansatz diskreditiert andere Ansätze (Kabeer) sogar automatisch. Eine Neuerung in diesem Papier ist, dass Gender nicht mehr nur auf Projektebene berücksichtigt werden soll, sondern auch auf Meso- und Makroebene (Länderprogrammierung und ökonomische Rahmenbedingungen) eine Analysekategorie darstellt.

Gender Trainings heißen hier Gender-Workshops, sie werden als eines der Instrumente zur Gender-Politik empfohlen. In einer Fußnote wird das Handbuch von Kerstan (siehe Kap. III.4.3.1.4 und 4.3.2.3) empfohlen, im Literaturverzeichnis ist u.a. das Oxfam-Handbuch aufgeführt, das im Vergleich zu anderen Handbüchern Gender als Konzept stark reflektiert (vgl. Kap. III.4.3.1.3 und III.4.3.2.2).

Zusammenfassend kann die GTZ wohl deutschlandweit als innovativste Institution bewertet werden, was die Artikulation einer Gender Mainstreaming Strategie und die Ausbuchstabierung dieser Strategie in einzelne Fachbezüge und Länder angeht. Dennoch lehnt sich auch die GTZ stark am gendertheoretischen Diskurs der 1970er Jahre an, Ansätze z.B. der Kritischen Männerforschung und anderer neuer Gender-Theorien werden bisher von der GTZ nicht berücksichtigt.

5.3 Die Gender-Handreichung der DSE

Grundlage der Gender-Politik der DSE stellt eine Handreichung dar, die 1999 veröffentlicht wurde. Die Handreichung »bilde(t) den Rahmen und die strategische Zielrichtung der DSE zu den Themen Gender-Sensibilität und Gleichstellung der Interessen und Bedürfnisse von Frauen und Männern in der DSE Programmarbeit« (DSE 1999, Kap. 2.1: 1). Sie kann deswegen als Gender-Grundsatzpapier der DSE bezeichnet und zum Gegenstand der Analyse der Gender-Policy der Organisation gemacht werden.

Das Papier unterscheidet sich zunächst vor allem durch Länge und Ausführlichkeit von den anderen bisher analysierten. Es umfasst 123 Seiten und enthält:

- Die DSE-Gender-Leitlinie
- Hinweise zur Umsetzung der Leitlinie anhand eines entsprechenden Ablaufes (z.B. Zielgruppen und Ziele, Durchführung, Monitoring und Evaluierung)
- Sieben Beispielmodule für Fortbildungen im Bereich Gender zu unterschiedlichen Bereichen und Themen sowie einzelne Beispielübungen zur Sensibilisierung und Vorschläge für ein Feldpraktikum
- Indikatoren für die Anwendung der Gender-Leitlinie

Die DSE-Publikation stellt damit eine Mischung aus Leitlinie und Handbuch dar. Eine Reihe an Übungen wird aus den oben behandelten Handbüchern von Kerstan (1995 – GTZ) und Williams (1993 – Oxfam) übernommen, diese Handbücher werden auch zitiert (Teil 2, S. 34/47). Des Weiteren bezieht sich das Dokument im Rahmen der Leitlinien auf das oben diskutierte BMZ-Gleichberechtigungskonzept (Kap. III.5.1).

Gender wird in der Handreichung – wie in so vielen Papieren – zunächst in Abgrenzung zu »Sex« eingeführt: »Gender (lat. genus) bezeichnet im Gegensatz zum biologischen Geschlecht (engl. sex) die geschlechtsspezifischen Rollen und Hierarchien, die Frauen und Männern innerhalb einer Gesellschaft zugeschrieben werden« (DSE 1999: 7). Diese Definition wird in einer Fußnote weiter ausgeführt:

> »Die geschlechtsspezifischen Rollen und Hierarchien werden *weniger* durch biologische Merkmale oder Dispositionen bestimmt, als vielmehr durch strukturelle und individuelle Bedingungen, kulturelle Vorschriften, Normen und Tabus. Sie unterscheiden sich von Land zu Land. Der Gender-Ansatz ist somit ein partizipativer Planungs- und Arbeitsansatz, der beide Geschlechter gleichermaßen einbezieht. Die Stärkung der Frau (engl. empowerment) ist eine grundlegende Voraussetzung für eine umfassende gesellschaftliche Entwicklung. Dementsprechend ist Frauenförderung ein wesentlicher Bestandteil des Gender-Ansatzes.« (ebd., Hervorhebung R.F.)

Erneut finden wir also eine Fomulierung, die die Biologie über Rollen und Hierarchien bestimmen lässt – dies zwar »weniger« als soziale Konstruktionen, aber alleine die Rede von »biologischen Dispositionen« festigt Gendermuster entlang des Mann – Frau Dualismus. Nicht nur wird damit der in der Handreichung auf der gleichen Seite getroffenen Unterscheidung zwischen Sex und Gender widersprochen, auch wird Gender hiermit separativ fixiert.

Auch wird ein offenes Gender-Konzept in der Handreichung formuliert, wenn es heißt:

»Die Differenzierung nach Geschlechtszugehörigkeit ist neben Variablen wie soziale Schicht, Einkommensniveau, Ethnie, Religionszugehörigkeit, Alter, Familienstand, Berufsgruppe etc. ein zentraler Aspekt bei der Identifizierung und Analyse von Zielgruppen.« (ebd.: Kap. 2,3: 7)

Das Papier beruft sich auf den Harvard-Framework, der als ›die‹ Gender-Analyse vorgestellt wird:

»(D)as Instrument der ›Gender Analyse‹ (...) unterscheidet zwischen geschlechtsspezifischer Arbeitsteilung und Arbeitsbelastung im ›produktiven‹ und ›reproduktiven‹ Bereich, Zugang zu und Verfügung über Ressourcen (z.B. Einkommen, Boden, Kredite, Beratung), Teilhabe an Entscheidungen im häuslichen, kommunalen und nationalen Bereich, Rechtsstellung, Zugang zu Aus- und Fortbildung und außerhäuslichen Erwerbsmöglichkeiten, Zugang zu sozialen Diensten wie Gesundheitsversorgung.« (ebd.: 9)

Im Text zitiert werden Overholt u.a. (1985), lediglich im Literaturverzeichnis wird auf andere Quellen zur Gender-Analyse hingewiesen. Dies verkürzt das Spektrum der Gender-Ansätze doppelt: Einerseits bietet auch der Harvard-Framework wie oben dargestellt eine Reihe an offenen analytischen Fragen (z.B: die nach Einflussfaktoren), andererseits sind nach dem Harvard-Ansatz eine Reihe von anderen Ansätzen entwickelt worden, die hier nicht genannt werden. So könnte der Ansatz sozialer Beziehungen von Naila Kabeer besser auf die in der Handreichung genannte Differenzierung nach unterschiedlichsten sozialen Variablen eingehen, diese kommen in den weiteren Ausführungen und auch in dem in der Handreichung gemachten Projektbeispiel jedoch nicht vor. Auch hier wird soziale Differenzierung also zunächst benannt, schlägt sich aber nicht in Hinweisen zur Umsetzung nieder. Alleine in der Willensbekundung, dass »(d)ie Identifizierung von Zielgruppen, von spezifischen Problem- und Interessenlagen dieser Zielgruppen sowie die Formulierung von Zielen nach Möglichkeit – insbesondere bei Programmpaketen – partizipativ erfolgen (soll)« (ebd.: 7), liegt die Chance für ein offenes Gender-Konzept.

5.4 Die Leitlinie Gender-Ansatz und Frauenförderung des DED

Auch das Gender-Papier des DED trat 1999 in Kraft. Zuvor hatte der DED lange Zeit klassische Frauenförderungen vor allem im einkommenschaffenden Bereich umgesetzt. Auch heute noch spielt Frauenförderung beim DED eine große Rolle, wie schon der Titel des Papiers zeigt. Wie auch die anderen deutschen Gender-Politikpapiere bezieht sich der DED auf internationale Diskussionen um »Gender and Development«. Der Gender-Ansatz wird im Papier als »Erweiterung und Ergänzung der Frauenförderung« (DED 1999: 1) konzeptualisiert. Die Leitlinie formuliert (ähnlich den Papieren des

BMZ und der GTZ) eine Querschnittsaufgabe, sie »dient als Basis für die gesamtprogrammatische Konzeption und alle Grundsatzpapiere« (ebd.).

In seiner Ausformulierung orientiert sich das Papier stark am BMZ-Konzept, wenn als Ziel formuliert ist, »Frauen in der Arbeit des DED stärker zu berücksichtigen und einen Beitrag zur gleichberechtigten Beteiligung von Frauen und Männern am Entwicklungsprozess zu leisten« (ebd.). Auch wird das BMZ-Konzept ausführlich mit seinem Gedanken der Querschnittsaufgabe zitiert (ebd.). In einigen Punkten geht das DED-Papier jedoch weiter. So finden sich in der Problemanalyse sehr deutliche Worte über die Diskriminierung von Frauen, es findet sich ein starker Bezug auf die Menschenrechtsdebatte: »Demokratie, soziale Gerechtigkeit und Beachtung der Menschenrechte sind untrennbar gebunden an eine gerechte Beteiligung von Männern und Frauen an Entwicklungsprozessen« (ebd.: 2).

Auffallend ist, dass die Übersetzung von Empowerment beim DED von der des BMZ abweicht, es heißt hier »Zugewinn an Gestaltungsmacht« oder auch »Machtstärkung« (ebd.: 2) – Übersetzungen, die dem Diskurs auf internationaler Ebene sicherlich besser Rechnung tragen als der Begriff des BMZ der »Machtgleichstellung« (s.o.).

Erstaunlicherweise erklärt oder definiert die DED-Leitlinie – im Gegensatz zu anderen Gender-Papieren – den Begriff Gender selbst nicht, auch findet sich nicht wie in den anderen Papieren eine explizite Abgrenzung zum Konzept Sex. Dennoch lässt sich aber ein spezifisches Gender-Konzept aus der Leitlinie lesen, nämlich dort, wo näher auf den Gender-Ansatz eingegangen wird:

> »Der *Gender-Ansatz* (Gender and Development = GAD) umfaßt die differenzierte *Betrachtung und Berücksichtigung* der unterschiedlichen Probleme und Bedürfnisse von Männern und Frauen, sowie der Privilegien, Hegemonialstellungen, Besitzverteilung und Beteiligung an Entscheidungsprozessen. Er geht von der Prämisse aus, daß von Männern und Frauen erlernte, soziale Rollen veränderbar sind. Die Tatsache, daß Frauen Kinder gebären, muß nicht zwangsläufig die Begründung dafür abgeben, daß sie häufig allein die Verantwortung für die Erziehung tragen. Rollenzuschreibungen sind je nach Gesellschaft, je nach kultureller, religiöser und sozialer Zugehörigkeit der Menschen sehr unterschiedlich und spiegeln sich in den sozialen, ökonomischen und politischen Verhältnissen« (ebd.: 3, Hervorhebungen im Original).

Diese Beschreibung von Gender ist differenziert und kommt dem Vorschlag von Nicholson, Gender als Webstück zu betrachten, näher als die bisher diskutierten Policy-Papiere. Gender wird definiert, die Vorstellung vom »biologischen Geschlecht« und seine Abgrenzung von Gender erfährt keine starke Betonung, wenn auch die Feststellung, dass Frauen Kinder gebären, eine Verallgemeinerung darstellt, da längst nicht alle Frauen gebären wollen und/oder können bzw. dies überhaupt nur in eingegrenzten Lebensphasen möglich ist. Positiv fällt wiederum die Betonung der spezifischen Situiertheit von Gender auf.

Bei der Anwendung von Gender-Analysen im Rahmen der Arbeit des DED stehen laut Leitlinie vier Fragen im Vordergrund, die sich (wie auch im BMZ-Papier) stark aus dem Gender-Roles-Framework ableiten, nämlich die Fragen nach Arbeitsteilung, nach Zugang zu und Kontrolle über Ressourcen, nach dem Einfluss auf Entscheidungsprozesse sowie zuletzt die Frage, welche Konsequenzen für die Arbeit sich aus den Ergebnissen der vorangegangenen Fragen ergeben. Betont wird, dass eine Gender-Analyse »(d)ie Beteiligung der Zielgruppen (...) (Partizipation)« (ebd.: 3) zur Grundlage hat. Im Unterschied zum BMZ-Konzept wird in der DED-Leitlinie viel stärker auf eine Doppelstrategie in Form einer Kombination aus Gender-Ansatz und Frauenförderung abgestellt, dabei soll aber Frauenförderung nunmehr nicht als angehängte Frauenkomponente durchgeführt werden, sondern als Ergebnis einer Genderanalyse in Kraft treten.

Ähnlich wie das BMZ-Konzept spricht der DED sowohl von *»praktische(n) Bedürfnisse(n)* von Frauen und Männern als auch *strategische(n) Interessen«* (ebd.: 5, im Orig. Unterstreichung). Daneben wird eine Quote für den DED selbst festgeschrieben. Positiv ist diese Maßnahme vor allem deswegen, weil sie sich nicht auf so genannte »Zielgruppen«, sondern im Sinne von Gender Mainstreaming als Lernprozess auf die Institution selbst bezieht. Gender wird somit auch innerhalb des DED zur Struktur, die es zu verändern gilt. Das DED-Konzept schreibt zudem Zuständigkeiten fest, so sind zunächst alle Mitarbeiter/innen im DED für dessen Umsetzung verantwortlich, bei den Landesprogrammen sind es insbesondere der/die jeweilige Beauftragte. Zudem sind einerseits die Querschnittsstrukturen (Fachgruppen und Koordinator/innen) des DED verantwortlich für die Umsetzung der Leitlinie, daneben sind aber auch spezielle Strukturen vorgesehen, nämlich Berater/innen sowie Regionalassistent/innen für Gender/Frauenförderung. Gleichzeitig sieht die DED-Leitlinie konkrete Prüfverfahren vor: Genderkriterien und Frauenförderung sind zu beachten bei der Arbeitsplatzprüfung (dem zentralen Planungsinstrument des DED), bei der Auswahl der Partner, bei der Auswahl des Personals, im Rahmen der Vorbereitung sowie in Grundsatzpapieren, Sektorkonzepten, Berichten der Beauftragten, Landesprogrammen, Berichten der Entwicklungsherlfer/innen, Monitoring und Evaluierung.

Die DED-Leitlinie stellt insgesamt betrachtet ein anspruchsvolles Dokument dar. Zwar lehnt es sich – wie andere Konzeptpapiere bzw. das BMZ-Konzept – stark an den Harvard-Ansatz von 1985 an; gleichzeitig ist die hierin enthaltene Konzeptualisierung von Gender durchaus dynamisch und offen und wenig biologisch fundiert. Auch fällt auf, dass in diesem Papier die Veränderung der in die eigene Organisation eingeschriebenen Gender-ordnung angestrebt wird und Geschlechterpolitik als Querschnittsaufgabe vorgesehen ist.

5.5 Gender-Instruktionen: Entwicklungspolitische Gender-Policy

Die Analyse der Gender-Papiere macht zunächst deutlich, dass sich die analysierten Papiere zwar rhetorisch im GAD-Diskurs verorten, Teile des Gedankenguts in den Papieren sich jedoch an eine WID-Logik anlehnten (vgl. Kapitel III.1.1). So sind die meisten der Instrumente, die in den Papieren herangezogen werden (v.a. Arbeitsteilung, Zugang und Kontrolle) dem Harvard Modell (1985) entnommen, das, wie in Kapitel III.3.1 diskutiert, sehr stark dem WID-Paradigma entspringt und im Rahmen der Entwicklung zu GAD vielfach kritisiert wurde. In einigen Fällen finden sich jedoch in den Papieren auch Impulse aus erkenntnistheoretischen Debatten zu Gender, dies bezieht sich vor allem auf Gender als offenes Konzept, also die Betonung der Verwobenheit von Gender mit anderen Ausgrenzungsformen wie ethnische Herkunft, Klasse und Alter. Ähnlich wie in den analysierten Gender Trainingshandbüchern lassen sich in den Policy-Papieren durch den Rekurs auf die Unterscheidung zwischen sozialem und biologischem Geschlecht bzw. das Zurückgreifen auf Formulierungen wie »biologische Rolle« Homogenisierungen und biologische Fundierungen in den Texten ausmachen, die wiederum dualistische und separatistische Gender-Konzepte spiegeln. Auch hier finden wir also wieder eher Gender Konzepte aus den 1970er Jahren.

Die hier herausgearbeitete Kritik an praktischer Gender-Politik aus einer Perspektive erkenntnistheoretischer Anforderungen sollte impulsgebend wirken. Deswegen werden im nächsten Kapitel einige konkrete Vorschläge für Gender Mainstreaming-Praxis auf der Ebene von Gender Trainings und Gender-Analysen gemacht.

IV. Fazit: Reflexive Praxistheorie

Ausgangspunkt der vorliegenden Arbeit ist der Begriff Gender in seinem vielfältigen und teilweise widersprüchlichen Gebrauch, wie er in zwei unterschiedlichen Wissensräumen vorzufinden ist: einerseits in dem des feministischen Theoriediskurses und andererseits in dem der entwicklungspolitischen Praxistheorie im Zusammenhang mit der Strategie des Gender Mainstreaming. Aus den verschiedenen Ansätzen des Theoriediskurses wurden dementsprechend die unterschiedlichen Bedeutungen von Gender aufgenommen und nach Dimensionen klassifiziert. Hieraus wurde dann ein Analyseraster entwickelt, das – in vereinfachender Form – die verschiedenen Theoriestränge spiegelt. Im weiteren Verlauf der Untersuchung wurde eruiert, inwiefern Ansätze der neueren Theoriedebatte in die entwicklungspolitische Praxistheorie hineingewirkt und diese wiederum weiterentwickelt haben. Zentrale These ist dabei, dass die Gefahr einer Verstärkung von diskriminierenden Geschlechter-Verhältnissen und einer Stabilisierung von Machtverhältnissen besteht, wenn Gender zu einer Analysekategorie entlang einer schematischen Mann – Frau Unterscheidung reduziert wird. Dies konnte teilweise bestätigt werden. Im Ergebnis zeigt sich, dass es weiterführend sein kann, das jeweilige Gender-Konzept explizit zu machen sowie ein Verständnis von Gender anzulegen, das eher dynamisch, offen, transitiv und multipel ist und das symbolische Aspekte der Herstellung von Geschlechter-Verhältnissen berücksichtigt (vgl. Kapitel II.9.2.).

Deutlich wurde auch, dass die Debatten um den Begriff Gender nicht als ›rein akademische‹ Angelegenheit betrachtet oder auch abgetan werden können. Theoriearbeit im feministischen Diskurs ist auch politische Arbeit, insbesondere wenn es um Einwürfe marginalisierter Gruppen geht. Die Bedeutungserweiterung, die Gender insbesondere im Verlauf der 1980er und 1990er Jahre erfuhr, lässt sich zu einem großen Teil auf diese innerfeministischen Auseinandersetzungen zurückführen. Dabei kam es zu einer Rekonzeptualisierung von Gender durch sozialkonstruktivistische Ansätze und insbesondere durch eine kritische Reflexion bisheriger Theorieansätze durch afro-amerikanische und postkoloniale Theoretikerinnen sowie durch Ansätze aus dem Spektrum der Queer-Theorien. Aus ihnen können Impulse für praktisches Handeln abgeleitet werden, denn: auch diese kritischen Theorieeinwürfe zielen auf Geschlechtergerechtigkeit ab, jedoch in einem umfassenderen Sinne als Ansätze, die zum Beispiel Diskriminierungen entlang der Achsen ›race‹ und sexuelle Orientierung gedanklich nicht integrieren.

Auf verschiedenen Ebenen des entwicklungspolitischen Gender-Diskurses (anhand von Basisliteratur, Trainingshandbüchern und Gender-Papieren deutscher entwicklungspolitischer Institutionen) galt es zu fragen, welche Bedeutungsdimensionen von Gender auf diesem »Wissensmarkt« Bestand haben und welche nicht. Ein Schwerpunkt lag dabei auf dem Themenfeld Gender Training, da hier spezifische Konzepte von Gender und konkrete geschlechterpolitische Instruktionen – zum Beispiel für den Gebrauch von Gender-Analysen – gegeben werden.

Die These, dass sich die geschlechterpolitische Praxistheorie im Feld der Entwicklungspolitik durchgängig auf ›veraltete‹ Gender-Konzepte stützt und seit Mitte der 1980er Jahre geführte Gender-Debatten ignoriert, konnte dabei nicht in vollem Umfang bestätigt werden. Eine Rezeptions*sperre* liegt demnach nicht vor: insbesondere einige wichtige Grundlagentexte sowie vereinzelt auch Trainingshandbücher greifen Impulse aus neueren Theorien auf. So benennen Autorinnen immer wieder weitere Ausgrenzungskategorien neben Gender und tragen somit den Feminismen der »Anderen« (vgl. Kapitel II.6.) Rechnung. Die Wissensräume Erkenntnistheorie und Praxistheorie erweisen sich somit als teilweise durchlässig.

Dennoch sind Grenzen auszumachen: Eine Reihe an Bedeutungsdimensionen von Gender sind auf dem »Wissensmarkt« der Praxistheorie kaum gefragt, so dass zwar nicht von einer Rezeptions*sperre*, durchaus jedoch von einem Rezeptions*filter* gesprochen werden kann: Wenn überhaupt explizit gemacht ist, auf welche theoretische Basis Gender gestellt wird, dann sind dies (heute längst umstrittene) Arbeiten aus den 1970er Jahren, wie zum Beispiel Anne Oakley (1972). Bis weit in die 1990er Jahre wird Oakley in der Mehrzahl der analysierten Texte und Gender Training Handbücher zur Erklärung von Gender herangezogen. Ansätze, die explizit ein offenes bzw. unterschiedliche soziale Kategorien berücksichtigendes Gender-Konzept vertreten, finden kaum Eingang in Handbücher und keinen Eingang in den geschlechterpolitischen Diskurs der Umsetzungsinstitutionen. Mit zunehmender Instruktivität schwindet dabei auch der Grad der Reflexivität. Das heißt, dass zwar nicht alle, jedoch eine Mehrzahl der Texte des entwicklungspolitischen Diskurses einer »biologischen Fundierung« (Nicholson) unterliegen. Häufig orientieren sie sich schematisch an einer Mann-Frau-Differenz, anstatt Geschlechterverhältnisse als umfassendes Gesellschaftsverhältnis zu fassen, das zum Beispiel auch innerhalb der sozial konstruierten (und äußerst heterogenen) Gruppen Männer und Frauen wirkt. Damit laufen sie jedoch Gefahr, dualistische und essentialistische Gender-Normen zu reproduzieren. Denn Gender Theorien haben gezeigt, dass Gender ein ambivalentes Konzept ist: zwar ist es nützlich, um als Analysekategorie real vorgefundene Genderstrukturen zu erfassen, allerdings sind diese Analysen immer auch selbst »Doing Gender« und nicht frei von normierenden Wirkungen. Akteur/innen des Gender Mainstreaming sollten sich der Dimension von Gender als gesellschaftliches Ordnungsprinzip bewusst sein, um nicht Geschlechterstrukturen zu verstärken anstatt sie letztlich zu nivellieren.

Als Grund für die ›Ausfilterung‹ dieses neueren Gender-Diskurses kann zunächst ein geringes Maß an Dialog zwischen den Wissensräumen Erkenntnistheorie und Praxistheorie festgestellt werden. Im deutschsprachigen Raum bildet hier ein Beitrag von Barbara Stiegler zu »Politische(n) Strategien und Theorien zur Geschlechterfrage« (Stiegler 1998) eine Ausnahme. Sie greift hier dezidiert die »Dekonstruktion der Kategorie Geschlecht und Parodie« (ebd.: 7f.) auf. Der Einbezug dieses Theoriestranges schlägt sich bei ihr auch dort nieder, wo es um Gender als Konzept geht, da sie bei der Erklärung von »Sex« im Unterschied zu Gender von »biologisch definierten Aspekte(n) des Geschlechts« (ebd.: 2000: 9) spricht, was auf die soziale Konstruktion von »Sex« verweist. Allerdings zieht Stiegler aus dekonstruktivistischen Ansätzen keine weitergehenden geschlechterpolitischen Konsequenzen. Dekonstruktion und Parodie scheinen mit Gender Mainstreaming nicht kompatibel zu sein. Auch spielt die Erkenntnis, dass Gender Mainstreaming selbst Gender-verstärkend wirken könnte, hier keine Rolle. Obwohl die vermeintliche Homogenität von Frauen als Gruppe problematisiert wird (vgl. ebd.: 7f.), bleibt Gender Mainstreaming weiterhin stark mit der Strategie der Gleichstellung (in der Frauen wieder als Gruppe konzeptualisiert werden) verbunden (vgl. ebd.: 1998: 25f.).

Was aber hieße es für konkretes geschlechterpolitisches Handeln, neuere Gender-Theorien zu berücksichtigen? Im Folgenden werden Anregungen für eine reflexive Gender-Praxistheorie bzw. Praxis gegeben. Dabei beziehe ich mich vor allem auf Gender Training-Praxis, da hier einerseits Gender als Grundkonzept vermittelt wird, andererseits aber auch Instruktionen für Gender-Analysen im Rahmen von institutioneller Gender Mainstreaming Praxis gegeben werden.

1. Impulse

Es ist evident, dass Gender-Theorie, die im Kontext feministischer Diskurse entstanden ist, nicht ohne weiteres in institutionelles Handeln übersetzt werden kann. Alleine dass der Begriff Gender, der wie gezeigt feministischen Ursprungs ist, über die Strategie des Gender Mainstreaming langsam im Sprachgebrauch von Organisationen ankommt, ist nicht selbstverständlich. Eine Rolle spielen dabei Gender Trainings, die den Prozess des Politischen Lernens in Organisationen, den Bothfeld und Gronbach (2002) im

Zusammenhang mit Gender Mainstreaming einführen, anstoßen sollen. Dabei kommt es nicht selten zu Widerständen seitens der Teilnehmenden (vgl. Engelhardt 2000), was davon zeugt, dass Gender Mainstreaming ein schwieriger und langwieriger Lernprozess ist. Dabei ist zu betonen, dass Gender Training eine zwar notwendige, aber längst nicht hinreichende Bedingung für eine erfolgreiche Umsetzung von Gender Mainstreaming darstellt. Der Fokus auf Gender Training in vorliegender Arbeit ergibt sich jedoch daraus, dass Trainings der Ort sind, an dem spezifisches Gender-Wissen von einem Wissensraum in den anderen transferiert wird und sich hier somit der entwicklungspolitische Genderdiskurs spiegelt. Gleichzeitig wird in Gender Trainings im Sinn von ›Doing Gender‹ Gender immer wieder neu (re)produziert.

1.1 Gender im Gender Training

Wie können Trainings so gestaltet werden, dass sie sich jenseits von Dichotomien und Zuschreibungen bewegen und geschlechterpolitische Spielräume eröffnen? Zunächst ist festzuhalten, dass Gender Training keine klassische Schulungsmaßnahme ist, im Rahmen derer dozierend Wissen vermittelt wird. Vielmehr sollen Gender Trainings einer partizipativen Methodik folgen und auf drei aufeinander aufbauenden und ineinandergreifenden Säulen stehen: Es geht erstens darum, Definitionen und Konzepte transparent zu machen (z.B. Was ist Gender? Was ist Gender Mainstreaming?) und zweitens um die Umsetzung von Gender-Ansätzen (Anwendung von Instrumenten wie z.B. Gender-Analysen). Darüber hinaus geht es drittens immer auch um eine Sensibilisierung für bestehende Geschlechter-Verhältnisse und deren kritische Reflexion (eigene Werte- und Wahrnehmungsmuster, Befassung mit Konstruktionsprozessen von Gender sowie dem jeweiligen kulturspezifischen und damit wandelbaren Gender-Kontext).

Diese dritte Säule stellt eine große Herausforderung dar, da es hier nicht in erster Linie um Wissensvermittlung geht, sondern darum, eine spezifische Wahrnehmung zu schärfen und dazu beizutragen, ein Leben lang sozialisierte Denk- und Verhaltensmuster bewusst zu machen und zu verändern. Dies kann im zur Verfügung stehenden Zeitrahmen, der in der Regel knapp bemessen ist, ohnehin nicht hinreichend geleistet werden. Indem Geschlechtermuster bei den Teilnehmenden und in verschiedenen sozialen Strukturen erkannt und reflektiert werden bzw. entsprechende gesellschaftliche Konstruktionsprozesse nachgezeichnet werden, können jedoch Anstöße gegeben werden.

Um zu verdeutlichen, wie Gender in diesem Zusammenhang zu verstehen ist, kann die Metapher der »Gender-Brille« herangezogen werden: Die Trainings sollen dazu beitragen, dass Teilnehmende eine solche Gender-

Brille aufsetzen, mit der sie dann in ihrem jeweiligen Arbeitskontext Geschlechterstrukturen erkennen können. Eine Anforderung, die sich zunächst aus neueren Gender-Theorien ergibt, ist, dass Gender Trainings darüber hinaus die Möglichkeit bieten sollen, die erworbene Gender-Brille auch abzusetzen, sie als solche zu betrachten und gegebenenfalls zu problematisieren. Dies hieße, im Rahmen der Trainings ebenfalls nicht nur eine Gender-Brille aufzusetzen, sondern vielmehr auch zu untersuchen, aus welchem ›Vorstellungsmaterial‹ diese Brille beschaffen ist. Gender wäre dann nicht einfach eine universell anzulegende Matrix, sondern ein historisch und kulturell bedingtes Gesellschaftsverhältnis. Denn Gender ist (mit Bourdieu) eben nicht ausschließlich Erkenntnismittel, sondern auch Erkenntnisgegenstand, was erfordert, dass Gender als Konzept durch die Reflexion im spezifischen Kontext explizit gemacht wird.

Für die methodische Gestaltung und den dramaturgischen Ablauf von Trainings ergeben sich somit einige Vorschläge. Zunächst könnte bereits die Vermittlung von Gender, als erste Säule eines Trainings, nicht nur als Vortrag gestaltet werden, sondern auch interaktiv und an den (historisch und kulturell bedingten) Erfahrungen der Teilnehmenden ansetzen. Durch die Befassung mit den Fragen: »Was ist Gender (für mich/uns)?« oder »Was ist Gender Mainstreaming (für mich/uns)?« durch die Teilnehmenden ergibt sich mit großer Wahrscheinlichkeit ein besseres Verständnis und eine höhere Akzeptanz der zugrundeliegenden Konzepte des Trainings.

Auch ginge es darum, Stereotypen zu thematisieren bzw. diese aufzubrechen und somit Gender vor allem als dynamisches und transitives Konzept vorzustellen: Stererotypen können zunächst anhand von Fragen wie: »Was ist typisch Mann/Frau?« dargestellt werden, um diese im nächsten Schritt zu problematisieren bzw. als Vorurteile mit potenziellem Diskriminierungseffekt zu thematisieren. Feminität und Maskulinität können ausgehend von Erfahrungen und Kenntnissen der Anwesenden als vielfältig gestaltbar diskutiert werden. Da viele Menschen Erfahrungen mit Gender-Normierungen gemacht haben – vor allem Frauen, aber durchaus auch Männer, wären in diesem Zusammenhang Sanktionierungen, mit denen auf von gängigen Gender-Normen abweichendes Verhalten reagiert wird, zu problematisieren.[135]

Auch könnte die Unterscheidung zwischen Sex und Gender anhand von Fragen wie »Was tun Menschen mit ihren Körpern, um Männer/Frauen zu sein« (dies in historischer als auch überkultureller Perspektive) verdeutlicht werden. Ein Ergebnis dieser Übung ist, dass erkannt wird, dass als ›natürlich‹ gesehene Körper sehr oft sozialen Konstruktionen unterliegen: Eine kritische Thematisierung von (immer geschlechtlich konnotierten) Schönheitsidealen mit ihren Folgen und Auswüchsen »entlarven« Femininität und Maskulinität als kulturell geformte, höchst ambivalente und bisweilen repressive gesellschaftliche Praxis. Das heißt nicht, dass die Unterscheidung zwischen Sex und Gender in Gender Trainings keine Rolle mehr spielen sollte, sie ist vielmehr ein wichtiger Ausgangspunkt, um den Begriff Gender überhaupt in den deutschsprachigen Gebrauch einzuführen. Darüber hinaus müsste aber deutlich werden, dass die dem »Sex« zugeordnete Biologie ebenfalls eine relative und hoch umstrittene Kategorie ist und Gender als transitiv bzw. multipel gefasst werden sollte – gerade um essenzialistischen Tendenzen entgegenzuwirken.

1.2 Gender-Instrumente bzw. -Analysen in Gender Trainings

In Gender Trainings geht es auch darum, Analyseverfahren zu vermitteln bzw. zu erarbeiten, die im Rahmen der Strategie des Gender Mainstreaming durch Leitfragen, Checklisten und Profilen Geschlechtsunterschiede erfassen – die wichtigsten der entwicklungspolitischen Instrumente wurden in Kapitel III.3 vorgestellt. Soll dies in einer neuere Theorien berücksichtigenden Weise geschehen, ist eine Voraussetzung, dass es nicht ausschließlich um einen instrumentellen Zugang zu Gender als Konzept (Gender als Analyseinstrument) geht. Die Durchführung von Gender-Analysen unter den Anforderungen einer politischen Planung führt zu einer Reduktion komplexer gesellschaftlicher Realitäten. Wichtig wäre hier, auf die Gefahr hinzuweisen, dass durch die Anwendung von Gender-Analysen auch Geschlechterdualismen verstärkt werden können. Zum Zweck einer politischen Umsetzung von Gender Mainstreaming muss dies zwar teilweise in Kauf genommen werden, allerdings: Besonders Gendertrainer/innen sollten sich der Kompromisse dieser Verfahren bewusst sein und dies auch so in den Trainings vermitteln. Sie sollten deswegen stets im Blick behalten, dass in Gender Trainings konstruierte Unterschiede reproduziert werden und die Gefahr ihrer Verfestigung besteht. Durch die Befassung mit Gender ausschließlich im konventionellen und hier kritisierten Sinn wäre sogar zu befürchten, dass es durch eine solche Reproduktion zu einer Zementierung von hierarchischen Gender-Ordnungen kommt.[136] Deutlich werden sollte in Gender Trainings dagegen, dass die stark an der Mann – Frau Differenz orientierten Instrumente der Gender-Analyse lediglich Hilfskonstruktionen sind, die zunächst zur Wahrnehmung einer separativen Gender-Ordnung in spezifischen Zusammenhängen beitragen sollen. Hiermit wird die zentrale Voraussetzung für das eigentliche geschlechterpolitische Ziel des Trainings, die Überwindung eben dieser Ordnung, geschaffen.

Eine prozess- und teilnehmendenorientierte Vorgehensweise sollte auch das Thema Gender-Analyse in einer reflektierenden Weise an die Teilnehmenden herantragen. Die zweite Säule könnte so gestaltet werden, dass eine Erprobung von ausgewählten Gender-Analyse Instrumenten (vgl. Kapitel III.3.) im Rahmen der Trainings stattfindet. In Kleingruppen führen die

Teilnehmenden je nach Bedarf exemplarisch Gender-Analysen durch (z.B. Analysen von Organisationen, Projekten und öffentlichen wie privaten Haushalten). Dabei sollte klar werden, dass es hier keine Standardrezepte gibt, sondern lediglich eine Reihe von Analyse-Ansätzen, die dem jeweiligen Kontext im Sinne eines dynamischen und offenen Gender-Konzeptes immer wieder anzupassen sind. So wäre zu fragen, ob neben der Kategorie Gender auch andere soziale Kategorien zu berücksichtigen sind. Nach der Erprobung sollte im Rahmen der Auswertung auch eine Methodenreflexion stattfinden und Fragen nachgegangen werden wie: Wo haben die erprobten Analyseinstrumente Grenzen, wo müssten sie modifiziert werden?

Zusammenfassend: Es kann nicht darum gehen, Gender Trainings nach feministisch-theoretischen Maßgaben zu gestalten oder das in diesem Wissensraum gebräuchliche Vokabular im Training zu gebrauchen. Es geht jedoch durchaus um einen vorsichtigen Umgang mit der Kategorie Gender sowie um ein Handeln und Sprechen, das sich möglicher Ausschlüsse und Restaurierungen einer problematischen Gender-Ordnung bewusst ist, die es eben nicht zu reproduzieren gilt. Wie viel Spielraum für Trainerinnen und Trainer hier vorhanden ist, hängt einerseits von den Teilnehmenden und deren vorhandener Gendermatrix ab. Andererseits spielen die jeweiligen institutionellen Rahmenbedingungen und das Maß an Bereitschaft von Organisationen und einzelnen Akteur/innen zu einem reflexiven Lernprozess hier eine entscheidende Rolle.

2. Ausblick: Reflexive Praxis politischer Institutionen?

Die Analyse des entwicklungspolitischen Gender-Diskurses – also in dem Feld, in dem das Prinzip des Mainstreaming entstanden ist und seit Jahren praktiziert wird – hat gezeigt, dass sich Gender Praxis als schwierige Gratwanderung zwischen institutionellen Strukturen und deren beschränkten Handlungsoptionen einerseits und der Eröffnung geschlechterpolitischer Spielräume andererseits darstellt. Abschließend sollen aus diesen Erfahrungen des entwicklungspolitischen Gender Mainstreamings Schlüsse auf den EU- bzw. den bundesdeutschen Kontext gezogen werden. Dabei ist allerdings zu betonen, dass eine systematische und vergleichende Studie zu innerinstitutionellen Veränderungen entwicklungspolitischer Insitutionen durch Gender Mainstreaming noch aussteht, diese wäre sicherlich ein wichtiger Beitrag zur Eruierung von Erfolgskriterien zur Umsetzung dieser Strategie.

Autorinnen im Diskurs entwicklungspolitischer Praxistheorie stellen die berechtigte Frage, ob emanzipative geschlechterpolitische Anliegen im Prozess des Gender Mainstreaming absorbiert werden, z.B. indem der politische Gehalt des Gender-Konzeptes durch die Integration in technokratische Verfahren abgeschwächt wird und es dann eine Alibifunktion einnimmt und schlechtestenfalls bestehende Machtkonstellationen bestärkt. Die Mehrzahl der Veröffentlichungen im entwicklungspolitischen Bereich äußern sich jedenfalls skeptisch, was die transformative Schubkraft der Strategie angeht (z.B. von Braunmühl 1997a/b, Callenius 2002). Bothfeld und Gronbach (2002) betonen jedenfalls: »(B)ei der Umsetzung von Gender Mainstreaming geht es um mehr als um die einfache Anwendung von Regeln« (ebd.: 240). Den Bereich der Entwicklungszusammenarbeit schätzen sie, was die Umsetzung von Gender Mainstreaming betrifft, als positiv ein und konstatieren hier einen »kollektiven, offenen Lernprozess« (ebd.: 245), der von den internen Akteur/innen der Entwicklungsinstitutionen angestoßen werden konnte (ebd.: 244).

Die Strategie des Gender Mainstreaming ist jedoch zu jung, um heute bereits eine Einschätzung darüber zu geben, ob sie Wirkung zeigt und tatsächlich geeignet ist, einen »Kulturellen Wandel« (Riedmüller 2002: 12) gesellschaftlicher Institutionen im Sinne einer umfassenden Geschlechtergerechtigkeit zu befördern. Deutlich wird allenfalls, dass mit dem Aufkommen von Gender Mainstreaming neue Verhandlungsspielräume geschaffen wurden und werden – gerade weil derzeit eine Vielfalt an Interpretationen und Angeboten zur Füllung von Gender Mainstreaming existieren. Denn was Kabeer für Entwicklungsplanung feststellt, gilt auch für Gender Mainstreaming:

> »Entwicklungsplanung ist nicht einfach eine technokratische Reaktion auf neutral gegebene Imperative, sie ist ebenso ein Prozess des Ringens um Konzepte, Bedeutungen, Prioritäten und Praktiken, die aus den im Wettstreit liegenden Weltbildern über die letztendlichen Ziele von Entwicklung resultieren« (Kabeer 1994: 289).

In diesem Sinne stellt die vorliegende Arbeit einen Beitrag zur Klärung des zentralen Konzepts Gender und der theoretischen Subtexte, mit denen der Begriff im Diskurs des Gender Mainstreamings gebraucht wird, dar. Denn die transformative Kraft der Strategie kann erhöht werden, wenn sich dieser Diskurs auf eine ausdifferenzierte Gender-Theorie stützen kann. Zwar werden Akteur/innen im Feld der Geschlechterpolitik aufgrund der real existierenden Geschlechterordnungen (z.B. in Organisationen) immer wieder auf Grenzen stoßen, wenn sie Impulse neuerer Gender-Theorien ernst nehmen. Das Bewusstsein über diese Grenzen und das entsprechende Ausloten von Handlungsoptionen müsste jedoch verstärkt in geschlechterpolitisches Denken einfließen, sollen aufgezeigte Unzulänglichkeiten vermieden werden.

Die vorliegende Arbeit ist deswegen eine Einladung bzw. ein Angebot, ein weites Spektrum an Bedeutungsdimensionen von Gender gedanklich in Gender Mainstreaming zu integrieren. Denn nicht umsonst wird häufig die Frage gestellt, was eigentlich wirklich neu sei an Gender Mainstreaming.

Gerade im deutschsprachigen Raum findet oft eine Gleichsetzung bzw. Reduktion von Gender Mainstreaming auf Gleichstellungspolitik statt, die jedoch aufgrund der hier aufgezeigten weitgehenden Implikationen von Gender Mainstreaming zu kurz greift. Das heißt: Gender Mainstreaming kann im Feld der Geschlechterpolitik Neues bieten – vor allem, wenn es sich weiterhin theoretisch inspirieren lässt.

Anmerkungen

1 Siehe Website der Bundesregierung: www.gender-mainstreaming.net (25.02.2003) und Bundesministerium für Familie, Senioren, Frauen und Jugend (2002: 44f.).

2 »gender mainstreaming praxisnah« in Magdeburg am 16./17. Mai 2001, veranstaltet u.a. vom Ministerium für Arbeit, Frauen, Gesundheit und Soziales des Landes Sachsen-Anhalt, »Geschlechter-Aufgabe *gendermainstreaming*: Abschaffung, Umdeutung oder Aufwertung von Frauenpolitik?« in Berlin am 18./19 Mai 2001, veranstaltet von der Rosa-Luxemburg-Stiftung (vgl. Nohr/Veth 2002), »Die Praxis des Gender Mainstreaming – Europäische Beispiele« in Frankfurt/M. im Januar 2002, veranstaltet von der Hessischen Gesellschaft für Demokratie und Ökologie sowie »Implementation of Gender Mainstreaming in Europe», 6.-9. September 2002 in Leipzig veranstaltet von der Universität Leipzig, und der Bundeszentrale für politische Bildung.

3 Übersetzt durch die Autorin. Im englischen Original: »Gender mainstreaming is the (re)organisation, improvement, development and evaluation of policy processes, so that a gender equality perspective is incorporated in all policies at all levels and all stages, by the actors normally involved in policy making.« Zum Übersetzungsproblem vgl. Mückenberger/Tondorf/Krell (2001: 5). Diese Autor/innen übersetzen »gender equality« mit »Gleichstellung zwischen Frauen und Männern«, die sie als »tatsächliche Chancengleichheit« verstehen (ebd.). Diese Konzeptualisierung von Gender wird weiter unten zu problematisieren sein (vgl. insb. Kapitel II.2.).

4 Dies besagt, dass Umsetzungsschritte im Sinne des Gender Mainstreaming durch die jeweilige Leitungsebene angeordnet werden.

5 Das BMZ-Konzept wurde überarbeitet und 2001 neu aufgelegt, hier wird auch der Begriff Gender Mainstreaming explizit benannt (BMZ 2001: 4).

6 Die Übersetzungsmöglichkeiten für Gender im Deutschen sind vielfältig: »Geschlecht«, »soziales Geschlecht«, »Geschlechtsidentität« und »Geschlechterverhältnis« sind gängige Übersetzungen und markieren in der Regel auch verschiedene Zugänge zum Gegenstand. Da es in dieser Arbeit um diese verschiedenen Zugänge zu Gender als Konzept geht, wird hier auf eine Übersetzung verzichtet.

7 Um dem deutschsprachigen Publikum den Zugang zu Gender-Diskursen sowohl im Rahmen der Gender-Theorie als auch in der internationalen Entwicklungspolitik zu erleichtern, wurden alle englischen Zitate übersetzt.

8 Diese Einteilung erfolgt nach Plumwood (1990, 1992). Andere Autorinnen markieren historische Feminismen als Erste Welle und gegenwärtige Feminismen (ab den 60er Jahren) als Zweite Welle (vgl. z.B. Kemp/Squires 1997 und Nicholson 1997). Die Wellen-Einteilung in dieser Arbeit bewegt sich innerhalb der gegenwärtigen Feminismen.

9 Der Begriff »queer« war ursprünglich ein Schimpfwort für Homosexuelle, wurde jedoch von der Lesben- und Schwulenbewegung affimiert. Theoretisiert wurde der Begriff zuerst von Teresa De Lauretis (vgl. Andermahr u.a. 1997: 180), er markiert die Instabilität von Identität und das Durchkreuzen von Dualismen, vor allem der Unterscheidung zwischen heterosexuell einerseits und homosexuell andererseits (vgl. Jungwirth 1997: 67f.). (Genauer siehe Kapitel II, 8, S. 57f.).

10 Ich gebrauche »poststrukturalistischen Feminismus« hier zwar im Sinne von »postfeministisch«, da es jedoch um die Markierung einer erkenntnistheoretische Position geht, ist poststrukturalistisch eindeutiger: »Postfeminismus« oft als Epochenbegriff –

auch zum Zweck der Abgrenzung gegen Feminismus – gebraucht, was hier eben nicht Intenion ist. Für einen Überblick über Postfeminismen siehe z.B. Brooks (1997). Zu Dimensionen postmoderner Feminismen siehe Dingler, Frey, Frietsch, Jungwirth, Kerner, Spottka (2000).

11 Da beide Diskussionsstränge wichtige Bestandteile der vorliegenden Arbeit sind, wird hierauf im Folgenden in verschiedenen Kapiteln zurückgegriffen.

12 Siehe auch andere Publikationen, z.B.: »Gender-Differenzierung im Projektzyklus« (1995), »Länderstrategien aus Gender-Perspektive« (1996).

13 So betitelt der Politikwissenschaftler Frank Nullmeier seinen Handbuch-Beitrag vorsichtig »Politikwissenschaft auf dem Weg zur Diskursanalyse?« (Nullmeier 2001).

14 Dabei grenzen sich Nullmeier und Rüb zunächst noch vom Begriff des Diskurses – bzw. den bisher mit diesem Begriff in Verbindung gebrachten Ansätzen – ab (ebd. 1993: 29, insb. Fußnote 5).

15 Zwar ist der Gegenstand der vorliegenden Arbeit ein spezifisches Politikfeld (Entwicklungspolitik), es wird hier jedoch nicht um eine Policy–Analyse gehen, da a) nur ein spezifischer Ausschnitt des Politikfeldes betrachtet wird und b) weniger Akteur/innen und Institutionen als Instrumente (Gender-Analyse und -Training) im Vordergrund stehen.

16 Barbara Riedmüller sei gedankt für den Hinweis auf Praxistheorie.

17 Siehe die GTZ-Evaluierung zu »Gender und Armutsminderung in der Projektpraxis« von Martha Gutiérrez (1998).

18 So trägt auch die älteste, seit 1978 erscheinende, feministische Theorie-Zeitschrift in Deutschland den Titel »beiträge zur feministischen theorie und praxis«.

19 Dies zeigt sich zum Beispiel, wenn in der Zeitschrift »EMMA« Auszüge eines Beitrags der Gendertheoretikerin Judith Butler erscheinen (Butler 1999); aber auch darin, dass Theoretikerinnen sich immer wieder auf politische Bewegungen beziehen (z.B. Nicholson 1995).

20 Dies gilt auch für die Kritische Männerforschung als Teil von Gender-Theorie: Die Schwulenbewegung gab hier wichtige Impulse (vgl. Carrigan, Connell, Lee: 1985).

21 Was hiermit gemeint ist, wird an der so genannten G-Kennung (Gender-Kennung, vormals F-Kategorien, für Frauen) deutlich, die das BMZ für Projektbewilligung anlegt: Projekte sind demnach nach ihren Gender-Wirkungen zu kennzeichnen; es gibt die Kategorien G2, G1 und G0 (vgl. Osterhaus [GTZ]: 1999: 5f). Dem Mainstreaming kann bereits Genüge getan werden, indem »G0« angegeben wird, was markieren soll, dass das »Vorhaben (...) nicht auf Gleichberechtigung der Geschlechter ausgerichtet (ist).« (ebd.: 6). In der Europäischen Strukturfondsförderung gibt es für den Programmzeitraum 2000-2006 eine ähnliche Klassifizierung: Gleichstellungspositive, gleichstellungsorientierte und gleichstellungsneutrale Maßnahmen (Europäische Kommission 2000: 15f.). Zur Erläuterung heißt es zu Letzterer: »Gleichstellung hat *geringe oder gar keine* Priorität. Eine potentiell gleichstellungsnegative Maßnahme kann abgelehnt werden, oder es kann verlangt werden, daß sie umgestaltet wird.« (ebd. 16, Hervorhebung im Original).

22 1995 bei Eva Engelhardt und Daniel Orellana im Rahmen der SLE-Ausbildung (s. o.) sowie 1997 bei Karin Janz (Probetraining in der DSE), 1997 im DED im Rahmen der Vorbereitung ausreisender Entwicklungshelfer/innen sowie 1997 bei DÜ für Rückkehrer/innen.

23 Auftraggeber sind zum Beispiel entwicklungspolitische Organisationen wie der Deutsche Entwicklungsdienst und die Carl-Duisberg-Gesellschaft als auch Bildungseinrichtungen, (Universität der Künste Berlin, Freie Universität Berlin, Freie Schulen) sowie Verwaltungen und Projektträger, die mit EU-Fördermitteln arbeiten.

24 In der Oxford-Übersetzung: »lustig, witzig ‹ Bemerkung, Antwort ›; spaßig, scherzhaft« (Oxford/Duden German Dictionary 1996/1997).

25 Vgl. hierzu z.B. Gildemeister/Wetterer (1992: 205ff.).

26 Der Gebrauch des Englischen ist nicht unproblematisch, da die Gefahr von Ausschlüssen besteht: Gender ist bisher in einem Expert/innendiskurs angesiedelt. Allerdings gibt es Anzeichen dafür, dass sich Gender und Gender Mainstreaming – wie so viele englische Begriffe – im deutschen Sprachgebrauch durchzusetzen vermag.

27 Vgl. hierzu Overdiek (1997: 3f.).

28 Zur wichtigen Unterscheidung zwischen Theorien der Postmoderne und postmodernen Theorien vgl. Knapp (1998: 28f.).

29 Klinger (1995) fasst – m. E. zu ungenau – unter postkolonialen Ansätzen sämtliche multikulturalistischen Ansätze (Black Feminism, Womanism u.a.). Diese werden hier aufgrund ihrer Heterogenität unterschieden.

30 Zu Stärken und Grenzen dieser Vorgehensweise vgl. Overdiek (1997: 56f.). Dem Einwand, dass Zitierhäufigkeit keine Aussage darüber macht, ob ein Ansatz kritisiert oder affimiert wird, kann entgegengehalten werden, dass die Bedeutung eines Ansatzes sich hiervon nicht ableiten lässt. Alleine daran, in welchem Maße andere Theoretiker/innen – aus welchem Grund auch immer – bestimmte Ansätze als zitierenswert betrachten und somit den Diskurs beleben, ist ein Indikator für die Bedeutung eines Ansatzes. Die im US-amerikanischen Raum meistzitierten Autorinnen innerhalb des Zeitraumes von 1987 bis 1996 sind Carol Gilligan, Catherine A. McKinnon, Sandra Harding, Donna Haraway, Judith Butler (vgl. ebd.).

31 Allerdings schließt sich der Kreis durchaus, wo eben diese Autorinnen von Judith Butler rezipiert werden (vgl. ebd., v. a. 1991: 123f. und 165f., 1993: 63f.), worauf unten ausführlich eingegangen wird.

32 Auch hier gibt es jedoch einige Ansätze, die für mein Unterfangen fruchtbar sind, zum Beispiel die Thematisierung der (Mit-)täterinnnenschaft sowie Texte zur Queer-Diskussion (Hark 1993, 1998).

33 Corbett (1991) hat mehr als 200 Sprachen bezüglich der Zahl der Geni untersucht und kommt zu dem Ergebnis, dass: »die Zahl der Genders (im Orig., R.F.) sich nicht auf drei beschränkt, sondern dass vier üblich und 20 möglich sind« (Corbett 1991: 5, zit. nach Hawkesworth 1997: 657).

34 Heute finden liberale Feminismen ihren institutionellen Niederschlag in der Einrichtung von Frauenbeauftragten oder in der Einführung von Quotenregelungen, im US-amerikanischen Kontext in »affirmative action«.

35 Der Originaltitel lautet: »The Feminine Mysthique«.

36 Der deutsche Titel ist irreführend, das Original von 1949 führt den Titel »Le Deuxième Sexe«.

37 Haraway hebt die Bedeutung dieses Gedankens hervor: »alle modernen feministischen Bedeutungen von Gender haben ihre Wurzeln in Simone de Beauvoirs Behauptung, dass ›man nicht als Frau geboren wird‹« (ebd. 1991: 131, vgl. auch 1987: 23f.).

38 Vgl. auch Dallery (1985). Sie stellt heraus, dass Beauvoir die männliche Sexualität zur Norm erhebt.

39 »To put sb. on the spot (fig. coll.: cause difficulties for sb.): jmdn. in Verlegenheit bringen; (Amer. sl.: decide to kill sb.) jmdn. auf die Abschußliste setzen«, Oxford DUDEN Dictionary, CD Rom.

40 Andere wie z.B. Nicholson haben diese Richtung als »gynozentrischen Feminismus« bezeichnet (vgl. ebd. 1997: 147f.). Dies ist jedoch so wertend wie umstritten.

41 Zur Kritik am Subsistenzansatz vgl. Pinl (1995: 57f.).

42 Irritierend ist an dieser Stelle, dass Haug Geschlechterverhältnisse mit ›gender relations‹ übersetzt (ebd.: 510).

43 Den Begriff »Race« halte ich v. a. aufgrund geschichtlicher Assoziationen in Verbindung mit dem Begriff »Rasse« für nicht adäquat übersetzbar. Zu dieser Diskussion vgl. Barrett/McIntosh (1987: 349f.).

44 Diese Aufzählung ist stark verkürzt – innerhalb dieser Theorierichtung gibt es eine Vielzahl auch in Spannung zueinander stehende Positionen und Ansätze. Einen Überblick bietet Clough 1994, für afrikanische Frauenforschung siehe Künkel (1995, insb.: 83ff.), für postkoloniale feministische Kritik siehe Kerner (1999), für Queer-Theories vgl. z.B. Hark (1993).

45 Im Original: »Black Women« (Hill-Collins 1991, in Kemp/Squires 1997: 198).

46 Thürmer-Rohr (1987) übte im deutschsprachigen Raum ähnliche kritische Anmerkungen »zum Umgang mit der Kategorie Gemeinsamkeit« (ebd.: 145) unter anderem anhand ihrer These der Mittäterschaft von Frauen (vgl. Thürmer-Rohr 1999 [1987]: 45f.).

47 Eine Ausnahme ist hier Kerner (1999: 32f.), die postkoloniale feministische Kritik für den entwicklungspolitischen Diskurs fruchtbar macht.

48 Zur Frage, was »westliche Feministinnen« bezeichnet, schreibt Mohanty: »Mein Hinweis auf ›Westlichen Feminismus‹ soll auf keinen Fall den Eindruck erwecken, als handele es sich um einen Monolith. Vielmehr versuche ich, die Aufmerksamkeit auf die ähnlichen Wirkungen verschiedener Textstrategien zu lenken, die von Autoren verwendet werden und welche Andere als Nicht-Westlich und daher sich selbst als (implizit) Westlich kodifizieren.« (1991: 52)

49 Hierbei betont sie allerdings, dass die afrikanische Kultur nicht generalisierbar ist, da sie sehr divers sei (Meena 1992: 7).

50 Im Original: »Paradoxes of Gender« (1994).

51 Die Abgrenzungen Männer-/Frauen-/Geschlechterforschung fällt oft nicht leicht. So haben im Jahr 2000 gleich drei Zeitschriften, die sich explizit im Bereich der Frauen- und Geschlechterforschung verorten, das Thema "Männlichkeiten" zum Schwerpunkt gemacht (vgl. Feministische Studien 2000, Potsdamer Studien zur Frauen- und Geschlechterforschung 2000 und Die Philosophin 2000).

52 Das Konzept geht ursprünglich zurück auf Carrigan, Connell und Lee (1985).

53 Wenn Dekonstruktion mit Kritik gleichzusetzen wäre, dann würden eigentlich alle feministischen Ansätze Dekonstruktion »betreiben«, wenn sie Kritik an androzentrischen Theorien und Praxen üben – dies wiederum würde nicht dem Selbstverständnis des größten Teils der bisher behandelten Autorinnen entsprechen.

54 Zu einer klar abgrenzenden Haltung Derridas gegen Diskurse des Totalitarismus, Faschismus, Nazismus, Antisemitismus und Rassismus vgl. Engelmann (1990: 28).

55 Für das Verhältnis von Postkolonialismus und Postmoderne vgl. Kwame Appiah (1991).
56 Zusammenfassend zu Nicholsons Ansatz siehe auch: Dingler/Frey (2000: xxf.).
57 Weitere Autorinnen, die hier zu nennen sind, auf die im Rahmen dieser Arbeit jedoch nicht ausführlich eingegangen werden kann: Sedgwick 1990, Fuss 1989, de Lauretis 1987, Hark, Villa (2000).
58 Zusammenfassend vgl. Jungwirth (1997: 67f.).
59 Es sei an dieser Stelle vorweggenommen, dass sich Haraways Gender-Konzept nicht grundlegend von dem Judith Butlers unterscheidet, um deren Thesen es gerade im deutschsprachigen Raum heftige Kontroversen gab. In englischer Sprache erschien der Beitrag Haraways erst 1991, also kurz nach Butlers »Gender Trouble« (1990).
60 Haraway spricht selbst von »Versionen feministischer *Gender-Theorien*« (1991: 130, Hervorhebung R.F.).
61 Ausführlich zu (Zwangs-)Heterosexualität vgl. Haraway (1991: 137f.).
62 Butler geht im Vorwort zur deutschen Ausgabe von »Bodies that Matter« (Körper von Gewicht, 1995) auf eben diese Vorwürfe im Rahmen der deutschsprachigen Rezeption von »Gender Trouble« ein. Dabei weist sie unter anderem auf die Schwierigkeit der Übertragung von Begriffen wie Sex und Gender hin, die im Englischen – wie ja bereits Haraway 1987 feststellt – einen anderen Bedeutungsgehalt aufweisen als im Deutschen. Sie entgegnet dem Vorwurf der Entkörperlichung mit dem Argument, dass »Körper außerhalb der Norm noch immer Körper sind, und für sie und in ihrem Namen suchen wir ein erweiterungsfähiges und mitfühlendes Vokabular der Anerkennung« (Butler 1995: 10).
63 Insbesondere politische Handlungsfähigkeit sei hiermit gewährleistet: Im Rahmen politischer Kämpfe könne das Konzept Frau verschiedene Bedeutungen haben und müsse nicht von allen geteilt werde. Als Beispiel für eine solche Politik bzw. ein thematisches Bündnis nennt Nicholson die frauenpolitische Diskussion um »reproduktive Rechte«. Auf diesen Terminus hatten sich Frauen unterschiedlicher Herkunft im Rahmen bevölkerungspolitischer Debatten der UN-Konferenzen geeinigt, da Frauen in diesem Zusammenhang sehr unterschiedliche, wenn nicht gar konträre Interessen verfolgten (Nicholson 1995: 62).
64 Auch dieser Beitrag ist in einer ersten Version zunächst im Deutschen im Argument-Verlag erschienen: »Lieber Kyborg als Göttin: Für eine sozialistisch-feministische Unterwanderung der Gentechnologie« (1984).
65 Ein Beispiel hierfür ist der Gender Development Indicator des UNDP, der anhand von verschiedenen Eckdaten wie z.B. Einkommensverteilung zwischen Männern und Frauen entwickelt wird und einen diesbezüglichen Vergleich von Ländern weltweit ermöglicht (vgl. Deutsche Gesellschaft für die Vereinten Nationen 1999: 165f. und 194f.).
66 Ein solches Konzept überschneidet sich auch mit offenen Gender-Konzepten, die ja (teilweise auch empirisch) auf die Variabilität von Gender hinweisen (vgl. Frankenberg 1993, Acker 1992).
67 Das BMZ hat Evaluierungen zur Umsetzung des Gleichberechtigungskonzeptes vorgelegt. Sie zeigen, dass der praktischen Umsetzung der entsprechenden Maßgaben noch vieles im Wege steht (vgl. BMZ 1997, 1998, 1999).
68 Auch in anderen Dokumenten des BMZ lässt sich ein starker Bezug auf Gender finden, so z.B. im Partizipationskonzept (vgl. BMZ 1999).

69 Kabeer (1992b und 1995: 264ff.) spricht vom »politischen Subtext« von Gender Training, eine Begrifflichkeit, die ich hier als »theoretischen Subtext« aufgreife und auf GAD anwende.

70 Zum (umstrittenen) Begriff des Empowerment vgl. z.B. Andorfer (1995: 45f.), Oxaal/ Baden (1997), Schöninger (1998: 242f.), Rowlands (1998) und Rodenberg/ Wichterich (1999: 25f.).

71 Diese Publikation ist m.E. eine der ganz wenigen, die im Kontext des Entwicklungsdiskurses einen wirklich theoretisch fundierten Vorschlag für den Diskursstrang »Women, Environment, Development« vorlegen. Rosi Braidotti ist eine der wenigen Denkerinnen, die sich sowohl innerhalb des feministischen Theoriediskurses als auch im entwicklungspolitischen Diskurs bewegen.

72 Die Rezeption Boserups betont vor allem ihren Fokus auf Exklusionsmechanismen, denen Frauen als (vermeintlich homogene) Gruppe ausgesetzt sind. Boserup geht in ihrer Studie jedoch durchaus auch auf Machtbeziehungen zwischen Frauen ein, zum Beispiel in ihrem Kapitel »The Economics of Polygamy«. In diesem Kontext führt Boserup aus: »Normalerweise ist der Status der jüngeren Frau rangniedriger, wie es sich für eine Helferin oder gar Dienerin der ersten Frau gehört« (ebd.: 45). Boserup zeigt also, wie Gender in einer polygamen Konstellation spezifisch von Alter und Klasse geformt wird.

73 Allerdings bleibt das Verhältnis von staatlichen und nicht-staatlichen Frauenorganisationen oftmals ambivalent und staatliche Frauenorganisationen ließen sich nicht selten von autoritären Regierungen kooptieren (vgl. für Kenia: Wichterich 1992, Frey 1994: 18f.).

74 Die starke Verankerung von WID in den USA zeigt auch die Existenz der 1982 von 26 Nordamerikanerinnen gegründeten »Association for Women in Development (AWID) (vgl. Young u.a. 1993). WID-Advocates in den USA setzten bereits in den 70er Jahren durch, dass das Ziel der Integration von Frauen durch US-amerikanische Entwicklungshilfe gesetzlich festgeschrieben wurde (vgl. Tinker 1990: 30f.).

75 Auch Andorfer führt das Entstehen des WID-Paradigmas und die entsprechenden Institutionen und Verfahren auf den politischen Druck vor allem der westlichen Frauenbewegung zurück (ebd.: 1995: 13f.).

76 Einen Überblick über soziologische Modernisierungstheorien gibt Zapf (1997).

77 Ein Beispiel für eine vereinfachende und polarisierende Gegenüberstellung von WID und GAD stellt ein Schaubild im CIDA-Handbuch für Gender Training dar, in dem WID als Ansatz unterstellt wird, er sei »ein Ansatz, der Frauen als das Problem ansieht« (Canadian Council for International Co-operation, 1991: 76). Es wurde in den Gender Training-Handbüchern der GTZ (Kerstan 1995: Topic 3.2, Overhead 1 und Augustin 1996: Topic 4.2.11, Overhead IV) als Overheadfolie übernommen.

78 Connelly u.a. (2000) verorten WAD gleichzeitig im Rahmen des radikalfeministischen Paradigmas, da sie eine Analogie sehen zwischen den separaten Frauenprojekten im Rahmen der EZ und der Strategie radikalfeministischer Ansätze der Separation im Rahmen autonomer Frauenprojekte (vgl. ebd.: 60). Dies ignoriert allerdings den Kontext von Frauenprojekten in der Entwicklungspolitik, die in der Regel als staatliches Förderinstrument fungierten. Autonome Frauenprojekte hatten ihre Grundlage hingegen in Neuen Sozialen Bewegungen des Nordens.

79 Dependenztheorien galten bis in die 90er Jahre als die antagonistische Theorie zu modernisierungstheoretischen Ansätzen. Kößler (1998) bezeichnet sie allerdings als

»Gegenposition im gleichen Bezugsrahmen«, da sie weiterhin an der Idee der nachholenden Entwicklung festhalten (ebd.: 114).

80 Analogien ergeben sich vor allem durch das DAWNs-Konzept des Empowerment, das in Inhalten und Forderungen oft dem WAD-Diskurs korrespondiert. Empowerment wiederum wurde vor allem durch den GAD-Diskursstrang aufgegriffen (s. u.). Moser bezeichnet Empowerment als »unpopular except with third World women's NGOS and their supporters« (1993: 74) und klassifiziert in ihren »Policy Approaches to Third World Women« (Moser 1993: 56-57) den »Empowerment-Ansatz« als jüngsten von insgesamt fünf Ansätzen. Andere Ansätze seien der Wohlfahrtsansatz, der vor allem in den 1950 bis 70er Jahren gebräuchlich war, aber immer noch weit verbreitet sei, der Gleichheits-Ansatz (Equity), der ab 1975 als erster WID-Ansatz favorisiert wurde, der Anti-Poverty-Ansatz, der ab den 1970ern als zweiter WID-Ansatz populär wurde, der Effizienz-Ansatz, der insbesondere ab den 1980ern im Rahmen von Strukturanpassung aufkam (vgl. ebd.).

81 Sowohl der Grundlagentext von Rathgeber (1990) wie auch das UNRISD-Papier (Razavi/Miller 1995a) sowie auch neuere Publikationen zum Thema (Connelly u.a. 2000) gehen nicht auf WED ein.

82 Im Text wird die Bezeichnung »*sexual* division of labour« (ebd.: 93, Hervorh. R.F.) gebraucht.

83 Zum Begriff des Essenzialismus vgl. Kap. II.4.1.

84 So z.B. bei ihrem Analyseinstrument der »WID/GAD-Policy-Matrix« (vgl. ebd.: 95f.).

85 Zur Genese des Empowerment-Begriffs vgl. Rodenberg/Wichterich (1999: 25f.).

86 So konstatiert der kenianische Dozent und Gender-Trainer Masinjila: »Das letztendliche Ziel des GAD-Ansatzes ist, Frauen zu ermächtigen« (ebd.: 1994: 92).

87 Die alternative Analyse, die Peggy Antrobus von DAWN aus der Kritik an WID entwickelt, unterscheidet sich von vielen Konzepten und Strategien von GAD. Unter anderem verbindet sie ökonomische Mikro- und Makrostrukturen, versteht Entwicklungsprozesse explizit als politische Prozesse und hat eine dezidiert feministische Orientierung (vgl. Antrobus 1991: 314).

88 Kerner (1999) hat in ihrer Analyse von Grundkonzepten von GAD insbesondere für Mosers Gender-Planung nachgewiesen, dass ihr Empowerment-Konzept erheblich von dem abweicht, das DAWN vertritt. So besteht DAWN auf Selbst-Empowerment von Frauen und eine umfassende globale Transformation (vgl. Sen/Grown 1987 und DAWN 1995), Moser hingegen sieht Empowerment als ein Moment, das durch Gender-Planung mit Hilfe von Planungsexpert/innen hergestellt werden soll (vgl. Moser 1993: 4). Zwar verortet Moser sich selbst nicht unbedingt innerhalb des GAD-Diskursstranges, da sie sowohl GAD als auch WID als nicht weitgehend genug beschreibt, allerdings sind ihre Planungsinstrumente stark in die GAD-Praxis eingeflossen (siehe Kapitel III.2).

89 So zum Beispiel bei Handbüchern von CIDA (1992), von Oxfam (Williams 1994), der GTZ (Kerstan 1995 und Augustin 1996), von UNIFEM (1995), Save the Children (Parker/Lozano/Messner 1995) sowie der DSE (Engelhardt 1996).

90 Wallace/March (1991): »Changing Perceptions. Writings on Gender and Development«; Ostergaard (1992): »Gender and Development: A Practical Guide«; Cleves Mosse (1993): »Half the World / Half a Chance. An Introduction to Gender and Development«; Young (1993): »Planning Development with Women. Making a

World of Difference«; Moser (1993): »Gender Planning and Development – Theory, Practice and Training«.

91 Im Literaturverzeichnis wird der Titel mit »Culture and Society« angegeben, der korrekte Titel lautet »Women, Culture, and Society«.

92 Als Beleg zitiert sie alle vier Quellen, wobei anzumerken ist, dass zumindest der Band von Rosaldo und Lamphere (1974) ein Sammelband ist, die Herausgeberinnen selbst den Begriff Gender nicht benutzen und lediglich in einem Beitrag von Chodorow der Begriff *gender identity* diskutiert wird. Allerdings bewegen sich Rosaldo und Lamphere auf die Sex/Gender-Unterscheidung zu, wenn sie sagen: »... die Beobachtung von physischen Unterschieden sagt uns wenig über die sozialen Welten, in denen wir leben; für Menschen wird Biologie insofern interessant, als sie durch die Normen und Erwartungen menschlicher Kultur und Gesellschaft interpretiert wird« (ebd.: 4).

93 Zitat aus dem Vorwort des Vizepräsidenten der damaligen *Europäischen Kommission*, Manual Marin.

94 Whitehead hat diesen Beitrag in ihrer Funktion als Mitglied des IDS, *Subordination of Women Collective* (SOW) geschrieben. Diese Gruppe veröffentlichte 1981 einen weiteren Band (Young et. al 1981).

95 Young zitiert hier »Tolson 1977, Archer and Llyod 1983, Connell 1987, Brittan 1989« (Young 1993: 136).

96 Der Theorieteil enthält jeweils gekürzte Beiträge von Irene Tinker, Lourdes Beneria und Gita Sen, Kate Young, Rosi Braidotti u.a. (vgl. Kapitel 1.1.3), Vandana Shiva, Bina Agrawal, Margaret Snyder und Mary Tadesse, Chandra Talpade Mohanty sowie Deniz Kandiyoti. Dabei problematisieren insbesondere Irene Tinker (S. 40) und Chandra Talpade Mohanty (S. 80) die Vorstellung von Frauen als Kategorie.

97 Das Argument, dass viele der Impulse der Gender-Theorien im US-amerikanischen Raum entstanden sind, ist deswegen nicht relevant, da der entwicklungspolitische Gender-Diskurs auf Englisch und in einem internationalen Raum geführt wurde und ein Großteil der Kritik von Afroamerikanerinnen bereits in den 80er Jahren auf dem Markt war. Auch sind die Bände sowohl von Ostergaard (1992) als auch von Moser (1993) bei Routledge erschienen, bei dem auch Haraway (1991) und Butler (1990) veröffentlicht hatten.

98 Der *Capacities and Vulnerabilities Analysis Framework* (CVA) wurde speziell für Krisensituationen geschaffen. Da dies jedoch nicht in den Bereich der vorliegenden Arbeit fällt, werde ich diesen Ansatz nicht behandeln. Zum Thema Gender und Konflikte vgl. Reimann 2000.

99 Die Quelle Razavi/Miller (1998) werde ich im Folgenden immer ohne Seitenangaben zitieren, da das Dokument ohne Seitenzahlen aus dem Internet stammt. Quelle: http: //www.undp.org/gender/resource/mono6.html, vom 07.09.2000.

100 Molyneux (1985) hatte ursprünglich die Unterscheidung zwischen praktischen und strategischen Interessen von Frauen eingeführt.

101 Der Empowerment-Framework wurde insbesondere durch Oxfam popularisiert: Er wird in dem Band »Changing Perceptions« (1991, s. o.) diskutiert, der durch Oxfam herausgegeben wurde und wird im Oxfam Gender Training Handbuch (Williams 1994, s. u.) sowie in dem ebenfalls im Oxfam-Kontext erschienenen Überblicksband über Gender-Analyse-Ansätze (March u.a. 1999) vorgestellt.

102 Vgl. auch Miller/Razavi 1998.

103 Sie führt hier das im Rahmen der Diskussion des GRF bereits erwähnte Fischräucherprojekt für Frauen als Beispiel an, das aufgrund seiner Fokussierung auf Frauen als eine Kategorie gegenteilige Effekte hervorrief (vgl. Kabeer 1994: 273f.).

104 Zur Unterscheidung von RRA und PRA vgl. auch Schönhuth/Kievelitz (1994: 3-5) und Chambers (1995: 37).

105 Erstaunlich dabei war, dass dieser Visualisierungsprozess den Frauen in manchen Dörfern der Region wiederum nicht viel schwerer fiel als den Männern. Die Gründe hierfür konnten im Rahmen der Untersuchung nicht benannt werden.

106 Kabeer schlägt in ihren Ausführungen zur »Social Relations Analyse« bereits ein »Gender-Audit« vor: die verantwortlichen Planer/innen sollen sieben Fragen bezüglich ihrer Vorannahmen, Entscheidungsprozesse und Ressourcenverteilung beantworten (vgl. Kabeer 1994: 302/303). Der kurze Fragenkatalog, den Kabeer hier vorstellt, zielt jedoch nicht auf eine Veränderung der jeweiligen Organisationskultur.

107 Jonah Gokova hat 1998 und 1999 Deutschland bereist und Gender Trainings für Mitarbeiter/innen deutscher Organisationen gegeben.

108 Die einzelnen Elemente sind: 1: Die Erfahrungen von Frauen und Männern und die Interpretation ihrer Wirklichkeit, 2: Der Druck politischer Wählerschaften, 3: Repräsentative politische Strukturen, 4: Politische Verbindlichkeit, 5: Politische Maßnahmen (»*policy*»)/Planung, 6: Ressourcen, 7: Mainstreaming der Positionierung von Verantwortlichkeiten, 8: Verfahren, 9: Personalentwicklung, 10: Methodik, 11: Durchführung von Programmen und Projekten, 12: Forschung, 13. Theorieentwicklung (vgl. Levy 1996: 11).

109 In einer Fußnote verweist sie darauf, dass sie zwar die Redewendung »Frauen und Gender« gebraucht, dabei jedoch auch anerkennt, dass diese Begriffe nicht austauschbar seien (vgl. Levy 1996: 21).

110 Siehe Fußnote 25 (ebd.: 22).

111 Auf Bundesebene wurden hier bisher kaum Anstrengungen unternommen, in Berlin hat das Abgeordnetenhaus die Umsetzung von Gender-Budgeting beschlossen, die konkrete Ausgestaltung erweist sich jedoch als schwieriger Prozess (vgl.: Website der »Initiative für eine geschlechtergerechte Haushaltsführung in Berlin« www.gender-budgets.de, 28.02.2003).

112 Quelle: Internet: www.voiceofwomen.com/butget.html (12.07.2000).

113 Siehe zum Beispiel Lowe Morna 2000 und UNIFEM (2000, insb. S. 13).

114 So betonen z.B. Porter und Smyth die Notwendigkeit einer Anpassung und Kontextualisierung von Gender Training-Materialien (ebd.: 1999: 329).

115 1995 im Rahmen der Ausbildung des Seminars für Ländliche Entwicklung, 1996 im Rahmen eines privat organisierten Trainings einer GTZ-Expertin, 1998 im Rahmen eines Trainings für Rückkehrer/innen bei Diensten in Übersee, 1999 im Rahmen der Vorbereitung von Entwicklungshelfer/innen beim Deutschen Entwicklungsdienst in Berlin.

116 Die Befragung wurde 1999 durchgeführt. Ich möchte mich an dieser Stelle bei allen Befragten bedanken.

117 Ein wesentlicher Begründungsimpuls für Gender Trainings ging zunächst von Frauenbewegungen und nichtstaatlichen Organisationen aus, aber auch von »internal advocates« innerhalb staatlicher Entwicklungsagenturen. Im deutschsprachigen Raum etablierte sich das Instrument Gender Training in der Entwicklungszusam-

menarbeit Anfang der 90er Jahre und ist heute nicht mehr auf die entwicklungspolitische Sphäre beschränkt. Vor allem für Stiftungen (vgl. z.B. Blickhäuser/Bargen: ohne Datum), Gewerkschaften und EU-Projekte werden heute Gender Trainings angeboten.

118 Zu nennen sind hier zum Beispiel lose Netzwerke und Consultantbüros, akademische Einrichtungen, z.B. die *Development Planning Unit* (DPU) der Universität London, Einrichtungen, die sich auf Gender Training bzw. begleitende Gender-Beratung spezialisiert haben, wie das *Gender and Development Training Centre* in Haarlem, Niederlanden und viele andere Einrichtungen im Norden und im Süden (vgl. Cummings u.a. 1998).

119 Der GRF bzw. dessen Analyseinstrumente sind bis heute Grundbestandteil vieler Gender-Trainings (genauer vgl. Kap. III.2.1).

120 Im Einzelnen: GTZ, DED, DSE, ILO, Universitäten, kirchliche Bildungseinrichtungen, Dienste in Übersee.

121 Die Autorin des Handbuches enthielt sich einer Bewertung.

122 Diese sind: »Levy/Moser: früher Titel, J. Osterhaus: Gender-Differenzierung im Projektzyklus (GTZ-Publikation, Anm. R.F.), GTZ: Handreichungen zur Gender-Orientierung, Kerstan, Engelhardt, Moser, AGKED-Frauenorientierungsrahmen 1993, Ruth Klingebiel, South Asian Gender Trainers: Toward South Asian Solidarity, Sharing the Fish Head, Moser 1993, Kabeer 1994, Longwe 1991, Moser 1993, Moser/Levy 1986, Quiroz Martin, Theresa: Identidad de Género y Poder Local. Santiago (1993), Overholt und Moser».

123 Diese lauteten: »Geschlechtsspez. Perspektiven von Rollen, die sich ergeben aus unterschiedlichen Tätigkeiten, Besitzverhältnissen und rechtlichen Positionen welche je nach Gesellschaft unterschiedlich sind.«, »G. ist die soziale Geschlechteridentität«, »im weitesten Sinn Verhältnis v. Frauen und Männern, impliziert soziolog. Aspekte Rollen-Verhalten, Versuch, »männl« u. »weibl.« Verhalten zu kategorisieren.«, »Ein sozialwissenschaftlicher Analysebegriff, der das sozial angeeignete Geschlecht bestimmt, »das soziale Geschlecht« und seine Konstruktion in gesellschaftlichen Systemen zu analysieren ermöglicht, Schwerpunkte auf Analyse von Macht in Systemen«, »a social category that analyses (??) social power relations on 3 levels (see below)« (unten: »individual, relational, structural role of ideology«, »Gender ist die sozial konstruierte Geschlechteridentität. Gender bezeichnet die soziale Konstruktion zwischenmenschlicher Beziehungen von Männern und Frauen im unterschiedlichen ökonomischen, sozialen und kulturellen Kontext.« (Definition nach Moser), »Die gesellschaftlich geprägte Ausformung der Geschlechtsrollen«.

124 Interessanterweise war es der Psychologe Robert Stoller, der die Unterscheidung zwischen Gender-Identität und Gender-Rolle einführte (vgl. Stoller 1968: 10). Stoller behandelte Menschen, bei denen nach seiner Einteilung Gender-Rolle und Gender-Identität auseinanderfielen (vgl. auch Glover/Kaplan 2000: xxf.).

125 Im einführenden Teil des Handbuches wird lediglich davon gesprochen, dass es nicht ausreiche, das Handbuch zu lesen, sondern dass unter anderem Erfahrungen in Training und Moderation notwendig seien (vgl. ebd.: 50).

126 Diese Quellen werden nicht belegt.

127 Der analoge Gebrauch von Sex und Gender, auch nach Einführung der Unterscheidung von Sex und Gender, findet sich leider auch in anderen Handbüchern. So sprechen Ekwoge u.a. (1998: 13) innerhalb einer Übungsinstruktion von »dem an-

deren Gender« und »dem anderen Sex«, bei Kerstan sollen sich die Teilnehmenden in zwei »gender-homogene Gruppen« aufteilen und dann über Eigenschaften des anderen Geschlechts (»the opposite sex«) nachdenken (Kerstan 1995: 16). Ein anderes UNIFEM-Handbuch spricht zunächst von geschlechtsspezifischer Arbeitsteilung als »gender division of labour« und drei Seiten weiter als »sexual division of labour«, ohne dass ein inhaltlicher Unterschied gemacht wird (vgl. UNIFEM 1995: 27/30).

128 Quelle: Persönliche Korrespondenz.

129 Daneben sei auf die Analyse der Gender Training-Handbücher, die im GTZ-Kontext entstanden sind, hingewiesen (Kerstan 1995, Augustin 1996, Kapitel III.3.3.1.4).

130 Obwohl kirchliche Organisationen eine große Rolle im Feld der Entwicklungspolitik spielen, werden sie hier nicht behandelt, da dies ein eigenes Untersuchungsfeld darstellen würde. Eine Bestandsaufnahme kirchlicher Entwicklungspolitik hinsichtlich einer »frauengerechten Entwicklungszusammenarbeit« geben Linnenbrink u.a. (1998). Einige der parteinahen Stiftungen verfolgen zwar explizit eine Gender-Policy (insbesondere die Heirich-Böll-Stiftung sowie die Friedrich-Ebert-Stiftung), auch dieses Feld könnte jedoch nur zufriedenstellend im Rahmen einer anderen Untersuchung betrachtet werden.

131 Frauenförderung war hier bei einer »ausgeprägten Benachteiligung« oder bei »kulturellen Barrieren« vorgesehen sowie in Hinblick auf Frauenorganisationen und bei Maßnahmen im selben Bereich (ebd.: 4f.).

132 Vgl. Kapitel III.3.2, insbesondere die Kritik von Wieringa.

133 In der Fassung von 1997 wurde hier nur die männliche Form gebraucht (»Mitarbeiter«) (BMZ 1997: 13).

134 Verwunderlich ist vor diesem Hintergrund, dass die 1. Fassung weiterhin gültig ist und »weiter benutzt werden (kann)« (BMZ 2001: 6).

135 Stellt man zum Beispiel Teilnehmenden die Frage, wann sie zum ersten Mal in ihrem Leben gemerkt haben, dass sie ein Mädchen/ein Junge sind, fallen die Antworten unterschiedlich aus: die einen verbinden positive Erlebnisse hiermit, andere erfuhren Restriktionen. Hier kann Gender sowohl in orientierender als auch in normierender Funktion herausgearbeitet werden, was der Ambivalenz des Konzeptes bzw. der Idee der Gender Paradoxien (Lorber) entspricht.

136 Ein Beispiel für eine solche Zementierung von Gendernormen bietet eine Veröffentlichung des australischen Trainer/innenpaars Allen und Barbara Pease: »Warum Männer nicht zuhören und Frauen schlecht einparken« (Pease 2000). Das Buch, das verspricht »die ganze Wahrheit über Männer und Frauen« (ebd.) zu verraten, zementiert eine spezifische Gender Ordnung durch seine soziobiologischen und evolutionstheoretischen Thesen. Zwar beansprucht es, sich auf neueste wissenschaftliche Erkenntnisse zu beziehen, hält sich dabei selbst jedoch nicht an wissenschaftliche Regeln wie Quellen genau zu nennen. Der populärwissenschaftliche Band ist ein Publikumserfolg und rangierte monatelang auf Platz eins der 15 besten Sachbücher, die die Zeitschrift Gong ermittelt (Gong Heft 16/2002).
Quelle: http://www.all-around-new-books.de/top10/bestseller/gong_sach.shtml,(01.06.2002).

Literaturverzeichnis

Acker, Joan, 1992: Gendered Institutions. From Sex Roles to Gendered Institutions, in: Contemporary Sociology, Jg. 21, S. 565-569.

Acosta-Belén, Edna/Bose, Christine E., 1990: From Structural Subordination to Empowerment: Women and Development in Third World Contexts, in: Gender & Society, Nr. 4, S. 299-320.

Afshar, Haleh (Hg.), 1991: Women, Development and Survival in the Third World; London (McMillan).

Afshar, Haleh (Hg.), 1994: The Dynamics of Race and Gender; London (Taylor & Francis).

Alcoff, Linda, 1988: Cultural Feminism Versus Post-Structuralism. The Identity Crisis in Feminist Theory, in Signs: A Journal of Women in Culture and Society 13, S. 404-436.

Andermahr, Sonya/Lovell, Terry/Wolkowitz, Carol, 1997: A Glossary of Feminist Theory; London/New York u.a. (Arnold). Anderson, Mary, 1993: Focusing on Women: UNIFEM's Experience in Mainstreaming, New York (UNIFEM).

Andorfer, Veronika, 1995: Von der Integration zum Empowerment. Zur Frauenförderung in der Entwicklungspolitik, Frankfurt (IKO-Verlag).

Annuß, Evelyn, 1996: Umbruch und Krise der Geschlechterforschung: Judith Butler als Symptom. (Unter Mitarbeit von Robert Schmidt), in: Das Argument, Nr. 216 (Jg. 38), S. 505-524.

Annuß, Evelyn, 1999: Grenzen der Geschlechterforschung, in: Feministische Studien, Heft 1 (Jg. 17), S. 91-102.

Antrobus, Peggy, 1989: The Empowerment of Women, in: The women and International Development Annual; Boulder Colorado (u.a.), (Westview Press), S. 189-207.

Antrobus, Peggy, 1991: Postscript. Women in Development, in: Wallace, Tina/March, Candida (Hg.): Changing Perceptions. Writings on Gender and Development; Oxford (Oxfam), S. 311-317. Appiah, Kwame Anthony, 1991: Is the Post- in Postmodernism the Post- in Postcolonial?, in: Critical Inquiry, Jg. 17, Nr. 2, S. 336-357.

Archer, John/Llyod, B. B., 1985: Sex and Gender. New York (Cambridge University Press).

Augustin, Edda, 1996: Gender Training Manual for project staff at management level, Eschborn (Publikation der Deutschen Gesellschaft für Technische Zusammenarbeit, GTZ).

Baden, Sally/Goetz, Marie, 1998: Who needs [sex] when you can have [gender]? Conflicting discourses on gender at Beijing, in: Jackson, Cecile/Pearson, Ruth: Feminist Visions of Development. Gender Analysis and Policy, London/New York (Routledge), S. 19-38.

Bandau, Anja, 1999: Gender – Race – Sexuality. Identitätskategorien im Verhältnis, in: Potsdamer Studien zur Frauen- und Geschlechterforschung (Welche Zukunft? Perspektiven der Frauen- und Geschlechterforschung in den Disziplinen), Nr. 1/99, 3. Jg., Potsdam, S. 27-35.

Barrett, Michèle/McIntosh, Mary, 1987: Ethnozentrismus im sozialistischen Feminismus, in: Das Argument 163 (Jg. 29), S. 347-363.

Barrett, Michèle/Phillips, Anne (Hg.), 1992: Destabilising Theory: Contemporary Feminist Debates, Cambridge (Polity Press).Bartels, Ulrike, 1997: Gender – wieso denn Zauberwort?, in: ila, Nr. 206, S. 44-45.Bartels, Ulrike, 2000: Vom Einschnitt zum Querschnitt. Frauenförderung beim Bundesministerium für Wirtschaftliche Zusammenarbeit und Entwicklung (BMZ), in: blätter des iz3w, ASA (Hg.): Malestreaming gender? Geschlechterverhältnisse in der Entwicklungspolitik; iz3w-Sonderheft. Freiburg, S. 20-21.

Basu, Amrita, 1995: The Challenge of Local Feminisms. Women's Movements in global Perspective; Boulder u.a. (Westview Press).
BauSteineMänner (Hg.), 1996: Kritische Männerforschung. Neue Ansätze in der Geschlechtertheorie; Berlin/Hamburg (Argument-Sonderband Nr. 246).
Beauvoir, Simone de, 1997: Das andere Geschlecht. Sitte und Sexus der Frau, Reinbek (Rowohlt), (Originalausgabe: 1949).
Beckmann, Gabriele, 1997: Partizipation in der Entwicklungszusammenarbeit. Mode, Methode oder politische Vision? Münster (LIT).
Bell, Diane/Klein, Renate (Hg.), 1996: Radically Speaking: Feminism Reclaimed. London (Zed Books).
Bem, Sandra Lipsitz, 1993: The Lenses of Gender – Transforming the Debate on Sexual Inequality, New Haven/London (Yale University Press).
Benería, Lourdes, 1995: Toward a Greater Integration of Gender in Economics, in: World Development, Vol. 23, No. 11, S. 1839-1850.
Benería, Lourdes/Sen, Gita, 1981: Accumulation, Reproduction and Women's Role in Economic Development: Boserup Revisited, in: Signs, Vol. 7, S. 279-298.
Benhabib, Seyla, 1993: Feminismus und Postmoderne. Ein prekäres Bündnis, in: Benhabib, Seyla u.a.: a.a.O., S. 9-30.
Benhabib, Seyla/Butler, Judith/Cornell, Drucilla/Fraser, Nancy, 1993: Der Streit um Differenz. Feminismus und Postmoderne in der Gegenwart; Frankfurt/M. (Fischer).
Bennholdt-Thomsen, Veronika/Mies, Maria, 1997: Eine Kuh für Hillary. Die Subsistenzperspektive; München (Frauenoffensive). Bhasin, Kamla, 1995: What is a boy? What is a girl?, in: Kumar, R. (Hg.): Development and Women's Work in Kerala – Interactions and Paradoxes, Bd. 41, Heft 1, S. 38-42.
Bhatt, Elsa, 1989: Toward Empowerment, in: World Development, Vol. 17, No. 7; (Pergamon Press), S. 1059-1065.
blätter des informationszentrums 3. Welt, Nr. 219/1997: Schwerpunkt: Love me gender. Feminismus in den 90ern; Freiburg.
Blickhäuser, Angelika/Bargen, Henning von, (ohne Datum): Gemeinschaftsaufgabe Geschlechterdemokratie. Gendertraining als Instrument zur Umsetzung der Gemeinschaftsaufgabe und Profilentwicklung von Einrichtungen, Berlin (Heinrich-Böll-Stiftung).
Bliss, Frank/Gaesing, Karin/Häusler, Sabine/Neumann, Stefan, 1994: Ansätze der Frauenförderung im internationalen Vergleich. Empfehlungen für die deutsche Entwicklungszusammenarbeit; München/Köln/London (Reihe Forschungsberichte des Bundesministerium für wirtschaftliche Zusammenarbeit und Entwicklung). (Weltforum-Verlag).
Boserup, Ester, 1970: Woman's role in economic development; London (Allen & Unwin).
Bothfeld, Silke/Gronbach, Sigrid, 2002: Vom Kopf auf die Füße. Politisches Lernen durch Gender Mainstreaming?, in: Bothfeld, Silke/Gronbach, Sigrid/Riedmüller, Barbara: Gender Mainstreaming – eine Innovation in der Gleichstellungspolitik. Zwischenberichte aus der politischen Praxis. Frankfurt/M. (Campus: Reihe Politik der Geschlechterverhältnisse, Band 18), S. 231-254.
Bothfeld, Silke/Gronbach, Sigrid/Riedmüller, Barbara, 2002: Gender Mainstreaming – Eine Innovation in der Gleichstellungspolitik. Zwischenberichte aus der politischen Praxis; Frankfurt/M., (Campus: Reihe Politik der Geschlechterverhältnisse, Band 18).
Bourdieu, Pierre, 1997: Die männliche Herrschaft, in: Dölling, Irene/Krais, Beate (Hg.): Ein alltägliches Spiel. Geschlechterkonstruktion in der sozialen Praxis, Frankfurt/M. (Suhrkamp) (Reihe Gender Studies), S. 153-217.
Braidotti, Rosi, 1994: Theories of Gender; or, »Language is a Virus", in: ebd.: Nomadic Subjects. Embodiment and Sexual Difference in Contemporary Feminist Theory; New York (Columbia University Press), S. 258-280.

Braidotti, Rosi/Charkiewicz, Ewa/Häusler, Sabine/Wieringa, Saskia, 1994: Women, the Environment and Sustainable Development. Towards a Theoretical Synthesis. London/Atlantic Highlands.
Braunmühl, Claudia v., 1997a: *Mainstreaming Gender* oder von den Grenzen, dieses zu tun, in: Braig, Marianne, u.a. (Hg.): Begegnungen und Einmischungen. Festschrift für Renate Rott zum 60. Geburtstag; Stuttgart (Verlag Hans-Dieter Heinz), S. 375-394.
Braunmühl, Claudia v., 1997b: Gender und Transformation. Nachdenkliches zu den Anstrengungen einer Beziehung, in: Kreisky, Eva, Sauer, Birgit (Hg.): Geschlechterverhältnisse im Kontext politischer Transformation; Opladen/ Wiesbaden (Westdeutscher Verlag), S. 475-490.
Braunmühl, Claudia v., 1998: Der Gender-Ansatz in der Entwicklungspolitik. Überlegungen zum sozialen Akteur von Transformation, in: Peripherie, Nr. 72, Jg. 18, Münster, S. 25-37.
Braunmühl, Claudia v., 2002: Gender Mainstreaming: neue Konzepte – neue Chancen? in: Nohr, Barbara/Veth, Silke (Hg): Gender Mainstreaming. Kritische Reflexion einer neuen Strategie, Rosa Luxemburg-Stiftung, Texte 7, Berlin, S. 17-25.
Brett, April, 1991: Why Gender is a Development Issue, in: Wallace, T./March, C., Changing Perceptions. Writings on Gender and Development; Oxfam, Oxford, S. 1-7.
Brettel, Caroline B./Sargent Carolyn F., (Hg.), 1993: Gender in Cross-Cultural Perspective; New Jersey (Prentice Hall).
Brooks, Ann, 1997: Postfeminisms. Feminism, cultural theory and cultural forms; London/New York (Routledge).
Brouwers, Ria, 1993: Review of the integration of gender concerns in the work of the DAC (Theme 1 of the Assessment of WID policies and programs of DAC members); The Hague (Institute of Social Studies International Services).
Bruchhaus, Eva-Maria, 1988: Frauenselbsthilfegruppen: Schlüssel zur Entwicklung aus eigener Kraft oder Mobilisierung der letzten Reserve?, in: Peripherie Nr. 30/31, S. 49-61.
Budlender, Debbie, 2002: Review of gender budget initiatives, ohne Ort.
Bundesministerium für Familie, Senioren, Frauen und Jugend (Hg.), 2002: Gender Mainstreaming. Was ist das? Bonn.
Bundesministerium für Wirtschaftliche Zusammenarbeit und Entwicklung (BMZ), 1988: Förderung von Frauen in Entwicklungsländern, Materialien Nr. 80, Bonn.
Bundesministerium für Wirtschaftliche Zusammenarbeit und Entwicklung (BMZ), 1997: Konzept für die Förderung der gleichberechtigten Beteiligung von Frauen und Männern am Entwicklungsprozeß – Gleichberechtigungskonzept; Bonn (Reihe BMZ aktuell Nr. 084).
Bundesministerium für Wirtschaftliche Zusammenarbeit und Entwicklung (BMZ), 1999: Übersektorales Konzept Partizipative Entwicklungszusammenarbeit – Partizipationskonzept; Bonn (Reihe BMZ aktuell Nr. 102).
Bundesministerium für Wirtschaftliche Zusammenarbeit und Entwicklung (BMZ), 2000: Medienhandbuch Entwicklungspolitik, Bonn.
Bundesministerium für Wirtschaftliche Zusammenarbeit und Entwicklung (BMZ), 2001: Konzept für die Förderung der gleichberechtigten Beteiligung von Frauen und Männern am Entwicklungsprozeß – Gleichberechtigungskonzept; 2. überarbeitete Fassung, (Reihe BMZ-Konzepte Nr. 111).
Butler, Judith, 1990: Gender Trouble. Feminism and the Subversion of Identity; New York, London (Routledge).Butler, Judith, 1991: Das Unbehagen der Geschlechter, Frankfurt/M. (Suhrkamp).
Butler, Judith, 1993: Kontingente Grundlagen. Der Feminismus und die Frage der »Postmoderne«, in: Benhabib, Seyla/Butler, Judith/Cornell, Drucilla/Fraser, Nancy, 1993: Der Streit um Differenz. Feminismus und Postmoderne in der Gegenwart; Frankfurt/M. (Fischer), S. 31 – 58.

Butler, Judith, 1997: Körper von Gewicht. Die diskursiven Grenzen des Geschlechts, Frankfurt/M. (Suhrkamp).
Butler, Judith, 1999: Über die Dekonstruktion der Geschlechter – Oder: Die Freiheit zwischen Zwang und Wahl, in: EMMA Nov./Dez. 1999, S. 54-55.
Butler, Judith/Scott, Joan W. (eds.), 1992: Feminists Theorize the Political; New York, London (Routledge).
Buvinic, Mayra, 1986: Projects for Women in the Third World – Explaining their Misbehaviour, in: World Development, Vol. 14, Nr. 5, S. 653-664.
Buvinic, Mayra, 1988: Trends in Donor Approaches to Women and Income in the Third World: A Discussion Paper for the Ford Foundation; (ohne Ort)
Buvinic, Mayra, 1989: Investing in Poor Women: The Psychology of Donor Support, in: World Development, Vol.17, No. 7, S.1045-1057.
Byrne, Bridget, 1995: Gender, Development and Conflict – Bridge-Report, Vol.1 No. 34.
Byrne, Bridget/Koch Laier, Julie u.a., 1996: National machineries for women in development: experiences, lessons and strategies for institutionalising gender in development policy and planning; (Report prepared for the European Commission Directorate General for Development, GGVIII), BRIDGE (ohne Ort).
Çağatay, Nilüfer/Keklik, Mümtaz/Lal, Radhika/Land, James, 2000: Budgets as if People Mattered: Democratizing Macroeconomic Policies, SEPED Conference Paper Series, contribution to the five year review of the Fourth World Conference on Women (Beijing) and the World Summit for Social Development (Copenhagen).
Callenius, Carolin, 2002: Wenn Frauenpolitik salonfähig wird, verblasst die lila Farbe. Erfahrungen mit Gender Mainstreaming im Bereich internationaler Politik, in: Rothfeld, Silke/Gronbach, Sigrid/Riedmüller, Barbara, 2002: Gender Mainstreaming – Eine Innovation in der Gleichstellungspolitik. Zwischenberichte aus der politischen Praxis; Frankfurt/M., (Campus: Reihe Politik der Geschlechterverhältnisse, Band 18, S. 63-80.
Canadian Council for International Co-operation, MATCH International Centre, Association québécoise des organismes de coopération internationale, 1991: Two Halves Make a Whole – Balancing Gender Relations in Development; Ottawa.
Carrigan, Tim/Connell, Robert W./Lee, John, 1985: Towards a New Sociology of Masculinity, in: Theory and Society, Nr. 14, S.551 –604.
Chambers, Robert, 1992: Rural Appraisal: Rapid, Relaxed and Participatory; Sussex (Institute of Development Studies).Chambers, Robert, 1995: Paradigm Shifts and the Practice of Participatory Research and Development, in: Nelson, Nici/Wright, Susan (Hg.): Power and Participatory Development. Theory and Practice, London (Intermediate Technology), S. 30-42.
Cleves Mosse, Julia, 1993: Half the World / Half a Chance. An Introduction to Gender and Development; Oxford (Oxfam).
Clough, Patricia T., 1994: Feminist Though. Desire, Power, and Academic Discourse; Oxford/Cambridge (Blackwell).
Connell, Robert W., 1987: Gender and Power: Society, the Person and Sexual Politics; Cambridge (Polity Press).
Connell, Robert W., 1995: Masculinities; Cambridge (Polity Press).
Connell, Robert W., 2002: Gender; Cambridge (Polity Press).
Connelly, Patricia, M/Li, Tania Murray/MacDonald, Martha/Parpart, Jane, 2000: Feminism and Development: Theoretical Perspectives, in: Parpart, Jane u.a. (Hg.): Theoretical Perspectives on Gender and Development; Ottawa u.a., (International Development Research Centre), S. 51-159.
Cook, Rebecca J. (Hg.), 1994: Human Rights of Women, (University of Pennsylvania).
Cornwall, Andrea/Lindisfarne, Nancy, 1994: Dislocating Masculinity. London (Routledge).Corrêa, Sonia, 1998: Implementing Cairo: Good News, Recurrent Bottlenecks, Challenges Ahead, in: DAWN Informs, Nr. 2, 1998, S. 3-5.Craig, Gary/Mayo, Marjo-

rie, 1995: Community Empowerment: A Reader in Participation and Development, London (Zed Books).
Council of Europe, 1998: Gender Mainstreaming. Conceptual framework, methodology and presentation of good practices. Final Report of Activities of the Group of Specialists on Mainstreaming. (Dokument EG-S-MS (98) 2), Straßburg.
Cummings, Sarah/van Dam, Henk/Volk, Mike (Hg.), 1998: Gender Training: The source Book. (Royal Tropical Institute und Oxfam), Amsterdam/Oxford.
Dallery, Arleen B., 1985: Sexual Embodiment: Beauvoir and French Feminism (écriture féminine), in: Hypatia. A Journal of Feminist Philosophy (Women's Studies International Forum), Jg. 8, Nr. 3, 197-202.
Daly, Mary, 1991 [1978]: Gyn/Ökologie. Eine Metaethik des Radikalen Feminismus. München (Frauenoffensive).
Das Argument 202/1993: Re-Maskulinisierungen, Berlin (Argument Verlag)
DAWN (Development Alternatives With Women for a New Era), 1996: Das Erreichte sichern und ins 21. Jahrhundert vorwärtsgehen. Positionspapier für die 4. Weltfrauenkonferenz, in: Wichterich, Christa: Wir sind das Wunder, durch das wir überleben. Die 4. Weltfrauenkonferenz in Peking. (Hg.: Heinrich-Böll-Stiftung), Köln, S. 108-116.
De Beuk, Hippolytushoef, 2000: Gender and Diversity Audit (Software erstellt im Auftrag der norwegischen Organisation NOVIB), ohne Ort.
De Lauretis, Teresa, 1987: Technologies of Gender. Bloomington (Indiana University Press).
Deutsche Gesellschaft für die Vereinten Nationen, 1999: Bericht über die Menschliche Entwicklung 1999, Bonn.
Deutsche Stiftung für Internationale Entwicklung (DSE), Gender-Arbeitsgruppe, 1999: Gender in der Programmarbeit der DSE, Berlin.
Development and Change, 1987, Vol. 18, No. 2: Conceptualizing the Household: Issues of Theory and Policy in Africa; London (SAGE).
Development, 1995: Alternative Economic Frameworks from a Gender Perspective – special Issue prepared for the 4th UN World Conference on Women; Vol. 1, Cambridge (Blackwell).
DIE GRÜNEN im Bundestag/AK Frauenpolitik (Hg.), 1987: Frauen und Ökologie – Gegen den Machbarkeitswahn, Köln.
Die Philosophin, 2000: Männerforschung/Männlichkeitsforschung, Band 22, Jg. 11, Tübingen.
Dietzen, Agnes, 1993: Soziales Geschlecht. Soziale, kulturelle und symbolische Dimensionen des Gender-Konzepts; Opladen (Westdeutscher Verlag).
Dingler, Johannes, 1997: Die 'Postmodernisierung' der ökofeministischen Theoriebildung: zur Dekonstruktion des Naturbegriffs im Ökofeminismus. Vortrag zum ÖGPW-Symposium, Wien (in Erscheinung).
Dingler, Johannes, 2001: Postmoderne und Nachhaltigkeit: Eine diskurstheoretische Analyse der sozialen Konstruktionen von nachhaltiger Entwicklung. Berlin. Unveröffentlichte Dissertation am Fachbereich Politik- und Sozialwissenschaften der Freien Universität Berlin.
Dingler, Johannes/Frey, Regina, 2002: Von der Praxis zur Gender-Theorie: Impulse postmoderner Feminismen, in: Nohr, Barbara/Veth, Silke (Hg.): Gender Mainstreaming. Kritische Reflexion einer neuen Strategie, Rosa Luxemburg-Stiftung, Texte 7, Berlin, S. 141-157.
Dingler, Johannes/Frey, Regina/Frietsch, Ute/Jungwirth, Ingrid/Kerner, Ina/Spottka, Frauke, 2000: Dimensionen postmoderner Feminismen. Plädoyer für die Mehrstimmigkeit im feministischen Theoriekanon, in: Feministische Studien 1/2000, S. 129-144.

Döge, Peter, 1999: Männerforschung als Beitrag zur Geschlechterdemokratie. Ansätze kritischer Männerforschung im Überblick. (Literaturstudie im Auftrag des Bundesministeriums für Familie, Senioren, Frauen und Jugend), Berlin.

Döge, Peter, 2002: Gender Mainstreaming als Modernisierung von Organisationen. Ein Leitfaden für Frauen und Männer; Institut für anwendungsorientierte Innovations- und Zukunftsforschung e.V. – Schriften, Band 2, Berlin.

Dolphyne, Florence Abena, 1991: The Emancipation of Women. An African Perspective; Accra (Ghana University Press).

Donnelly-Roarkun, Paula, 1992: Participation and Gender: The Rhetoric and The Reality; Geneva (ICVA).

DPU Gender Planning Team, 1990-1993: Training materials for training in gender planning; London (Development Planning Unit, University College London) (unveröffentlicht).

Duden, Barbara, 1993: Die Frau ohne Unterleib: Zu Judiths Butlers Entkörperung. Ein Zeitdokument, in: Feministische Studien, Jg. 11, Nr. 2, S. 24-33.

Eagleton, Terry, 1991: Ideology: An Introduction; London/New York (Verso).

Edholm, F./Harris, O./Young, Kate, 1977: Conceputalising Women, in: Critique of Anthropology, Nr. 9/10, ohne Ort, ohne Seitenangabe.

Ekwoge, Gladys/Engelhardt, Eva/Muflam, Christopher, 1998: Gender-sensitive Planning in Rural Development – A Trainer's manual; Feldafing (Deutsche Stiftung für Internationale Entwicklung (DSE).

El Bushra Judy, 2000: Rethinking Gender and Development for the twenty-first century, in: Sweetman, Caroline (ed.): Gender in the 21st century (Oxfam Focus on Gender), Jg. 8, Nr. 1, Oxford, S. 55-62.

El-Bushra, Judy/Piza Lopez, Eugenia, 1994: Development in Conflict – the Gender Dimension; Oxford (Oxfam Working Papers).

Elson, Diane (Hg.), 1991: Male Bias in the Development Process; Manchester, New York (Manchester University Press).

Elson, Diane, 1993: Micro, Meso, Macro: Gender and Economic Analysis in the Context of Policy Reform, Gender Analysis and Development Economics working Paper No. 1; Manchester (University of Manchester).

Elson, Diane, 1995: Gender Awareness in Modeling Structural Adjustment, in: World Development, Vol. 23, Nr. 11, S. 1851-1868.

Engelhardt, Eva, 1995: Gender und Partizipation, in: Entwicklungsethnologie, Heft 2, 1995, 4. Jg., S. 61 – 74.

Engelhardt, Eva, 1996: Gender-Sensitive Planning in Rural Development, Publikation der Deutschen Stiftung für Entwicklung (DSE), Bad Honnef. Engelhardt, Eva, 2000: Was Sie schon immer über Gender wissen sollten... Gender Trainings in den Institutionen, in: Malestreaming gender? Geschlechterverhältnisse in der Entwicklungspolitik, ASA und blätter des izw3, Sonderheft, März 2000, S. 29-31.

Engelhardt, Eva/Oswald, Karin, 1995: Tools for Gender-Sensitive Participatory Extension Approaches in TC-Projects – in the Phillipines and Elsewhere, Manila (Women in Development Advisory Project).

Engelmann, Peter, 1990: Einführung. Postmoderne und Dekonstruktion. Zwei Stichwörter zur zeitgenössischen Philosophie, in: ebd.: Postmoderne und Dekonstruktion. Texte französischer Gegenwart, Stuttgart (Reclam), S. 5-32.

Escobar, Arturo, 1995: Encountering Development – The Making and Unmaking of the Third World; Princeton/New Jersey (Princeton University Press).

Europäische Kommission 2000: Der neue Programmplanungszeitraum 2000-2006: Technische Themenpapiere, Technisches Papier 3: Einbeziehung der Chancengleichheit von Frauen und Männern in die Strukturfondsmaßnahmen, Brüssel.

European Commission, Directorate General for Development, 1993: Women and Development. A Guide to Gender Issues in Managing European Community Co-operation with Latin American, Asian and Mediterranean Countries; Brussels.

European Commission, Directorate General for Development, 1994: Report. Assessment of WID/Gender policies of the Community and its Member States and of their implementation by the different administrations, Brussels.
European Commission, Directorate General for Development, 1995: Lomé IV. Programming of the second financial protocol. Compilation of thematic, intersectoral and sectoral notes; Brussels.
Evans, Judith, 1995: Feminist Theory Today. An Introduction to Second-Wave Feminism; London u.a. (Sage).
Fairclough, Norman, 1992: Discourse and Social Change; Cambridge (Polity Press).
Feldstein, Hilary S./Jiggins, Janice (eds.), 1994: Tools for the Field – Methologies for Gender Analysis in Agriculture; Connecticut, Kumarian Press.
Feministische Studien, 1993: Kritik der Kategorie 'Geschlecht', Heft 2/1993, Jg. 11; Weinheim (Deutsche Studien Verlag).
Feministische Studien, 2000: Männlichkeiten, Heft 2/2000, Jg. 18; Weinheim (Deutscher Studien Verlag).
Feministisches Institut der Heinrich Böll Stiftung (Hg.), 2000: Gender-Ansätze in der Nord-Süd-Arbeit. Dokumentation der Veranstaltungsreihe, Berlin.
Ferree, Myra Marx/Lorber, Judith/Hess Beth B. (eds.), 1999: Revisioning Gender; Thousand Oaks u.a. (SAGE).
Fischer, Ute Luise/Kampshoff, Marita/Keil, Susanne/Schmitt, Mathilde, (Hg.), 1996: Kategorie Geschlecht? Empirische Analysen und feministische Theorien; Opladen (Leske und Budrich).
Flax, Jane, 1990: Postmodernism and Gender Relations, in: Nicholson, Linda J. (ed.): Feminism/Postmodernism; New York, London (Routledge), S. 39-62.
Foster, Johanna, 1999: An Invitation to Dialogue: Clarifying the Position of Feminist Gender Theory in Relation to Sexual Difference Theory, in: Gender & Society, Jg. 13, Nr. 4, S. 431-456.
Foucault, Michel, 1978: Wahrheit und Macht (Interview mit M. Foucault von Alessandro Fontana und Pasquale Pasquino), in: Foucault, M.: Dispositive der Macht. Michel Foucault über Sexualität, Wissen und Wahrheit, Berlin (Merve), S. 21-54.
Foucault, Michel, 2000 [1972]: Die Ordnung des Diskurses; Frankfurt/M. (Fischer).
Frankenberg, Ruth, 1993: White women, race matters. The social constitution of whiteness. London/New York (Routledge).
Fraser, Nancy, 1989; Unruly Practices. Power, discourse and Gender in Contemporary Social Theory; Minnesota (University of Minnesota Press).
Fraser, Nancy/Nicholson, Linda J., 1990: Social Criticism without Philosophy: An Encounter between Feminism and Postmodernism, in: Nicholson, Linda J. (ed.): Feminism/Postmodernism; New York, London (Routledge), S. 19-38.
Frey, Regina, 1994: Die Problematik der Förderung von Frauen in der Entwicklungszusammenarbeit durch Selbsthilfegruppen am Beispiel von Frauengruppen in einer ariden Region Kenias, unveröffentlichte Diplomarbeit, Freie Universität Berlin, Fachbereich Politische Wissenschaften.
Frey, Regina, 1997: Partizipative Methoden und Ansätze in der Entwicklungszusammenarbeit – eine Kritik, in: Schulz, Manfred (Hg.), 1997: Theorie – Empirie – Strategie, Münster (LIT-Verlag), S. 187-195.
Frey, Regina, 2000a: Begriffs – Konstruktionen. Zum theoretischen Subtext des entwicklungspolitischen Gender-Diskurses, in: Malestreaming gender? Geschlechterverhältnisse in der Entwicklungspolitik, ASA und blätter des izw3, Sonderheft, März 2000, S. 6-9.
Frey, Regina, 2000b: Training Gender? Theoretische Voraussetzungen entwicklungspolitischer Gender Trainings, in: Peripherie, Nr. 77/78, S. 123-142.
Frey, Regina, 2000c: Mit oder gegen den Strom?, in: taz magazin, 23.09.2000, S. VII.
Frey, Regina/Dingler, Johannes, 2000: Was ist Gender?, in: taz magazin, 16.09.2000, S. VI. (Nachdruck in: blz, Zeitschrift der GEW Berlin, Dezember 2000, S. 6-8).

Frey, Regina/Zdunnek, Gabriele, 2002: Gender Mainstreaming in der Entwicklungspolitik: Ansätze, Instrumente und Erfahrungen, in: Nohr, Barbara/Veth, Silke (Hg): Gender Mainstreaming. Kritische Reflexion einer neuen Strategie, Rosa Luxemburg-Stiftung, Texte 7, Berlin, S. 71-79.

Friedan, Betty, 1963: The Feminine Mysthique, New York (Dell Publishing).

Friedel, Sabine, 1997: Engendering Development Cooperation – A selected bibliography on the institionalization of gender in development organization; Arbeitspapiere des Instituts für Internationale Politik und Regionalstudien Nr. 16, Fachbereich Politische Wissenschaft der Freien Universität Berlin.

Fröse, Marlies W., 1997: Unsichtbare Mauern. Nonformale Bildung und Frauen in der internationalen Bildungszusammenarbeit der Bundesrepublik Deutschland; Frankfurt/M., (IKO-Verlag für interkulturelle Kommunikation).

Fuchs, Brigitte/Habinger, Gabriele (Hg.), 1996: Rassismen und Feminismen. Differenzen, Machtverhältnisse und Solidarität zwischen Frauen. Wien (Promedia).

Fuss, Diane, 1989: Essentially Speaking: Feminism, Nature and Difference, New York (Routledge).

Geden, Oliver/Moes, Johannes, 2000: Idealtypen. Ein Beitrag zu einer reflexiven Männlichkeitsforschung, in: Potsdamer Studien zur Frauen- und Geschlechterforschung: Männlichkeiten. The Dark Continent (?). Nr.1/2, Jg. 4, Potsdam, S. 140-153.

Gerhard, Ute u.a. (Hg.), 1990: Differenz und Gleichheit. Menschenrechte haben (k)ein Geschlecht; Frankfurt/M. (Ulrike Helmer Verlag).

Gildemeister, Regine/Wetterer Angelika, 1992: Wie Geschlechter gemacht werden. Die Soziale Konstruktion der Zweigeschlechtlichkeit und ihre Reifizierung in der Frauenforschung, in: Knapp, Gudrun Axeli/Wetterer, Angelika (Hg.): TraditionenBrüche. Entwicklungen feministischer Theorie; Freiburg (Kore), S. 201-254.

Gilligan, Carol, 1982: In a Different Voice; Cambridge (Harvard University Press).

Glover, David/Kaplan, Cora, 2000: Genders; London/New York (Routledge).

Goetz, Anne Marie (Hg.), 1997: Getting Institutions Right For Women in Development; London (Zed Books).

Goetz, Anne Marie, 1988: Feminism and the Limits of the Claim to Know: Contradictions in the Feminist Approach to Women in Development, in: Millenium – Journal of International Relations, Vol. 17, No. 3; London, S. 477-496.

Goetz, Anne Marie, 1997a: Introduction: Getting Institutions Right For Women in Development, in: ebd. S. 1-28.

Göhler, Gerhard, 1994: Politische Institutionen und ihr Kontext. Begriffliche und konzeptionelle Überlegungen zur Theorie politischer Institutionen, in: Göhler, Gerhard (Hg.): Die Eigenart der Institutionen: zum Profil politischer Institutionentheorie, Baden-Baden (Nomos), S. 19-46.

Gokova, Jonah (1998): »Männer in entwicklungspolitischen Organisationen – nicht anders als anderswo. Eindrücke eines Gender-Trainers aus Simbabwe in Deutschland«, in: epd-Entwicklungspolitik, Nr. 19, S. 26-28.

Gould, Carol (Hg.), 1997: Gender – Key Concepts in Critical Theory, New Jersey (Humanity Press).

Gries, Pia/Holm, Ruth/Nohr, Barbara/Veth, Silke, 2002: Einleitung, in: Nohr, Barbara/Veth, Silke (Hg): Gender Mainstreaming. Kritische Reflexion einer neuen Strategie, Rosa Luxemburg-Stiftung, Texte 7, Berlin, S. 9-14.

GTZ (Deutsche Gesellschaft für Technische Zusammenarbeit) (Hg.), 1993a: Technische Zusammenarbeit und Frauenförderung – ein Positions- und Strategiepapier; Eschborn.

GTZ (Hg.), (Schönhuth, Michael/Kievelitz, Uwe), 1994: Partizipative Erhebung- und Planungsmethoden in der Entwicklungszusammenarbeit: Rapid Rural Appraisal, Participatory Appraisal. Eine kommentierte Einführung; Eschborn.

GTZ (Hg.), (Mabille, Yvonne), 1995a: Markt der Möglichkeiten – Partizipative Lernansätze in der Entwicklungszusammenarbeit. Eine Dokumentation; Eschborn.

GTZ (Hg.), (Osterhaus, Juliane/Salzer, Walter), 1995b: Gender-Differenzierung im Projektzyklus – Hinweise zur Planung, Monitoring und Evaluierung, Eschborn.
GTZ (Hg.) (Affemann, Natascha/Osterhaus, Juliane), 1995c: Von FR (Frauen-Risiko) zu FP (Frauen positiv) oder: FR als Lern-Kategorie, Eschborn.
GTZ (Hg.), 1996a: Länderstrategien aus Gender-Perspektive. Auswertung von Erfahrungen und Hinweise zur Umsetzung, Eschborn.
GTZ (Hg.), 1996b: Makroökonomie aus geschlechtsdifferenzierter Sicht. Hinweise zur Gender-Orientierung, Eschborn.
GTZ (Hg.), 1996c: Der Gender-Ansatz in der Arbeit der GTZ, Eschborn.
GTZ (Hg.), (Forster, Reiner/Osterhaus, Juliane), 1996e: Zielgruppenanalyse – Wozu, Wann, Was und Wie?, Eschborn.
GTZ (Hg.), (Gutiérrez, Martha), 1998: Gender und Armutsminderung in der Projektpraxis, Eschborn.
GTZ (Hg.), (Osterhaus, Juliane), 1999: Gender und Projektmanagement. Ein Beitrag zum Qualitätsmanagement der GTZ); Eschborn (GTZ).
GTZ (Hg.), 2001a: Gender-Spektrum. Kommentierter Überblick zu den Gender-Materialien der GTZ, Eschborn (2. Auflage).
GTZ (Hg.), (Genderteam), 2001b: Gender in der GTZ, Eschborn.
GTZ (Hg.), ohne Datum: Der unternehmensweite Genderplan der GTZ für 1996-1997; Eschborn.
Guijt, Irene/Shah, Meera Kaul (eds.) 1998: The Myth of Community. Gender issues in participatory development, London (intermediate technology).
Hagemann-White, Carol, 1988: Wir werden nicht zweigeschlechtlich geboren ..., in: ebd./Rerrich, Maria S. (Hg.): FrauenMännerBilder. Männer und Männlichkeit in der feministischen Diskussion; Bielefeld (AJZ-Verlag), S. 224-235.
Hanak, Ilse, 1997: Gender-Defizite in entwicklungspolitischen Standardwerken. Untersuchung über die Ausgrenzung von Frauen, ihrer Erfahrungen und Bedürfnisse in der Entwicklungspolitik am Beispiel zweier wichtiger Sachbücher, Wien (VIDC Report Series; 2/1997).
Haraway, Donna, 1984: Lieber Kyborg als Göttin: Für eine sozialistisch-feministische Unterwanderung der Gentechnologie, in: Lange, Bernd-Peter/Stubny, Anna Marie (Hg.): Argument-Sonderband 105, S. 66-84.
Haraway, Donna, 1987a: Geschlecht, Gender, Genre – Sexualpolitik eines Wortes, in: Hauser, Kornelia (Hg.): Viele Orte. Überall? Feminismus und Bewegung. Festschrift für Frigga Haug. Berlin (Argument-Verlag), S. 22-41.
Haraway, Donna, 1987b: Geschlecht, Gender, Genre – Sexualpolitik eines Wortes. Das soziale Geschlecht in den Schriften von Marx und Engels, in: DAS ARGUMENT, Nr. 166, Jg. 29, S. 795-804. (gekürzte Fassung von Haraway 1987a).
Haraway, Donna, 1991: ‚Gender' for a Marxist Dictionary: The Sexual Politcs of a Word, in: Haraway, Donna: Simians, Cyborgs, and Women. The Reinvention of Nature, London/New York (Routledge), S. 127-148.
Haraway, Donna, 1995: Die Neuerfindung der Natur. Primaten, Cyborgs und Frauen; Frankfurt/M. New York (Campus).
Harding, Sandra (Hg.), 1987: Feminism & Methodology; Bloomington (Indiana University Press).
Harding, Sandra, 1991: Feministische Wissenschaftstheorie. Zum Verhältnis von Wissenschaft und sozialem Geschlecht. Hamburg (Argument).
Harding, Sandra, 1994: Das Geschlecht des Wissens. Frauen denken die Wissenschaft neu. Frankfurt/M. (Campus).
Harding, Sandra, 1998: Is Science Multicultural? Postcolonialism, Feminisms, and Epistemologies. Bloomington/Indianapolis (Indiana University Press).
Hark, Sabine, 1993: Queer Intervention, in: Feministische Studien Jg. 11, Nr. 2, S. 103-109.

Hark, Sabine, 1998: Parodistischer Ernst und politisches Spiel. Zur Politik in der GeschlechterParodie, in: Hornscheidt, Antje; Jähnert, Gabriele; Schlichter, Annette (Hg.), a. a. O., S. 115-139.
Hartsock, Nancy C. M., 1983: Money, Sex, and Power. Toward a Feminist Historical Materialism, New York/London (Longman).
Haug, Frigga, 1996: Frauen-Politiken. Berlin/Hamburg (Argument-Verlag).
Haug, Frigga, 1999: Geschlechterverhältnisse, in: Haug, Fritz (Hg.): Historisch-Kritisches Wörterbuch des Marxismus, Band 4, Berlin/Hamburg (Argument-Verlag), S. 494-530.
Hawkesworth, Mary, 1997: Confounding Gender, in: Signs, Vol. 22, Nr. 3, University of Chicago Press, S. 649-685.
Hill Collins, Patricia, 1990: Black Feminist Though, New York, London (Routledge).
Hill Collins, Patricia, 1997: Wie Lila für Lavendel. Womanism und schwarzer Feminismus in den USA, in: blätter des iz3w, Nr. 219, Februar 1997, S. 32-35.
Hoecker, Beate, 1995: Politische Partizipation von Frauen – ein einführendes Studienbuch; (Leske und Budrich).
Holland-Cunz, Barbara, 1996: Naturverhältnisse in der Diskussion: Die Kontroverse um »sex and gender« in der feministischen Theorie, in: Österreichische Zeitschrift für Politikwissenschaft, Jg. 25, Nr. 2, S. 183-192.
Holzner, Brigitte M., 1996: Making Gender Policies work in Development Organisations. Report of the Expert-Meeting »Success and Limitations of Promoting a Gender Approach"; (ohne Ort).
Holzner, Brigitte/Karadenizli, Maria/Specht, Barbara/Winchurch,Caroline (Hg.), 2002: Gender mainstreaming for invisibility or women's empowerment?, WIDE Bulletin, Brüssel.
hooks, bell, 1989: Talking back. Thinking feminist, thinking black; London (Sheba Feminist Publishers).
Hope, Anne/Timmel, Sally, 1995: Training for Transformation. A Handbook for Community Workers. 3 Bde; Gweru, Zimbabwe (Mambo Press).
Hornscheidt, Antje; Jähnert, Gabriele; Schlichter Annette (Hg.), 1998: Kritische Differenzen – geteilte Perspektiven. Zum Verhältnis von Feminismus und Postmoderne, Opladen (Westdeutscher Verlag).
Hughes, Alex/Witz, Anne, 1997: Feminism and the Matter of Bodies: From de Beauvoir to Butler, in: Body and Society, Vol. 3, No. 1; London/Thousand Oaks/New Delhi (SAGE), S. 47-60.
Humm, Maggie (Hg.) 1995: The Dictionary of Feminist Theory; Hertfordshire.
Huschke, Jenny, 2002: Gender Mainstreaming. Eine neue frauenpolitische Initiative der EU oder nur ein weiteres Schlagwort? Ein aktueller Diskussionsbeitrag. Osnabrück (Der Andere Verlag).
Institute for Development Studies (IDS), 1992: Gender and Third World Development, Series; Brighton (Module 1 – 7).
International Bank for Reconstruction and Development (IBRD), 1996: The World Bank Participation Sourcebook, Washington.
International Labour Organisation (ILO), 1993: Gender Awareness and Planning Manual, ILO Co-operative Project, Jakarta/Indonesia.
Jackson, Cecile/Pearson, Ruth, 1998: Feminist Visions of Development. Gender Analysis and Policy, London/New York (Routledge).
Jäger, Siegfried, 1993: Kritische Diskursanalyse; Duisburg (DISS).
Jaggar, Alison (1983): Feminist Politics and Human Nature. Totowa/New York (Rowman and Allaheld).
Jahan, Rounaq, 1994: Assessment of Policies and Organizational Measures in Women in Development Adopted by DAC Member Countries (Theme 2 of the Assessment of WID policies and programs of DAC members); (ohne Ort).

Jahan, Rounaq, 1995: The Elusive Agenda – Mainstreaming Women in Development, London/New Jersey (Zed Books).
Jeffreys, Sheila, 1996: Return to Gender: Post-modernism and Lesbianandgay Theory, in Bell/Klein (Hg.) a. a. O., S. 359-374.
Joekes, Susan/Weston, Ann, 1995: Women and the New Trade Agenda, (Unifem).
Jolly, Susie, 2000: Queering Development: exploring the links between same-sex sexualities, gender, and development, Gender and Development, Oxfam Journal, Jg. 8, Nr. 1, März 2000, S. 78 – 88.
Jones, Kathleen B./Jonasdottir, A. G. (eds.), 1988: The political interest of Gender. Developing Theory and Research with a Feminist Face; London (SAGE).
Joseph, Gloria I. (Hg.), 1993: Schwarzer Feminismus. Theorie und Politik afroamerikanischer Frauen; Berlin (Orlanda Frauenverlag).
Jungwirth, Ingrid, 1997: Die Identitätskritik der queer theory. (Unveröffentlichte Diplomarbeit an der Fachhochschule München, Fachbereich Sozialwesen).
Kabeer, Naila, 1992a: Evaluating Cost-Benefit Analysis as a Tool for Gender Planning, in: Development and Change; 1992, Vol. 23, No. 2, S. 115-139.
Kabeer, Naila, 1992b: Triple Roles, Gender Roles, Social Relations: the Political Sub-Text of Gender Training. IDS Discussion Paper No. 313, Sussex (IDS).
Kabeer, Naila, 1994: Reversed Realities. Gender Hierarchies in Development Thought; London, New York (Zed Books).
Kabeer, Naila, 1997: Women, Wages and Intra-household Power Relations in Urban Bangladesh, in: Development and Change, Jg. 28, No. 2, S. 261-302.
Kabeer, Naila/Subrahmanian, Ramya, 1996: Institutions, Relations and Outcomes: Framework and Tools for Gender-Aware Planning, IDS Discussion Paper Nr. 357, Brighton.
Kampmann, Martina, 1995: »Die afrikanische Bäuerin und ihr Mann« oder die Karriere der Frauen in der EZ, in: E+Z, Jg. 36, Nr. 9, S.220-223.
Kannabiran, Vasanth, 1996: Sharing the Fish Head. The Philosophy and Practice of Gender Training in South Asia. New Delhi (FAO-NGO South Asian Programme).
Kardam, Nüket, 1995: Conditions of Accountability for Gender Policy: The Organisational, Political and Cognitive Contexts, in: IDS Bulletin, Vol. 26, No.3, S. 11-22.
Karl, Marilee, 1995: Women and Empowerment. Participation and Decision Making; London, New Jersey (Zed Books).
Keller, Reiner/Hirseland, Andreas/Schneider, Werner/Viehöver, Willy (Hg.).: Handbuch Sozialwissenschaftliche Diskursanalyse, Band 1: Theorien und Methoden, Opladen (Leske und Budrich).
Kemp, Sandra/Squires, Judith (Hg.), 1997: Feminisms; Oxford/New York (Oxford University Press.
Kerner, Ina, 1999: Feminismus, Entwicklungszusammenarbeit und Postkoloniale Kritik. Eine Analyse von Grundkonzepten des Gender-and-Development Ansatzes; Hamburg (LIT-Verlag).
Kerstan, Birgit, 1993: Introduction to the Gender Analysis Method: Aims, Categories and Tools (unveröffentlichtes Manuskript).
Kerstan, Birgit, 1995: Gender-sensitive Participatory Approaches in Technical Cooperation; Eschborn (GTZ-Publikation).
Kessler, Suzanne J./McKenna, Wendy, 1978: Gender. An Ethnomethodological Approach; Chicago (University of Chicago Press).
Kindervatter, Suzanne (ed.), 1987: Doing a Feasibility Study: Training Activities for Starting or Reviewing a Small Business; New York.
Klingebiel, Ruth/Randeria, Shalini (Hg.), 1998: Globalisierung aus Frauensicht. Bilanzen und Visionen. Texte der Stiftung Entwicklung und Frieden, Bd. 6, Bonn (Dietz).
Klinger, Cornelia, 1995: Über neue Tendenzen in der Theorie der Geschlechterdifferenz, in: Deutsche Zeitschrift für Philosophie, Jg. 43, Bd. 5, S. 801-814.

Klinger, Cornelia, 1998: Liberalismus – Marxismus – Postmoderne. Der Feminismus und seine glücklichen oder unglücklichen »Ehen« mit verschiedenen Theorieströmungen im 20. Jahrhundert, in: Kreisky, Eva/Sauer, Birgit (Hg.): Geschlechterverhältnisse im Kontext politischer Transformation. (Politische Vierteljahresschrift, Sonderheft 28), Opladen (Westdeutscher Verlag).

Knapp, Gudrun-Axeli (Hg.), 1998: Kurskorrekturen. Feminismus zwischen Kritischer Theorie und Postmoderne, Frankfurt/M. (Campus).

Knapp, Gudrun-Axeli, 2000: Konstruktion und Dekonstruktion von Geschlecht, in: Becker-Schmidt, Regina/Knapp, Gudrun-Axeli: Feministische Theorien zur Einführung; Hamburg (Junius), S. 63-102.

Knapp, Gudrun-Axeli/Wetterer, Angelika (Hg.), 1995: TraditionenBrüche. Entwicklungen feministischer Theorie. Freiburg (Kore Verlag).

Kößler, Reinhart, 1998: Entwicklung; Münster (Westfälisches Dampfboot).

Krabel, Jens/Stuve, Olaf, 2000: Der Begriff der männlichen Identität in der Männerforschung. Ansätze einer nicht-identitären Jungenarbeit, in: Die Philosophin: Männerforschung/Männlichkeitsforschung, Nr. 22, Jg. 11, Tübingen, S. 52-68.

Kramarae, Cheris/Treichler, Paula A. (Hg.), 1985: A Feminist Dictionary; Boston, London, Henley (Pandora Press).

Kreisky, Eva/Sauer, Birgit (Hg.): Geschlechterverhältnisse im Kontext politischer Transformation. (Politische Vierteljahresschrift, Sonderheft 28); Opladen (Westdeutscher Verlag).

Künkel, Petra, 1995a: Die Mühen der Differenz. Frauenforschung südlich der Sahara, Saarbrücken (Breitenbach).

Künkel, Petra, 1995b: Geschlechterbeziehungen und Krise – afrikanische Frauenforschung auf der Suche nach realitätsangemessenen Analysen, in: Peripherie, Jg. 15, Nr. 57/58, S. 58-85.

Landweer, Hilge, 1993: Kritik und Verteidigung der Kategorie Geschlecht. Wahrnehmungs- und symboltheoretische Überlegungen zur sex/gender-Unterscheidung, in: Feministische Studien; H. 2; Jg. 11; S. 34-43.

Landwehr, Achim, 2001: Geschichte des Sagbaren. Einführung in die Historische Diskursanalyse; Tübingen (edition diskord).

Lemke, Christiane/Töns, Katrin, 1998: Feministische Demokratietheorie und der Streit um Differenz, in: Knapp, Gudrun-Axeli (Hg.): Kurskorrekturen. Feminismus zwischen Kritischer Theorie und Postmoderne; Frankfurt/New York (Campus), S. 216-241.

Leonardo, Micaela di (ed.), 1991: Gender and the Cross Roads of Knowledge: Feminist Anthropology in the Postmodern Era; Berkely, Los Angeles, Oxford (University of California Press).

Levy, Caren, 1996: The Process of Institutionalising Gender in Policy and Planning: The 'WEB' of Institutionalisation. University College London, Development Planning Unit, Working Paper Nr. 74, London.

Lindemann, Gesa, 1996: The Body of Gender Difference, in: The European Journal of Women's Studies, Vol. 3; Londons u.a. (SAGE), S. 341-361.

Lingen, Annet/Brouwers, Rita/Nugteren, Marianne/Plantenga, Dorine/Zuidberg, Lida, 1997: Gender Assessment Studies. A Manual for Gender Consultants, The Hague (NEDA).

Linnenbrink, Günter/Steen, Wilfried/Wilke-Launer, Renate (Hg.), 1998: Frauenförderung zwischen Anspruch und Wirklichkeit. Bilanz und Perspektiven einer frauengerechten Entwicklungszusammenarbeit in der AG KED; Hamburg (Verlag Dienste in Übersee).

Longwe, Sara Hlupekile, 1992: A Framework for Understanding Women's Empowerment; Lusaka (Longwe Clarke and Associates Development Consultants), Unveröffentlichtes Manuskript.

Longwe, Sara Hlupekile, 1997: The evaporation of gender policies in the patriarchal cooking pot, in: Development in Practice, Jg. 7, Nr. 2, S. 148-156.

Lorber, Judith, 1991: The social construction of gender. Newbury Park, California (Sage).

Lorber, Judith, 1998a: Kontinuitäten, Diskontinuitäten und Konvergenzen in neueren feministischen Theorien und in feministischer Politik, in: Feministische Studien, 16. Jahrgang, Mai 1998, Nr. 1, S. 39-53.

Lorber, Judith, 1998b: Gender Inequality. Feminist Theories and Politics; Los Angeles (Roxbury).

Lorber, Judith, 1999: Gender-Paradoxien; Opladen (Leske und Budrich). (Orig.: Paradoxes of Gender 1994, Yale University).

Lowe Morna, Colleen, 2000: Gender Budgeting: Myths and Realities. Paper presented at the Workshop on 25 years international women's politics, NRO-Frauenforum, Bonn.

Lühr, Volker, 1987: Armutsbekämpfung durch Hilfe zur Selbsthilfe?, in: Schwefel, Detlef (Hg.): Soziale Wirkungen von Projekten in der Dritten Welt, Baden-Baden, S. 111-144.

MacDonald, Mandy (ed.), 1994: Gender Planning in the Development Agencies. Meeting the Challenge; Oxford (Oxfam).

Maihofer, Andrea, 1995: Geschlecht als Existenzweise. Macht, Moral, Recht und Geschlechterdifferenz; Frankfurt/M. (Ulrike Helmer Verlag).

Maihofer, Andrea, 1998: Gleichheit und/oder Differenz? Zum Verlauf einer Debatte, in: Kreisky, Eva/Sauer, Birgit (Hg.): Geschlechterverhältnisse im Kontext politischer Transformation. (Politische Vierteljahresschrift, Sonderheft 28), Opladen (Westdeutscher Verlag), S. 155-176.

Maihofer, Andrea, 1999: Geschlecht, in: Haug, Fritz (Hg.): Historisch-Kritisches Wörterbuch des Marxismus, Band 4, Hamburg (Argument-Verlag), S. 479-487.

March, Candida/Smyth, Ines/Mukhopadhyay, Maitrayee, 1999: A Guide to Gender-Analysis Frameworks, (Oxfam), Oxford.

Marchand, Marianne H./Parpart, Jane (ed.), 1995: Feminism, Postmodernism, Development; New York, London (Routledge).

Marshall, Barbara L., 1994: Engendering Modernity. Feminism, Social Theory and Social Change; Cambridge, Oxford (Polity Press).

Masinjila, Masheti, 1994: Training As a Tool For Empowerment, in: Kabira, Wamjiku Mukabi/Muthoni, Wanjira (Hg.): The Road to Empowerment, Nairobi (FEMNET), S. 88-103.

Matlanyane Sexwale, Bunie M., 1996: What happened to Feminist Politics in »Gender Training«?, in: Maynard, Mary/Purvis, June (Hg.): New Frontiers in Women's Studies: Knowledge, Identity and Nationalism; London, Bristol (Taylor & Francis), S. 51-62.

Mayoux, Linda, 1995: Beyond Naivety: Women, Gender Inequality and Participaory Development, in: Development and Change, Vol. 26, No. 2, S. 235-258.

Mayring, Phillip, 1983: Qualitative Inhaltsanalyse – Grundlagen und Techniken, Weinheim und Basel (Beltz).

Mbilinyi, Marjorie, 1992: Research Methodologies in Gender Issues; in: Meena, Ruth (Hg.), 1992: Gender in Southern Africa. Conceptual and Theoretical Issues. Harare (Sapes Trust), S. 31-70.

McFadden, Patricia, 1996a: Democracy: A Gendered Relation of Power. Problems of Creating a Feminist African Culture, in LOLA Press, No. 6; Berlin/Montevideo, S. 14-18.

Meena, Ruth (Hg.), 1992: Gender in Southern Africa. Conceptual and Theoretical Issues. Harare (Sapes Trust).

Meentzen, Angela, 1995: Inhaltliche und strukturelle Verankerung der Gender/Frauenförderung unter Berücksichtigung von Erfahrungen in anderen nicht-staatlichen und staatlichen Institutionen der Entwicklungszusammenarbeit, Gutachten für den Stiftungsverband Regenbogen e.V.; Berlin.

Meyers, Diana T., 1997: Feminist Social thought. A Reader. New York (Routledge).

Mies, Maria, 1978: Methodische Postulate der Frauenforschung – dargestellt am Beispiel der Gewalt gegen Frauen; in: beiträge zur feministischen theorie und praxis, Heft 1, Jg. 1, S. 41-63.
Mies, Maria, 1984: Frauenforschung oder feministische Forschung? Die Debatte um feministische Wissenschaft und Methodologie, in: beiträge zur feministischen theorie und praxis, Heft 11, Jg. 7, S. 40-60.
Mies, Maria, 1986: Indian Women in subsistence and agricultural labour. Geneva.
Mies, Maria/Shiva, Vandana, 1993: Ecofeminism; London (Zed Books).
Mikell, Gwendolyn (Hg.) 1997: African Feminism. The politics of survival in Sub-Saharan Africa. Philadelphia (University of Pennsylvania Press).
Mikell, Gwendolyn, 1995: African Feminism: Toward a New Politics of Representation, in: Feminist Studies, Jg. 21 Nr. 2, S.405-424.
Mills, Sara, 1997: Discourse; London/New York (Routledge).
Minas, Anne, (Hg.) 1993: Gender Basics. Feminist Perspectives on Women and Men. Belmont, CA. (Wadsworth Publishing).
Modelmog, Ilse/Gräßel, Ulrike (Hg.), 1995: Konkurrenz & Kooperation. Frauen im Zwiespalt? Münster (LIT Verlag).
Moghadam, Valentine M., 1990: Gender, Development and Policy: Toward Equity and Empowerment; Helsinki.
Moghadam, Valentine M., 1993: Gender and the Development Process in a Changing Global Environment. Results of the UN/WIDER Research Programme on women and Development; Helsinki.
Mohanty, Chandra Talpade, 1988: Aus westlicher Sicht: feministische Theorie und koloniale Diskurse, in: beiträge zur feministischen theorie und praxis, Nr. 23, S. 149-162.
Mohanty, Chandra Talpade/Russo, Ann/Torres, Lourdes (ed.), 1991: Third World Women and the Politics of Feminism; Bloomington and Indianapolis (Indiana University Press).
Moi, Toril, 1994: Simone de Beauvoir. The making of an intellectual woman; Oxford (Blackwell).
Molyneux, Maxine, 1985: Mobilization without Emancipation? Women's Interests, the State, and Revolution in Nicaragua, in: Feminist Studies, Jg.11, Nr. 2, S. 227-254.
Molyneux, Maxine/Steinberg, Deborah Lynn, 1997: »Ökofeminismus«. Kritik an Maria Mies und Vandana Shiva, in: Das Argument, Nr. 218, S. 43.58.
Momsen, Janet H., 1993: Different Places, Different Voices: Gender and Development in Africa, Asia and Latin America; New York, London (Routledge).
Moore, Henrietta, 1994: A Passion for Difference. Essays in Anthropology and Gender; (Polity Press).
Moore, Henrietta, 1994: The Divisions within: Sex, Gender and Sexual Difference, in: dies.: A Passion for Difference. Essays in Anthropology and Gender; (Polity Press), S. 8-27.
Morgan, Robin, 1996: Sisterhood is global. The international women's movement anthology; New York (Feminist Press).
Moser, Caroline O. N., 1989: Gender Planning in the Third World: Meeting Practical and Strategic Gender Needs, in: World-Development; 1989, Vol. 17, No. 11, S. 1799-1825.
Moser, Caroline O. N., 1991: Gender Planning in the Third World: Meeting Practical and Strategic Needs, in: Grant, Rebecca / Newland, Kathleen (Hg.): Gender and International Relations; Buckingham (Open University Press), S. 83-121.
Moser, Caroline O. N., 1993: Gender Planning and Development – Theory, Practice and Training; London (Routledge).
Mukhopadhyay, Maitrayee/Appel, Margérite, 1998: Introduction: Gender training and social transformation: An agenda for change, in: Cummings, Sarah/van Dam, Henk/

Volk, Mike (Hg.), 1998: Gender Training: The Source Book. (Royal Tropical Institute und Oxfam), Amsterdam/Oxford.
Mutter, Theo, 1995: Kritische Rückfragen an den Methodenboom in der Entwicklungspolitik, in: Peripherie Nr. 57/58, 15. Jg., S. 165-175.
Nagl-Docekal, Herta, 2000: Feministische Philosophie. Ergebnisse, Probleme, Perspektiven, Frankfurt/M. (Fischer).
Nagl-Docekal, Herta/Pauer-Studer, Herlinde (Hg.), 1996: Politische Theorie. Differenz und Lebensqualität, Frankfurt/M.
Narayan, Uma, 1989: The Project of Feminist Epistemology: Perspectives from a Nonwestern Feminist, in: Gould Carol C. (Hg.): a. a. O., S. 172-179.
Narayan, Uma, 1997: Dislocating Cultures. Identities, Traditions, and Third World Feminism, New York/London (Routledge).
Naylon, Isabel/Weber, Friederike, ohne Jahr: 'Gender Mainstreaming' als Ansatz einer Politik der Gleichstellung am Arbeitsmarkt. Wien (ÖSB Unternehmensberatung).
Ndeto Mwau, Andelina, 1991: Integrating Women in Development is a Myth, in: Wallace, Tina/March, Candida (Hg.): Changing Perceptions. Writings on Gender and Development; Oxfam, Oxford, S. 284-288.
Nelson, Nici/Wright, Susan, 1995: Power and Participatory Development – Theory and Practice; London (Intermediate Technology Publications).
Nicholson, Linda (Hg.), 1990: Feminism/Postmodernism; New York, London (Routledge).
Nicholson, Linda (Hg.), 1997: The Second Wave – A Reader in Feminist Theory, New York, London (Routledge).
Nicholson, Linda, 1994: Was heißt »gender«?; in: Institut für Sozialforschung: Geschlechterverhältnisse; Frankfurt/M. (Suhrkamp), S. 188-220.
Nicholson, Linda, 1995: Interpreting Gender, in: Nicholson, Linda/Seidman, Steven (Hg.): Social Postmodernism. Beyond identity politics; Cambridge (Cambridge University Press), S. 39-67.
Nicholson, Linda/Seidman, Steven (Hg.), 1995: Social Postmodernism. Beyond identity politics; Cambridge (Cambridge University Press).
Nullmeier, Frank, 1993: Wissen und Policy-Forschung. Wissenspolitologie und rhetorisch-dialektisches Handlungsmodell, in: Adrienne Héritier (Hg.): Policy-Analyse. Kritik und Neuorientierung. PVS-Sonderheft Nr. 24, Jg. 34; Opladen (Westdeutscher Verlag), S. 175-196.
Nullmeier, Frank, 1997: Interpretative Ansätze in der Politikwissenschaft, in: Benz, Arthur/Seibel, Wolfgang (Hg.): Theorieentwicklung in der Politikwissenschaft – eine Zwischenbilanz; Baden-Baden (Nomos), S. 101-144.
Nullmeier, Frank, 2001: Politikwissenschaft auf dem Weg zur Diskursanalyse?, in: Keller, Reiner/Hirseland, Andreas/Schneider, Werner/Viehöver, Willy (Hg.).: Handbuch Sozialwissenschaftliche Diskursanalyse, Band 1: Theorien und Methoden, Opladen (Leske und Budrich), S. 285-311.
Nullmeier, Frank/Rüb, Friedbert W., 1993: Die Transformation der Sozialpolitik. Vom Sozialstaat zum Sicherungsstaat, Frankfurt/New York (Campus).
Nuscheler, Franz, 1996: Lern- und Arbeitsbuch Entwicklungspolitik; Bonn (Dietz).
Nussbaum, Martha, 1999: Judith Butlers modischer Defätismus, in: Leviathan Jg. 27, Heft 4, S. 447-468.
Nussbaum, Martha/Glover, Jonathan, 1996: Women, Culture and Development, Oxford (Oxford University Press).
Nzomo, Maria, 1995: Women and Democratization Struggles in Africa: What Relevance to Postmodernist Discourse?, in: Marchand, Marianne H./Parpart, Jane (Hg.), a.a.O., S. 131-141.
Oakley, Ann, 1972: Sex, Gender and Society (reprint: 1975, 1993), London (Temple Smith).

Ogundipe-Leslie, Molara, 1997: Afrikanischer Feminismus, in: Das Argument Nr. 218, S. 27-42.
Ortner, Sherry B./Whitehead, Harriet, 1981: Sexual meanings – the cultural Construction of Gender and Sexuality, Cambridge u.a. (Cambridge University Press).
Ostendorf, Helga, 1999: Die Konstruktion des Weiblichen durch politisch-administrative Institutionen, in: Bauhardt, Christine/Wahl, Angelika von (Hg.): Gender and Politics. »Geschlecht« in der feministischen Politikwissenschaft; Opladen (Leske und Budrich), S. 149-170.
Ostergaard, Lise (Hg.), 1992: Gender and Development: A Practical Guide; New York, London (Routledge).
Oswald, Karin/Ghirmazion, Aseghedech/Abraham, Mebrat, 1995: Gender-Specific Target Group Analysis; Liederbach.
Overdiek, Anja, 1999: Geschlecht an der Grenze zwischen Erfahrung und Wissenschaft. Die US-Frauenbewegung als epistemologische Gemeinschaft und ihre Unübersetzbarkeit in die deutsche Politikwissenschaft. Dissertation am Fachbereich Politikwissenschaft der Freien Universität Berlin.
Overholt, Catherine/Anderson, Mary B./Cloud, Kathleen/Austin, James E. (Hg.), 1985: Gender Roles in Development Projects. A Case Book; West Hartford, Conneticut (Kumarian Press).
Overseas Development Administration, 1995: A Guide to Social Analysis for Projects in Developing Countries; London: HMSO.
Oxaal, Zoë/Baden, Sally, 1997: Gender and empowerment: definitions, approaches and implications for policy, BRIDGE Report No. 40, Institute for Development Studies, Brighton.
Palmer, Ingrid, 1995: Public Finance from a Gender Perspective, in: World Development, Jg. 23, Nr. 11, S. 1981-1986.
Parker, Ian, 1992: Discourse Dynamics. Critical Analysis for social and critical psychology. London/New York (Routledge).
Parker, Rani A., 1993: Another Pont of View. A Manual on Gender Analysis Training for Grassroots Workers (UNIFEM).
Parker, Rani A./Lozano, Itziar/Messner, Lyn A., 1995: Gender Relations Analysis. A Guide for Trainers, (o.O.), (Save the Children).
Parpart, Jane (Hg.), 1989: Women and the state in Africa: Comparative Perspectives, (University Press of America). Boulder, Colorado (Rienner).
Parpart, Jane L., 1995: Post-Modernism, Gender and Development, in: Crush, Jonathan (ed.), 1995: Power of Development; New York, London (Routledge).
Parpart, Jane L./Connelly, Patricia M./Barriteau, Eudine V. (Hg.) 2000: Theoretical Perspectives on Gender and Development; Ottawa u.a., (International Development Research Centre).
Parpart, Jane, 1993: Who is the »Other"? A Postmodern Feminist Critique of Women and Development Theory and Practice, in: Development and Change, Jg. 24, Nr. 3, S. 439-464.
Pease, Allan und Barbara, 2002: Warum Männer nicht zuhören und Frauen schlecht einparken. Ganz natürliche Erklärungen für eigentlich unerklärliche Schwächen. München (Ullstein).
Pietilä, Hilkka/Vickers, Jeanne, 1996: Making Women Matter. The Role of the United Nations; London, New Jersey (Zed Books).
Pinl, Claudia, 1992: Beschreiblich weiblich. »Zeit der Differenz« in der Frauenpolitik, in Blätter für Deutsche und Internationale Politik, Bd. 37, Heft 6, S. 720-729.
Pinl, Claudia, 1995: Vom kleinen zum großen Unterschied. »Geschlechterdifferenz« und konservative Wende im Feminismus; Frankfurt/M. (Fischer).
Plumwood, Val, 1990: Women, Humanity and Nature, in: Sayers, Sean; Osborne, Peter (Hg.): Socialism, Feminism and Philosophy. A Radical Philosophy Reader. London: Routledge. S. 211-234.

Plumwood, Val, 1992: Feminism and Ecofeminism: Beyond the Dualistic Assumptions of Women, Men and Nature, in: The Ecologist, Nr. 22, Nr. 1, S. 8-13.
Plumwood, Val, 1993: Feminism and the Mastery of Nature. London: Routledge.
Porter, Fenella/Smyth, Ines/Sweetman, Caroline (Hg.), 1999: gender works. Oxfam Experience in Policy and Practice; Oxford (Oxfam).
Potsdamer Studien zur Frauen- und Geschlechterforschung e.V., 2000: Männlichkeiten. The Dark Continent (?). Heft 1 und 2 /2000, Jg. 4, Potsdam (Universität Potsdam).
Querbrief, 1996: Gender – Von Frauen und Männern, Nr. 2/96, Publikation des Weltfriedensdienst e.V., Berlin.
Rahnema, Majid/Bawtree, Victoria (ed.), 1997: The Post-Development Reader; London (Zed Books).
Randeria, Shalini, 1996: »Die Frau – naturnah und erdverbunden?« (Interview), in: WFD-Querbrief Nr. 2/96, S. 14-15.
Rao, Aruna, 1991: Incorporating Gender Issues in Development Training, in: Rao, Aruna (ed.): Women's Studies International. Nairobi and Beyond; New York (The Feminist Press at The City University of New York), S. 122-131.
Rao, Aruna/Anderson, Mary B./Overholt, Catherine A. (Hg.), 1991: Gender Analysis in Development Planning. A Case Book; West Hartford (Kumarian Press).
Rathgeber, Eva M., 1990: WID, WAD, GAD: Trends in Research and Practice, in: The Journal of Developing Areas, Vol. 24, S. 489-502.
Rathgeber, Eva M., 1995: Gender and Development in Action, in: Marchand, Marianne H./Parpart, Jane (Hg.), 1995: Feminism, Postmodernism, Development; New York, London (Routledge), S. 204-220.
Razavi, Shahra, 1997: Fitting Gender into Development Institutions, in: World Development, Jg. 25, Nr. 7, S. 111-1125.
Razavi, Shahra/Miller, Carol, 1995a: From WID to GAD – Conceptual Shifts in the Women and Development Discourse, Occasional Paper 1; Geneva (UNRISD).
Razavi, Shahra/Miller, Carol, 1995b: Gender Mainstreaming – A Study of Efforts by the UNDP, the World Bank, and the ILO to Institutionalize Gender Issues, Occasional Paper 4, UNRISD/UNDP; Geneva.
Razavi, Shahra/Miller, Carol, 1998: Gender Analysis: Alternative Paradigms; (UNDP).
Reeves, Hazel/Wach, Heike, 1999: Women's and gender budgets: an annotated resource list. BRIDGE Bibliography No. 9; Brighton, Institute of Development Studies (IDS).
Reh, Mechthild/Ludwar-Ene, Gudrun (Hg.), 1995: Gender and Identitiy in Africa, Münster (LIT-Verlag).
Reichenbach, Gabriele/Küsel, Corinna, 1995: Länderstrategien aus Gender-Perspektive; Eschborn (GTZ-Publikation).
Reimann, Cordula, 2000a: Engendering the Field of Conflict Management: Why Gender Does Not Matter! Thoughts from a Theoretical Perspective. Arbeitspapier der Universität Bradford, Department of Peace Studies. Bradford.
Reimann, Cordula, 2000b: Towards Gender Mainstreaming in Crisis Prevention and Conflict Management – Guiding Points for the German Development Cooperation Agency »Deutsche Gesellschaft für Technische Zusammenarbeit« GTZ. Arbeitspapier der Universität Bradford, Department of Peace Studies. Bradford.
Richter, Marlene, 1995: Wer melkt die Kuh? Gender-Ansatz in Fragen der Viehwirtschaft; Eschborn (GTZ-Publikation).
Riedmüller, Barbara, 2002: Einleitung: Warum Geschlechterpolitik?, in: Bothfeld, Silke/Gronbach, Sigrid/Riedmüller, Barbara, 2002: Gender Mainstreaming – Eine Innovation in der Gleichstellungspolitik. Zwischenberichte aus der politischen Praxis; Frankfurt/M., (Campus: Reihe Politik der Geschlechterverhältnisse, Band 18), S. 7-16.
Rippl, Gabriele (Hg.), 1993: Unbeschreiblich Weiblich. Texte zur feministischen Anthropologie. Frankfurt/M. (Fischer).
Rodenberg, Birte/Wichterich, Christa, 1999: Macht gewinnen. Eine Studie über Frauenprojekte der Heinrich-Böll-Stiftung im Ausland, Berlin (Heinrich-Böll-Stiftung).

Rogers, Barbara, 1985: The Domestication of Women. Discrimination in Developing societies; London/New York (Tavistock).
Rosaldo, Michelle Z./Lamphere, Louise, 1974: Women, Culture and Society; Stanford (Stanford University Press).
Rott, Renate (Hg.), 1992: Entwicklungsprozesse und Geschlechterverhältnisse. Über die Arbeits- und Lebensräume von Frauen in Ländern der Dritten Welt; Saarbrücken/Fort Lauderdale (Breitenbach).
Rowlands, Jo, 1998: A Word of the Times but What Does it Mean? Empowerment in the Discourse and Practice of Development, in: Afshar, Haleh (ed.): Women and Empowerment, New York, S. 11-35.
Rubin, Gayle, 1975: The Traffic in Women. Notes on the »Political Economy« of Sex, in Nicholson, Linda, 1997: The Second Wave. A Reader in Feminist Theory, London/New York (Routledge), S. 27-62.
Ruppert, Uta (Hg.) 1998: Lokal bewegen – global verhandeln. Internationale Politik und Geschlecht. Frankfurt/New York (Campus).
Savage, Mike/Witz, Anne, 1992: Gender and Bureaucracy; Oxford, Cambridge (Blackwell/The Sociological Review).
Schöninger, Iris, 1998: Strateginnen der Stärke. Eine Studie über afrikanische Entwicklungshelferinnen in Niger, Frankfurt/M. (Brandes & Apsel).
Schratzenstaller, Margit 2002, Gender Budgets – ein Überblick aus deutscher Perspektive, in: Bothfeld, Silke/Gronbach, Sigrid/Riedmüller, Barbara, 2002: Gender Mainstreaming – Eine Innovation in der Gleichstellungspolitik. Zwischenberichte aus der politischen Praxis; Frankfurt/M., (Campus: Reihe Politik der Geschlechterverhältnisse, Band 18), S. 133-155.
Schunter-Kleemann, Susanne 2002: Gender Mainstreaming, Workfare und »Dritte Wege« des Neoliberalismus, in: Nohr, Barbara/Veth, Silke (Hg.): Gender Mainstreaming. Kritische Reflexion einer neuen Strategie, Rosa Luxemburg-Stiftung, Texte 7, Berlin, S. 125-140.
Scott, Catherine V., 1996: Gender and Development. Rethinking Modernization and Dependency Theory; Boulder/London Lynne Rienner Publishers).
Scott, Joan W., 1989: Gender: A Useful Category of Historical Analysis, in: Weed, Elisabeth (ed.): Coming to Terms; Feminism, Theory, Politics; London/New York (Routledge), S. 81-100.
Sedgwick, Eve Kosofsky, 1990: Epistemology of the Closet, Berkeley, Los Angeles (University of California Press).
SLE (Seminar für Ländliche Entwicklung) (Hg.), 1995: L'autopromotion paysanne dans la gestion des ressources naturelles en Zone Mali-Sud, Berlin (Humboldt-Universität zu Berlin).
Sen, Gita/Grown, Caren, 1987: Development, Crises, and Alternative Visions; New York (Monthly Review Press).
Servaes, Jan/Jacobson, Thomas L./White Shirley A. (Hg.), 1996: Participatory Communication for Social Change; New Delhi, Thousand Oaks, London (Sage Publications).
Shiva, Vandana, 1989: The violence of the green revolution. Ecological degradation and political conflict in Punjab; Dehra Dun (Natraj Publ.).
Sivard, Ruth, 1995: Women: A World Survey, (World Priorities).
Snyder, Margaret C./Tadesse, Mary, 1995: African Women and Development. A History; Johannesburg, London, New Jersey (Witwatersrand University Press, Zed Books).
Snyder, Margaret, 1995: Transforming Development, London, (IT-Publications).
Solomon, Barbara Bryant, 1976: Black Empowerment: Social Work in oppressed Communities; New York (Columbia University Press).
Sparr, Pamela (Hg.), 1994: Mortgaging Women's Lives, London (Zed Books).
Spelman, Elisabeth V., 1988: Inessential Woman. Problems of Exclusion in Feminist Thought; London (The Women's Press).

Spiller, Ingrid/Bock, Stephan/Kübler, Annette u.a., 1997: L'intégration des approches participatives et gender dans un projet du développement rural régional – le cas de l'ODAI, Madagascar; Schriftenreihe des Seminars für Ländliche Entwicklung Nr. S 175, Berlin.
Spivak, Gayatri Chakravorty, 1988: In Other Words: Essays in cultural Politics, London/New York.
Spivak, Gayatri Chakravorty, 1990: The Post-colonial Critique. Interviews, Strategies, Dialogues. London/New/York.
Spivak, Gayatri Chakravorty, 1996: Die »Frau« als Theater: Bejing 1995, in: Aithal, Vathsala (Hg.): Vielfalt als Stärke: Bejing '95; epd-Entwicklungspolitik-Materialien II/1996: S. 56-59.
Spivak, Gayatri Chakravorty, 1996a: I'm not a Sister. Ein Interview mit Gayatri Chakravorty Spivak von Manuela Bojadzijev und Sabine Grimm, in: Texte zur Kunst, Nov. 1996, 6. Jg. Nr. 24, S. 73-80.
Squires, Judith, 1999: Gender in Political Theory; Cambridge (Polity Press).
Staudt, Kathleen, 1990: Women, International Development and Politics, Philadelphia.
Stiegler, Barbara, 1998: Frauen im Mainstreaming: politische Strategien und Theorien zur Geschlechterfrage, (Friedrich-Ebert-Stiftung), Bonn, 1998.
Stielau, Barbara, 2000: »Women in Development« und »Gender and Development« – theoretisch unterschieden – praktisch ähnlich?, in: Feministisches Institut der Heinrich Böll Stiftung (Hg.): Gender Ansätze in der Nord-Süd-Arbeit, Berlin, S. 96-111.
Stoller, Robert, 1968: Sex and Gender, (Science House).
Sweetman, Caroline (Hg.): Gender and Development; Oxford (Oxfam).
Sweetman, Caroline, 1997: Gender and Development, Jg. 5, Nr. 1: Gender in Development Organisations, Oxfam (Oxford).
Sylvester, Christine, 1995: African and Western Feminisms: Word-Traveling the Tendencies and Possibilities, in Signs, summer 1995, 20. Jg., Nr. 4, S. 941-969.
Taylor, Viviene, 1999: Gender Mainstreaming in Development Planning. A Reference Manual for Governments and Other Stakeholders; London (Commonwealth Secretariat).
Teubner, Ulrike/Wetterer, Angelika, 1999: Gender-Paradoxien: Soziale Konstruktion transparent gemacht. Einleitung zur deutschen Ausgabe von: Lorber, Judith. Gender-Paradoxien. Reihe: Geschlecht und Gesellschaft. Band 15, Opladen (Leske und Budrich).
The United Nations Blue Books Series, Vol. VI, 1995: The United Nations and the Advancement of Women 1945-1995; New York (United Nations, Department of Public Information).
Thomas-Slayter, Barbara/Lee Esser, Andrea/Shields, Dale M., 1993: Tools of Gender Analysis: A Guide to Field Methods for Bringing Gender into Sustainable Resource Management, (ohne Ort).
Thompson, John/Abbot, Jo/Hinchcliffe, Fiona, 1996: Participation, Policy and Institutionalisation – An Overview, in: PLA-Notes (Formerly RRA Notes) Nr. 27, IIED, London, S. 21-27.
Thürmer-Rohr, Christina, 1988: Vagabundinnen. Feministische Essays; Berlin (Orlanda-Frauenverlag; Neuauflage 1999).
Thürmer-Rohr, Christina, 1995: Denken der Differenz. Feminismus und Postmoderne, in: beiträge zur feministischen theorie und praxis, Nr. 39, S. 87-97.
Thürmer-Rohr, Christina, 1999: Pluralität als Herausforderung, in: die tageszeitung, 8. März 1999, Berlin, S. 12.
Tietjens Meyers, Diana, (ed.) 1997: Feminist Social Thought: A Reader; New York/ London (Routledge).
Tinker, Irene, 1990: Persistent Inequalities. Women and World Development; Oxford (Oxford University Press).

Tinker, Irene, 1990: The Making of a Field: Advocats, Practitioners and Scholars, in: ebd. (ed.) Persistent Inequalities. Women and World Development; Oxford (Oxford University Press), S. 27-53.

Tong, Rosemarie, 1998: Feminist Thought. A Comprehensive Introduction. London, Sydney, Wellington (Westview Press).

UNIFEM, 1993: Another Point of View: A Manual On Gender Analysis Training for Grassroots Workers. (Autorin: Parker, Rani A.) New York.

UNIFEM, 1995: A Question of Access. A Training Manual on Planning Credit Project That Take Women into Account; New York.UNIFEM, 2000, (ed.): Gender-Sensitive Budget Initiatives For Latin America and the Caribbean: A Tool for Improving Accountability and Achieving Effective Policy Implementation, report prepared by Dr. Simel Esim, Economist of the International Center for Research on Women (ICRW), New York, January 2000.

United Nations, 1989: Forward Looking Strategies for the Advancement of Women; Washington.

United Nations, 1995: Women: Looking Beyond 2000; New York (United Nations Publications).

Vereinigung für Internationale Zusammenarbeit (VIZ), 2002 (Loseblattform): Handbuch für Internationale Zusammenarbeit (HIZ), Baden-Baden (Nomos).

Villa, Paula-Irene, 2000: Sexy Bodies. Eine soziologische Reise durch den Geschlechtskörper; Opladen (Leske und Budrich).

Visvanathan, Nalini/Duggan, Lynn/Nisonoff, Laurie/Wiegersma, Nan (Hg.), 1997: The Women, Gender and Development Reader, London, u.a. (Zed Books).

Wallace, Tina/March, Candida (Hg.), 1991: Changing Perceptions. Writings on Gender and Development; Oxford (Oxfam).

Walter, Willi, 1996: Männer entdecken ihr Geschlecht, in: BauSteineMänner (Hg.): Kritische Männerforschung. Neue Ansätze in der Geschlechtertheorie; Berlin/ Hamburg (Argument-Sonderband Nr. 246), S. 13-26.

Warner, M. W./Al-Hassan, R. M./Kydd, J. G., 1997: Beyond gender roles? Conceptualizing the Social and Economic Lives of Rural people in Sub-Saharan Africa, in: Development and Change, Vol. 28, S. 143-168.

Warren, Sarah T. (ed.), 1992: Gender and Environment, (Aga Khan Foundation).

Watson, Elizabeth/Bolzan, Natalie, 1999: Amnesty International Australia. Gender Audit. Proposal for the Development of a Method for Conducting a Gender Audit of the Section (ohne Ort).

Waylen, Georgia, 1995: Gender in Third World Politics, Buckingham (Open University Press).

Weiss, Dieter, 1989: Volkswirtschaftliche Beratung und Politikdialog – Die institutionelle Dimension, in: Körner, Heiko (Hg.): Zur Analyse von Institutionen im Entwicklungsprozess und in der internationalen Zusammenarbeit, Schriften des Vereins für Socialpolitik, Gesellschaft für Wirtschafts- und Sozialwissenschaften, Bd. 186, Berlin, S. 53-76.

West, Candace/Zimmerman, Don H., 1991: Doing Gender, in: Lorber, Judith/Farrell Susan A. (Hg.), 1991: The Social Construction of Gender; Newbury Park, London, New Delhi (Sage), S. 13-37.

Wetherell Margaret/Potter, Jonathan, 1992: Mapping the Language of Racism. Discourse and the legitimation of exploitation. New York u.a. (Harvester Wheatsheaf).

Whitehead, Anne, 1979: Some Preliminary Notes on the Subordination of Women, in: IDS-Bulletin, Jg. 10, Nr. 3; Brighton, S. 10-13.

Wichterich, Christa, 1984: Frauen in der Dritten Welt, Zum Stand der Diskussion um die »Integration von Frauen in die Entwicklung«; Analyse und Dokumentation. Bonn (Deutsche Stiftung für Internationale Entwicklung).

Wichterich, Christa, 1987: Paradigmenwechsel: Von der »Integration in die Entwicklung« zur »Feminisierung der Entwicklung«, in: Peripherie, Nr.25/26, 1987, S. 122-142.
Wichterich, Christa, 1992: Morla, Markt, Macht. Frauengruppen in Kenia, in: Peripherie, Nr. 47/48, 12. Jg., S. 7-21.
Wichterich, Christa, 1996: Wir sind das Wunder, durch das wir überleben. Die 4. Weltfrauenkonferenz in Peking. (Heinrich-Böll-Stiftung), Köln.
Wichterich, Christa, 2000: Aus Erfahrung lernen: Gender Mainstreaming, in: NRO-Frauenforum Infobrief Nr. 2/2000, Stuttgart, S. 7-9.
Wieringa, Saskia, 1994: Women's Interest and Empowerment: Gender Planning Reconsidered, in: Development and Change, Vol. 25, No. 4, 1994; London (SAGE Publication), S. 829-848.
Wieringa, Saskia, 1997: Gender; A critical Discussion of Theory and Practice. Paper prepared for the Conference on Gender Perspectives in Development Cooperation in Gelnhausen, Tagungsbericht des NRO-Frauenforum, Stuttgart.
Williams, Suzanne, 1994: The Oxfam Gender Training Manual; UK, Ireland (Oxfam).
Wobbe, Theresa/Lindemann, Gesa, 1994: Denkachsen. Zur theoretischen und institutionellen Rede vom Geschlecht, Frankfurt/M.
World Bank, 1995: Gender Issues in World Bank Lending; Washington (The World Bank).
Wright, Susan (Hg.), 1994: Anthropology of Organisations, New York, London (Routledge).
Young, Brigitte, 1998: Editorial: Globalisierung und Gender, in: PROKLA, Nr. 111, 28. Jg., S. 167-173.
Young, Gay/Samarasinghe, Vidyamali/Kusterer, Ken (Hg.), 1993: Women at the Center. Development Issues and Practices for the 1990s; West Hartford, Conneticut (Kumarian Press).
Young, Iris, 1985: Humanism, gynocentrism and feminist politics, in: Hypatia. A Journal of Feminist Philosophy; Oxford (Pergamon Press), S. 173-184.
Young, Kate, 1993: Planning Development with Women. Making a World of Difference; London, Basingstoke (Macmillan).
Young, Kate/Wolkowitz, Carol/McCullagh, Roslyn, 1981: Of Marriage and the Market. Women's Subordination internationally and its lessons; London (CSE Books).
Zapf, Wolfgang, 1997: Entwicklung als Modernisierung, in: Schulz, Manfred (Hg.): Entwicklung. Die Perspektive der Entwicklungssoziologie; Opladen (Westdeutscher Verlag), S. 31-45.

Abkürzungsverzeichnis

AGKED	Arbeitsgemeinschaft Kirchlicher Entwicklungsdienst
ASA	Arbeits- und Studienaufenthalte in Asien, Afrika und Lateinamerika
AWID	Association for Women in Development
BMZ	Bundesministerium für wirtschaftliche Zusammenarbeit und Entwicklung
CCIC	Canadian Council for International Co-operation
CDG	Carl-Duisberg-Gesellschaft
CSU	Christlich Soziale Union
CVA	Capabilities and Vulnerabilities Analysis
DAC	Development Assistance Committee
DAWN	Development Alternatives with Women for a New Era
DED	Deutscher Entwicklungsdienst
DEG	Deutsche Investitions- und Entwicklungsgesellschaft
DPU	Development Planning Unit
DSE	Deutsche Stiftung für Internationale Entwicklung
DÜ	Dienste in Übersee
EU	Europäische Union
EZ	Entwicklungszusammenarbeit
FU	Freie Universität
G&DTC	Gender and Development Training Center
GAD	Gender and Development
GAM	Gender Analysis Matrix
GDOL	Gender Division of Labour
GRF	Gender Roles Framework
GmbH	Gesellschaft mit beschränkter Haftung
GTZ	Gesellschaft für Technische Zusammenarbeit
IBRD	International Bank for Reconstruction and Development
IDS	Institute for Development Studies
ILO	International Labour Organisation
KfW	Kreditanstalt für Wiederaufbau
NGO	Non Governmental Organisation
NRO	Nichtregierungsorganisation(en)
PGI	Practical Gender Interests
PGN	Practical Gender Needs
PRA	Participatory Rural Appraisal
RRA	Rapid Rural Appraisal
SGI	Strategic Gender Interests
SLE	Seminar für Ländliche Entwicklung
SOW	Subordination of Women
SRF	Social Relations Framework
TRF	Triple Roles Framework
UN	United Nations
UNIFEM	United Nations Development Fund for Women
UNRISD	United Nations Research Institute for Social Development
WAD	Women and Development
WED	Women Environment Development
WID	Women in Development
WIDE	Women in Development Europe
ZG	Zielgruppe(n)
ZOPP	Zielorientierte Projektplanung

Danksagung

Zur Entstehung der vorliegenden Arbeit haben viele Personen beigetragen. Für ihre kritische Begleitung, ihre Anregungen und Ermutigungen möchte ich mich an dieser Stelle bedanken.

Besonders profitiert habe ich von den fruchtbaren und kooperativen Auseinandersetzungen im Feministischen Arbeitskreis Berlin: Ina Kerner, Ingrid Jungwirth, Frauke Spottka, Dagmar Vinz, Ute Frietsch und Hannes Dingler, ihm ein besonderes Dankeschön für die gemeinsamen Projekte. Für ihre kompetent-kritische und freundschaftliche Begleitung sowie ihre wertvolle Unterstützung in der Endphase dieser Arbeit gebührt Monika Schröttle großer Dank.

Der Austausch mit dem Netzwerk Gender Training hat maßgebliche Impulse für diese Arbeit gegeben: Danke – insbesondere an Edda Kirleis, Gerrit Kaschuba und Saskia Morell sowie Eva Engelhardt.

Dank auch an meine Trainingskollegen Daniel Orellana, Jens Krabel, Jan Kasiske, Carlos Lächele und Jörg Fichtner für fruchtbare Debatten zwischen Theorie und Praxis.

Ilse Schimpf-Herken hat mit ihrer konstruktiven Begleitung wertvolle Beiträge zur Entstehung dieser Arbeit geleistet. Auch Martha Zapata hat großzügige und konstruktive Hilfestellungen gegeben. Claudia Gather und Ulrike Schultz danke ich für kollegialen Austausch. Claudia von Braunmühl hat insbesondere in der ersten Phase der Arbeit Anregungen gegeben und auch Christiane Lemke sei an dieser Stelle gedankt. Ulrich Albrecht gebührt mein Dank für stete und jahrelange Ermutigungen. Auch Barbara Riedmüller und Elmar Altvater sei hier gedankt für ihre Unterstützung in der Endphase der Arbeit.

Großzügige Unterstützung erfuhr diese Arbeit auch durch Heide Trommer, Henriette Meseke, Anja Overdiek, Birte Rodenberg, Parto Teherani-Kröner, Andrea Tönjes, Katja Frey und insbesondere Gisela Eberhardt. Dank auch an Hannes Perkunder für seine stete Begleitung und Korrekturen bis zum Schluss.

ZUM WEITERLESEN ...

Claudia Koppert / Beate Selders (Hg.) **Hand aufs dekonstruierte Herz**
Verständigungsversuche in Zeiten der politisch-theoretischen Selbstabschaffung von Frauen

Am Anfang war alles klar: Da gab es Frauen, und Frauen gemeinsam waren stark. Es gab ein »Wir« und auch ein »Ich«, mit dicken Ausrufezeichen. Dann aber kam die Zeit der großen Unterschiede und Verunsicherungen. Die Realitäten fielen auseinander, die Identitäten und Selbstverständnisse lösten sich auf und damit die Wirs. Frauenforschung und Gender Studies taten ein Übriges. Heute steht am postfeministischen Firmament milchigtrüb die Frage: »Was, bitte, ist eine Frau?«
Was hat die Dekonstruktion der Geschlechtsidentitäten, der Zweigeschlechtlichkeit gebracht? Was hat die Frauenbewegung im Zeitalter des Postfeminismus erreicht? Die Lebensgefühle, die neuen Gender-Existenzen sind so verschieden wie die Meinungen: komplexe Verhältnisse, widerspruchsvolle Lagen, tragische Heldinnen allerorten.
Höchste Zeit, neu nachzudenken, inwieweit die Thesen der Dekonstruktion produktiv und beflügend sind und inwieweit sie lähmen und in die Irre führen. Diese Texte machen Mut, sich ein Herz zu nehmen – auch wenn es denn dekonstruiert ist –, um neue wie alte politische Korrektheiten beiseite zu schieben und zu überlegen, wie sich die Lage in der eigenen Sicht darstellt. Denn es ist ja nicht so, dass alles zu kompliziert geworden wäre, um es zu verstehen und sich darüber zu verständigen ... 3-89741-120-2

Heinrich-Böll-Stiftung (Hg.) **Geschlechterdemokratie wagen**

Das öffentliche Interesse an Geschlechterdemokratie wächst stetig – nicht zuletzt wegen der EU-Initiative für Gender Mainstreaming. Der Erfolg der Geschlechterdemokratie rührt u.a. daher, daß sich Frauen und Männer für sie gemeinsam einsetzen. In diesem Buch berichten sie vom geschlechterdemokratischen Alltag in Organisationen und Partnerschaft, sie skizzieren Umsetzungsstrategien in Politik und Verwaltung in Deutschland sowie in anderen Ländern. Verbunden werden diese Erfahrungen aus der Praxis mit theoretischen Überlegungen zum Konzept der Geschlechterdemokratie.

Trotz unterschiedlicher Erfahrungen und Ansichten sind sich die Autorinnen und Autoren – Henning von Bargen, Mecht-hild Bereswill, Peter Döge, Cornelia Edding, Barbara Holland-Cunz, Dörthe Jung, Ralf Lange, Claudia Neusüß, Werner Sauerborn u.a. – in einem Punkt einig: Es ist jetzt der Zeitpunkt, Geschlechterdemokratie zu wagen! Damit ist das Buch auch erklärtermaßen eine »Femmage« an die im Jahr 2000 verstorbene Vordenkerin der Geschlechterdemokratie, Gunda Werner, die den Begriff mit Leben gefüllt hat. ISBN 3-89741-113-X

Andrea Maihofer **Geschlecht als Existenzweise**

In der Auseinandersetzung mit aktuellen Ansätzen des Dekonstruktivismus entwickelt Andrea Maihofer eine Auffassung von »Geschlecht«, die eine begriffliche Balance herstellt zwischen Natur und Kultur, Körper und Geist, Materie und Bewußtsein, gesellschaftlicher Hegemonie und konkreter Individualität. »Geschlecht« im heutigen Sinne wird so verstehbar als eine komplexe Verbindung historisch entstandener Denk- und Gefühlsweisen, Körperpraxen und -formen, eben als eine historisch bestimmte Art und Weise, als »Frau« oder »Mann« zu existieren.

Andrea Maihofer – promoviert in Philosophie, habilitiert in Soziologie – lehrt an der Universität Basel. 3-927164-21-6

Ulrike Gentner **Geschlechtergerechte Visionen**
Politik in Bildungs- und Jugendarbeit

Der Anspruch, Politik zu machen und gesellschaftspolitische Themen zu vermitteln, berührt Fragen nach der politischen Kultur für Frauen und Männer. Gerade für die Bildungs- und Jugendarbeit bedeutet dies die Forderung, dass sie geschlechterreflektiert ist – mehr noch: dass ihr Vorstellungen von Geschlechtergerechtigkeit zugrunde liegen.

Im vorliegenden Band geht es darum, Qualitätsstandards für eine geschlechterreflektierte Bildungs- und Jugendarbeit zu entwickeln. Dabei verschränken sich wissenschaftliche Forschungen mit der Bildungspraxis: Wissenschaftlerinnen beziehen Aspekte der Geschlechtergerechtigkeit auf die Themen Partizipation, politisches Lernen und christliche Sozialethik. Dabei